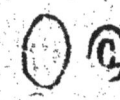

NOTICES

SUR LES PRINCIPAUX

PEINTRES DE L'ESPAGNE.

IMPRIMERIE DE FAIN ET THUNOT,
IMPRIMEURS DE L'UNIVERSITÉ ROYALE DE FRANCE,
Rue Racine, 28, près de l'Odéon.

AVIS.

—

Un portrait de Murillo, d'après lui-même, gravé par Sichling, sera délivré plus tard au possesseur de ce volume, et occupera la présente place.

NOTICES

SUR LES PRINCIPAUX

PEINTRES DE L'ESPAGNE,

PAR LOUIS VIARDOT.

Ouvrage servant de texte aux gravures de la

GALERIE AGUADO.

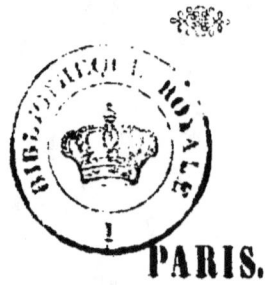

PARIS.

GAVARD, ÉDITEUR DES GALERIES HISTORIQUES DE VERSAILLES,
Rue du Marché Saint-Honoré, 4.
PAULIN, LIBRAIRE-ÉDITEUR,
Rue de Seine, 33.

1839.

INTRODUCTION.

Les notices biographiques sur les principaux peintres
espagnols, réunies dans ce volume, sont destinées à accompagner, comme texte, les gravures de la *Galerie
Aguado.* Cela explique la forme de l'ouvrage. Une histoire analytique de la peinture en Espagne serait une
œuvre très-difficile, impossible, d'ailleurs, à quiconque
n'habiterait point le pays, à quiconque ne pourrait en
parcourir librement toutes les provinces, toutes les villes,
tous les édifices. Même après une vie de voyages et de
travaux, ni don Antonio Ponz, ni don Juan Agustin Cean-
Bermudez, n'ont osé entreprendre une telle œuvre. L'un
s'est borné, dans son *Viage de España*, à citer et décrire

1

les choses qu'il rencontrait; l'autre, dans son *Diccionario histórico*, à raconter, par ordre alphabétique, l'histoire succincte des personnes. Moi, qui n'ai que des souvenirs, récents et vifs à la vérité, mais bien rapides et bien incomplets, comment aurais-je une hardiesse que vingt années de recherches patientes, d'études approfondies, n'avaient point donnée aux savants explorateurs que je viens de citer? Il vaut mieux me borner également à de simples notices biographiques, dont les formes modestes, non plus que les éléments, ne sont point hors de ma portée. C'est, d'ailleurs, arriver au même but par une route plus facile et plus sûre; il suffit de croire à l'intelligence du lecteur, qui saura bien, de ces faits et de ces jugements divers, se former une opinion collective, et trouver, dans les histoires particulières des peintres, l'histoire générale de la peinture.

Pour cela, quelques mots d'introduction sont peut-être nécessaires, afin qu'avant d'entrer dans le détail des hommes et de leurs œuvres, on ait embrassé d'un coup d'œil la marche historique qu'a suivie la peinture en Espagne pour parcourir les trois phases qui semblent imposées providentiellement à toutes les choses humaines, son origine, sa grandeur, sa décadence.

Pour trouver la naissance de l'art en Espagne, il ne faut remonter ni aux Romains, car ce serait l'art antique dont la barbarie a coupé la tradition, ni aux Goths, qui furent justement l'un des peuples destructeurs de la civilisation gréco-romaine, ni aux Arabes, nation éminemment policée et civilisatrice, mais iconoclaste, à qui la défense religieuse de reproduire aucune image d'être vivant, interdisant jusqu'aux tentatives de la peinture et de la statuaire, ne dut laisser à cultiver d'autre art que l'architecture. Il faut, après le lent et laborieux développement du moyen âge, s'approcher de l'époque que désigne le nom significatif de *renaissance*, où semblèrent simultanément reparaître au monde toutes les connaissances humaines. L'architecture, de tous les arts le plus nécessaire à l'homme, aussi bien pour le culte de la religion que pour l'abri de la famille, se montre partout le premier. En Espagne, les cathédrales de Léon, de Saint-Jacques, de Tarragone, de Burgos, de Tolède, étaient élevées avant la fin du moyen âge. La sculpture, qui fournit à l'architecture tous ses ornements, et qui s'exerce avec les mêmes matières, le marbre, la pierre, le bois, doit naître la seconde. Ce fut ainsi pour l'Espagne, où des essais importants signalent le XIVe siècle. En 1376, le *maestro* Jayme Castayls, de Barcelone, exécutait les statues de la grande façade de la cathédrale de Tarragone; en 1380, le *maestro* Anrique, en 1399, Fernan Gonzalez, élevaient les mausolées d'Henri II et de don Pedro Tenorio dans la cathédrale de Tolède, où l'on admire encore ces beaux ouvrages primitifs. Au commencement du XVe siècle, vers 1420, Miguel Ruiz, Alvar Martinez, Alvar Gomez, et jusqu'à vingt-six autres ouvriers, artistes déjà, travaillaient à l'envi aux ornements de cette basilique, tandis qu'à la même époque, Pedro Juan et Guillen de la Mota élevaient le grand retable

d'albâtre dans la cathédrale de Tarragone. De nouveaux
sculpteurs les suivirent, les surpassèrent, jusqu'à ce
qu'enfin, un siècle plus tard, Diego de Siloé, Alonzo
Berruguete, Gaspar Becerra et une foule d'autres allassent
chercher en Italie et rapporter dans leur pays les leçons
d'un art qu'avait appris aux Italiens la statuaire antique.
Jusque-là, et pendant l'époque encore appelée gothique,
mais qui précède immédiatement la renaissance, les Espagnols portaient dans les contrées étrangères le nom et le
talent de leurs sculpteurs. Ainsi ce fut un Espagnol, Juan
de la Huerta, de Daroca en Aragon, qui, vers 1450, alla
élever dans la chartreuse de Dijon le tombeau du duc de
Bourgogne Jean-Sans-Peur, l'un des deux magnifiques
mausolées qui décorent aujourd'hui le musée de l'ancienne
capitale de la Bourgogne, et qui sont peut-être les plus
précieuses reliques, comme les plus excellents ouvrages,
que l'art gothique nous ait laissés.

La peinture venait plus tard et se formait plus lentement. Ce n'est que vers 1418, trois ans après l'arrivée en
Castille de l'Italien Gerardo Starnina, qu'on en découvre
les premières traces (1), alors que Juan Alfon peignait les
retables de la vieille chapelle *del Sagrario*, et ceux de
la chapelle *de los Reyes Nuevos* dans la cathédrale de
Tolède. Peu d'années après, sous le règne de Jean II, on
fit venir de Florence Dello, de Flandre le *maestro* Rogel,

(1) L'on ne saurait donner ce nom aux informes essais de Fernan Gonzalez, ni moins encore à ceux de Rodrigo Esteban, qui vivaient, l'un à
Tolède avant 1400, l'autre en Castille vers 1290.

lesquels commencèrent, pour l'Espagne, cette utile communication des arts, qui, n'étant pas, comme les lettres,
séparés par la différence des idiomes, forment entre les
nations un lien plus direct, plus fraternel, et réunissent
en une seule famille tous ceux qui les cultivent. Vers
1450, Juan Sanchez de Castro fondait la première école de
Séville, celle d'où devaient sortir les plus grands noms de
la peinture espagnole, et, cinq ans plus tard, on admirait
en Castille les formes un peu plus pures, le style un peu
plus élevé que donnait au grand retable de l'hôpital de Bui-
trago le *maestro* Jorge Inglès, dont le prénom, encore
peu commun, et le nom, qui veut dire Anglais, indiquent
une origine étrangère. Enfin, avant les dernières années
du siècle, Antonio del Rincon, le peintre des rois catho-
liques (1), Pedro Berruguete, père du grand Alonzo,
Iñigo de Comontès et quelques autres, que stimulait
l'exemple de l'étranger Jean de Bourgogne, commençaient à parer de leurs œuvres les murs de la cathédrale de
Tolède, tandis qu'Alonzo Sanchez et Luis de Medina co-
loriaient le paranymphe (2) de l'Université d'Alcala, tandis que Gallegos imitait, peut-être sans l'avoir étudié,
Albert Durer à Salamanque.

Mais tous ces essais, malgré des progrès évidents, ne
sortaient point de l'enfance de l'art; c'était encore la peinture qu'on appelle gothique, et qu'on pourrait appeler

(1) On suppose qu'Antonio del Rincon put étudier en Italie sous Andrea
del Castagno et Ghirlandajo.
(2) Ouvrage d'architecture où des figures de nymphes remplacent les colonnes.

plus proprement, pour marquer sa filiation, la peinture *sculpturale*, c'est-à-dire des figures longues et droites comme des colonnes, isolées ou placées symétriquement, ne formant ni groupes ni composition, sans dessin anatomique, sans perspective, sans clair-obscur, et n'ayant enfin le plus souvent, pour interprète des sentiments et des passions, qu'un écriteau qui leur sortait de la bouche.

L'éternel honneur de l'Italie, quand on compare entre elles les diverses écoles, c'est que la sienne a été, sinon la mère, au moins l'institutrice de toutes les autres; c'est qu'elle fut le berceau de la peinture moderne. La vue des statues antiques trouvées dans les ruines et dans les fouilles, et quelques notions grossières apportées par des Dalmates, qui les tenaient peut-être des Grecs du Bas-Empire, produisirent, dit-on, les premiers essais. Mais, en tout cas, s'il est vrai que l'art naquit à la fois dans plusieurs contrées, en Allemagne, en Flandre, en Espagne, aussi bien qu'en Italie, il ne dépassa point ce que nous venons d'appeler son enfance. C'est en Italie qu'il a grandi, sans imitation, jusqu'à l'âge des chefs-d'œuvre et les étrangers, héritant, sous les leçons de leurs communs maîtres, d'une science déjà toute faite, ont en quelque sorte acquis de prime abord la perfection qu'il leur était donné d'atteindre. Chez eux, on peut le dire presque rigoureusement, nulle découverte, nul tâtonnement, nul progrès; point de différence d'un âge à un âge, mais seulement d'un homme à un homme. L'Espagne n'eut, comme la France, ni son Jean de Messine, ni son Ci-

mabué, ni son Giotto, et chez elle, l'histoire de l'art, qui
ne produisit pour ainsi dire qu'une seule génération, sans
ancêtres et sans descendants, se trouve circonscrite dans
la courte période d'à peine un siècle et demi.

Le commerce et la guerre ouvrirent les premières communications entre l'Italie et l'Espagne. Lorsque Charles-
Quint soumit l'une des péninsules à l'autre, lorsqu'il fonda
cette domination puissante qui réunit sous le même sceptre
Madrid, Naples, Anvers, c'est-à-dire les trois contrées où
l'art devait être cultivé avec le plus de succès et d'éclat, l'I-
talie venait d'atteindre son plus haut point de gloire et
de splendeur. Léonard de Vinci, Michel-Ange, Raphaël,
Titien, Corrége, avaient produit leurs incomparables
chefs-d'œuvre. D'une autre part, la prise de Grenade, la
découverte du Nouveau-Monde, les entreprises de Charles-
Quint, venaient d'allumer en Espagne ce mouvement des
intelligences qui suit les agitations matérielles et jette une
nation dans la voie de toutes les conquêtes. Aux premières
nouvelles des trésors que recelaient en Italie les ateliers
des artistes et les palais des grands, tous les Espagnols attachés aux arts par affection ou par état, tous les peintres,
sculpteurs, architectes, se précipitèrent à l'envi vers cette
terre de merveilles, plus riche pour eux que le Pérou et
le Mexique, où se portaient des populations entières,
avides d'autres richesses.

On vit alors, pour ne nommer que les plus illustres, et
seulement dans la peinture, on vit alors sortir de la Castille Alonzo Berruguete, Correa, Liaño, puis Gaspar Be-

cerra, puis Navarrete *le muet*; de Valence, Vicente Juan
de Joanès, et Francisco Ribalta; de la Manche, Hernan
Yañez; de l'Aragon, Pablo Esquarte; de la Catalogne,
Teodosio Mingot; de Grenade, Pedro de Raxis; de Séville, Luis de Vargas et Pedro de Villegas-Marmolejo; de
Cordoue, le savant Pablo de Cespedès. Tous ces hommes
rapportèrent dans leur patrie le goût et la connaissance
d'un art dont ils avaient étudié, imité et presque égalé les
maîtres. En même temps, des artistes étrangers, attirés en
Espagne par les largesses des rois, des prélats et des
grands, venaient compléter l'œuvre des Espagnols instruits
à l'étranger. Sans parler de Titien, et plus tard de Rubens,
qui ne firent en Espagne qu'une apparition glorieuse, une
course de triomphateurs, tandis que Philippe de Bourgogne, à Burgos, et, à Grenade, Torrigiani, l'illustre et
malheureux rival de Michel-Ange, ainsi qu'une infinité
d'autres sculpteurs, ornaient de leurs œuvres les saintes ba-
siliques et les sépulcres royaux, des peintres, en nombre
au moins égal, s'établissaient dans les principales cités : à
Séville, Pierre de Champagne, les frères Giulio et Ales-
sandro; à Tolède, Isaac de Helle et le *Greco* (Dominique
Theotocopuli); en Aragon, Lupicini; à Madrid, Antonio
Moro, Patricio Caxesi, Castello le *Bergamasque* et ses
fils, Peregrino Tibaldi, Antonio Rizi, Bartolome Carducci et son jeune frère Vincenzo.

Ces diverses communications avaient, si l'on peut employer ce mot mercantile, importé l'art en Espagne. Les
écoles s'étaient formées. D'abord timides, d'abord imita-

trices humbles et réservées de leurs maîtres d'Italie, elles prennent peu à peu une allure plus dégagée et plus libre; elles s'émancipent, se nationalisent, s'imprègnent des qualités et des défauts de leur pays, atteignent enfin à l'indépendance, à l'originalité, à la *bravoure* du style, puis à la fougue et à la hardiesse, portées peut-être au delà des limites raisonnables. C'est à peu près la marche qu'avait suivie l'art en Italie, passant de l'école de Rome, la forme, à celle de Venise, la couleur, puis à celle de Bologne, les effets, puis à celle de Naples, le mélange et l'imitation des autres.

En Espagne, quatre écoles principales se formèrent, non successivement, comme celles d'Italie, mais à peu près simultanément. Ce sont les écoles de Valence, de Tolède, de Séville et de Madrid. Mais les deux premières se fondirent bientôt dans les deux autres. Créée par Juan de Joanès, illustrée par Ribera, qui en sortit, par les Ribalta et les Espinosa, celle de Valence alla se réunir, comme les petites écoles de Cordoue, de Grenade et de Murcie, à la grande école de Séville, tandis que celle de Tolède, qu'avait en quelque sorte fondée le *Greco*, et qui produisit Luis Tristan, se perdit, ainsi que les petites écoles de Saragosse et de Valladolid, dans l'école de Madrid, lorsque cette bourgade, devenue capitale de la monarchie par le bon plaisir de Philippe II, enleva toute suprématie à l'ancienne capitale des Goths.

Restent donc Séville et Madrid, l'Andalousie et la Castille. Avec Luis de Vargas, Villegas-Marmolejo et

Pedro Campaña (Pierre de Champagne), tous trois élèves
de l'Italie, commence magnifiquement l'école de Séville,
qui se perfectionne aux exemples du Valencien Juan de
Joanès. Elle grandit, s'élève, se fait espagnole et devient
elle-même, avec Juan de Las Roelas, les Castillo, Herrera-le-Vieux, Pacheco et Pedro de Moya, qui lui apporte
de Londres les leçons de Van-Dyck; enfin, elle atteint
sa force, sa maturité, sa splendeur, elle produit les chefs-
d'œuvre de l'art espagnol, avec Velazquez, Alonzo Cano,
Zurbaran, enfin Murillo, qui la résume et la représente
dans tout son éclat, mais qui ne laisse après lui que de
pâles copistes, sans élèves et sans continuateurs. A Madrid,
mêmes phases pour naître, grandir et s'éteindre. Berruguete et Becerra, plutôt sculpteurs que peintres, puis
Navarrete *le muet*, peintre achevé, tous trois aussi élèves
de l'Italie, et secondés du Flamand Antonio Moro, puis
les familles des Castello, des Caxès, des Carducci, des
Rizi, tous Italiens d'origine, qui forment Sanchez Coello,
Pantoja de la Cruz, Pereda, Collantès, fondent et illus-
trent l'école de Castille, dans laquelle le grand Velazquez
vient introduire l'école d'Andalousie, et forme de ce mélange Pareja, Carreño, Cerezo, lesquels, vivant à Madrid,
paraissent fils de Séville. Enfin, Claudio Coello, le dernier rejeton de ces générations d'artistes, meurt à l'arrivée
de Luca Giordano, et avec lui périt la race entière.

En Espagne, l'histoire des lettres, l'histoire des arts
et l'histoire politique suivent une marche commune, uniforme, parallèle; elles présentent les mêmes vicissitudes

d'élévation et de ruine. L'Espagne avait eu de grands écrivains en même temps que de grands capitaines; et lorsqu'elle portait dans les deux mondes sa langue avec ses
armes, elle avait conquis, on peut le dire, le goût et les
leçons de l'art; elle avait alors produit de grandes œuvres
tandis qu'elle faisait de grandes choses. Par une suite
de cette commune destinée, la décadence vint à la fois
dans les lettres, dans les arts et dans l'état. Le goût s'était
dépravé tandis que le pouvoir s'énervait. L'Espagne perdit
peu à peu la trace de ses modèles comme de ses héros; en
laissant chasser sa langue et son drapeau du Portugal, des
Flandres, de l'Italie, elle se ferma les communications
qui avaient allumé, entretenu chez elle la noble passion
des beaux-arts; elle cessa de régner par l'épée, par la
plume, par le pinceau, et la détresse générale, profonde,
où elle fut réduite, finit par laisser sans culture tous ces
fruits heureux de l'intelligence qui ne mûrissent qu'au
soleil de la prospérité publique Lorsqu'après les désastres
successifs qui affligèrent le règne de Philippe IV, arriva la calamiteuse époque de Charles II, puis la guerre
de Succession, et, avec Philippe V, l'introduction vio-
lente de l'influence française, devant laquelle disparut en
quelque sorte la nationalité espagnole, ce qui avait été
décadence devint abandon, ruine et mort. On avait fait
de mauvais ouvrages après des chefs-d'œuvre; on n'en fit
plus d'aucune sorte. Le théâtre se ferma, les livres cessèrent de s'imprimer et de se lire, les ateliers de peinture
furent déserts; tout se tut, tout disparut, tout s'éteignit.

Il y eut, dans les arts et les lettres, comme un interrègne
sans exemple, un siècle vide, une lacune étrange qui coupe
toutes les traditions, un sommeil complet de l'esprit na-
tional qui cesse d'agir et de donner signe de vie, enfin une
sorte d'éclipse intellectuelle, dont aucune lueur n'inter-
rompt les longues ténèbres.

Ce qui semble prouver qu'une sorte de fatalité provi-
dentielle préside à ces mouvements divers, à ces secousses
et à ces repos des intelligences, c'est que tous les efforts
tentés, soit pour les retenir, soit pour les exciter, sont également vains et stériles. Peu d'années avant la mort de
Murillo, en 1660, tous les professeurs de Séville, tous les
survivants de la grande école, s'étaient réunis pour former
en commun une académie de dessin et de peinture où devaient être fournis gratuitement, non-seulement les leçons
de l'art, mais encore les objets matériels nécessaires à sa
culture. Un siècle plus tôt, cet établissement eût fait
merveille, eût doublé le nombre des grands peintres. Il
n'en sortit pas seulement un élève de quelque valeur, pas
un imitateur, pas un copiste, et, vingt ans après, l'académie n'existait plus, faute de professeurs et de disciples.

Dans l'autre école, à Madrid, la même chose se passa.
Philippe V fit venir en Espagne, avec la fameuse collection
de statues de la reine Christine, plusieurs peintres français
et italiens, Vanloo, Hovasse, Procacini, Buonavia, Vanvi-
telli ; son fils Ferdinand VI créa l'académie qui porte encore
son nom (*Academia de San-Fernando*), la dota con-
venablement, appela des artistes de l'Italie, y envoya des

pensionnaires ; Charles III logea cette académie dans un
vaste édifice, qu'il remplit des plus beaux modèles de
l'art, la combla de priviléges et de présents ; sur ce modèle,
on créa une académie de *San-Luis* à Saragosse, une académie de *San-Carlos* à Valence. Vains efforts ! Sans l'appui
des souverains, ces trois académies eussent péri dès leur
naissance, comme celle de Séville ; elles n'ont pas produit
un homme dont le nom mérite d'être conservé. Charles II,
ayant encore à sa cour quelques débris de l'école mixte
introduite par Velazquez, avait appelé le Napolitain Luca
Giordano, dont l'exemple funeste acheva de perdre les
derniers disciples de l'art espagnol ; Charles III, pour avoir
un peintre, fut obligé d'appeler aussi d'Italie l'Allemand
Raphaël Mengs, qui donna à l'Espagne, mais sans trouver
de continuateurs ni d'élèves, le dernier spectacle et les dernières œuvres d'un artiste digne de ce nom. Après Mengs,
il n'y eut plus que Francisco Goya, talent tout personnel,
bizarre et fantasque, ne tenant rien du passé et ne pouvant rien donner à l'avenir.

L'Espagne, qui s'était trouvée, à la fin du XVᵉ siècle,
la plus puissante nation du monde, qui avait soutenu à
grand'peine, dans le cours du siècle suivant, sa suprématie
sur les deux hémisphères, qui, pendant le XVIIᵉ, était
allée toujours s'affaiblissant, au point que, dans tout le
siècle dernier, elle fut comme oubliée, comme rayée de la
carte et des affaires de l'Europe, l'Espagne a été remise en
lumière et en action par sa guerre de l'Indépendance, par
les révolutions qui la déchirent pour la régénérer. Fidèle

à cette loi commune, uniforme, qui a présidé à sa grandeur et à sa décadence, l'Espagne a vu se réveiller et renaître sa littérature avec son importance politique. Des poëtes comme Luzan, Iglesias, Cadalso, Melendez-Valdès; des savants comme Feijoo, Masdeu, Llorente, Conde; des traducteurs comme Isla et Marchena; des auteurs dramatiques comme Cienfuegos, Ramon de la Cruz et Moratin; des politiques comme Campomanès, Jovellanos et les orateurs des cortès de Cadix; enfin les écrivains de nos jours, Quintana, Martinez de la Rosa, Rivas, Toreno, Larra, Breton de los Herreros, et les jeunes gens qui s'exercent à les suivre, peut-être à les devancer, ont remis en honneur le magnifique idiome de Cervantès et de Calderon. Dans la grande époque, les lettres n'avaient brillé qu'après le mouvement politique, et les arts n'avaient paru qu'après le mouvement littéraire. Deux des phases de son ancienne histoire se sont déjà renouvelées pour l'Espagne; espérons que la troisième ne tardera pas à venir. Le soin qu'on a pris, au milieu des embarras et de la détresse d'une longue guerre civile, pour recueillir les ouvrages de peinture qui ornaient les couvents supprimés, pour enrichir de ces ouvrages l'inestimable musée de Madrid et pour en former des musées provinciaux, au lieu de les vendre à l'étranger, prouve que l'Espagne, justement fière des chefs-d'œuvre qu'elle a produits, sent se réveiller en elle le désir d'en produire encore, et qu'elle voudrait donner des successeurs à ses grands peintres comme à ses grands écrivains, j'allais dire aussi comme à ses grands

capitaines. Puisse l'Espagne, si cette même loi commune
continue de présider à toutes ses destinées, retrouver la
gloire des arts avec la gloire des lettres, avec la puissance et
la liberté !

———

Pour réunir les éléments de ces notices biographiques,
je n'ai voulu puiser qu'aux sources espagnoles. J'ai con-
sulté principalement l'*Arte de la pintura* de Pacheco, le
Museo pictórico de Palomino, le *Viage de España*
d'Antonio Ponz, enfin le *Diccionario histórico* de Cean-
Bermudez, qui a laborieusement compulsé tous les ouvrages, même manuscrits, antérieurs au sien, et qui a
poussé la recherche consciencieuse de la vérité jusqu'à voir
de ses yeux, dans les églises, les couvents, les municipa-
lités de la péninsule entière, non-seulement toutes les
œuvres diverses des peintres dont il écrit la vie et cite les
travaux, mais encore tous les documents authentiques,
comme actes de baptême, de mariage, de décès, tes-
taments, engagements et contrats, qui peuvent éclairer
son sujet, corriger les erreurs de ses devanciers, lui fournir
enfin des éléments nouveaux et d'irrécusables témoignages (1).

L'ordre où j'ai rangé les présentes biographies m'était

(1) C'est sur le livre de Cean-Bermudez qu'est copié l'estimable ouvrage
de M. Quilliet (*Dictionnaire des peintres espagnols*. — Paris, 1816), ouvrage
que je ne connaissais pas, même de nom, avant d'avoir complètement terminé le mien, et qui d'ailleurs, dans la forme très-différente que j'ai adoptée,
ne pouvait m'être d'aucun secours.

en quelque sorte imposé par l'objet auquel elles sont destinées. J'ai commencé par consacrer une notice séparée et
particulière à chacune des plus glorieuses individualités de
la grande école espagnole, à chacun des peintres qui fut
lui-même chef d'une école spéciale, et qui brilla au premier rang, soit par d'éminentes qualités, soit par des circonstances singulières, lesquelles donnent aussi, sinon la
gloire, au moins la célébrité. Ensuite j'ai réuni sous un
titre commun, sous le nom d'une école, des séries de peintres appartenant à la même famille artistique, et se faisant
connaître l'un par l'autre. Les premières notices, au
nombre de douze, sont consacrées à Velazquez, Murillo,
Ribera, Alonzo Cano, Zurbaran, Joanès, Moralès, El
Mudo, El Greco, Sanchez Coello, Cespedès et Pacheco.
Cinq chapitres viennent ensuite, portant pour titres :
École de Valence, *École de Tolède*, *École de Séville*,
École de Madrid, *Étrangers peintres en Espagne*, et
contenant, dans leur rang chronologique, les biographies
des artistes qui m'ont paru les plus importants parmi ceux
qu'on peut ranger dans ces cinq catégories. Une table par
ordre de matières et une table par ordre alphabétique
donneront aux recherches toute facilité.

NOTICES

PEINTRES DE L'ESPAGNE.

VELAZQUEZ.

Le grand peintre qu'on appelle don Diego Velazquez de Silva devrait, d'après les usages espagnols, être appelé don Diego Rodriguez de Silva y Velazquez. En effet, son père se nommait Juan Rodriguez de Silva, et sa mère doña Geronima Velazquez. C'est le nom de sa mère qui lui est resté. Il naquit, en 1599, à Séville, où il fut baptisé, le 6 juin de cette année, dans la paroisse de *San-Pedro*. Ses parents lui firent commencer les études classiques, c'est-à-dire le latin et ce qu'on nommait alors la philosophie; mais, voyant la naturelle et singulière propension qui poussait leur enfant vers l'art de la peinture, car il ne faisait autre chose que dessiner sur ses cahiers et

2

ses livres, ils se décidèrent à le placer dans l'école de Francisco Herrera, surnommé *le vieux*. Ce premier maître de
Velazquez n'était pas moins connu par la rudesse de son
caractère que par la facilité de son pinceau. Doux et bienveillant, l'élève ne put s'habituer aux emportements du
maître; il quitta bientôt l'atelier de Herrera, et passa dans
celui de Francisco Pacheco, artiste aimable autant qu'habile, poëte et peintre, chez lequel se réunissaient, comme
en académie, tous les beaux esprits de Séville.

Velazquez devint bientôt l'élève favori de Pacheco, qui
lui donna, cinq ans plus tard, la main de sa fille doña
Juana, « touché, dit Pacheco lui-même, de sa vertu, de
» ses bonnes mœurs, de ses belles qualités, et des espé-
» rances que faisait concevoir son génie naturel. » Au reste,
Velazquez ne se borna point aux leçons de ce second
maître; il en prit bientôt un troisième, qu'il étudia seul
et sans relâche, la nature. L'espèce et la marche de ses
études ne sont pas moins curieuses à observer que bonnes
à suivre. Il se mit à copier avec un soin minutieux tous
les objets que la nature peut offrir à l'imitation de l'art,
depuis les êtres inanimés, en passant par les plantes, les
poissons, les oiseaux, les animaux, jusqu'à l'homme. Ce
fut ainsi qu'il parvint plus tard à cette incroyable vérité,
qui fait le trait le plus caractéristique de sa manière. Arrivé, par ces degrés naturels, à la peinture de l'homme,
Velazquez fit également un travail détaillé des diverses
parties du corps humain, et des diverses passions qui l'agitent. « Il avait enrôlé comme apprenti, dit Pacheco dans

» son livre *del Arte de la Pintura*, un jeune paysan qui
» lui servait de modèle en différentes actions et postures,
» tantôt pleurant, tantôt riant, sans éviter aucune diffi-
» culté. Il dessina, d'après lui, un grand nombre de têtes
» au crayon noir et en relief sur papier bleu, ainsi que
» d'après beaucoup d'autres gens, ce qui lui fit acquérir
» une grande sûreté dans le portrait. »

Quelques peintures d'Italie et de Flandres commençaient alors à parvenir jusqu'à Séville. Velazquez les étudia
avec empressement; mais ce qui le frappa plus vivement
encore, ce furent des tableaux de Luis Tristan, de Tolède,
dont il admira les teintes fines et moelleuses, si conformes
à son propre goût. Ce fut alors qu'il abandonna pleinement
le style sec et roide que lui avaient communiqué ses premiers professeurs, et qu'il conçut le désir d'aller étudier à
Madrid les maîtres de son art. Il partit au printemps
de 1622, âgé de vingt-trois ans, et, bien accueilli dans
la capitale par un de ses compatriotes, le *sumiller de
cortina* (1) don Juan de Fonseca y Figueroa, il fit de sérieuses études dans les riches collections du palais de Madrid et de l'Escorial. L'année suivante, il fut mandé à la
cour par une lettre du comte-duc d'Olivarès, qui lui envoyait cinquante ducats pour ses frais de route. Dans ce
second voyage, Pacheco l'accompagna, pressentant que la
gloire et la fortune attendaient son gendre à Madrid.

En effet, ses premiers essais le mirent bientôt en évi-

(1) Ecclésiastique qui ouvre et ferme les rideaux de la tribune d'où le roi
entend la messe.

dence. Le roi Philippe IV, par une cédule datée du
6 avril 1623, l'attacha d'abord à son service, puis lui commanda son portrait, dont il fut si charmé, qu'il fit aussitôt rassembler et renfermer tous ceux qu'on avait faits
jusqu'alors de sa royale personne, et qu'il nomma Velazquez son peintre particulier (*pintor de cámara*). A ce
titre, il ajouta plus tard ceux de huissier de sa chambre
(*ugier de cámara*) et de grand maréchal des logis (*aposentador mayor*). Ses appointements, fixés d'abord à
vingt ducats par mois, furent successivement portés jusqu'à mille ducats par an, sans compter le prix de ses ouvrages. Velazquez, en un mot, fut admis, comme Calderon, dans l'intimité du roi, et compté tout le reste de
sa vie parmi ces courtisans familiers qu'on appelait alors
privados del rey. C'était au milieu d'eux, dans la culture
des lettres et des arts, que se consolait de ses disgrâces politiques ce pauvre Philippe IV, qui perdit le Roussillon,
le Portugal, la Catalogne, ce Philippe IV qui s'était laissé
surnommer *le Grand* quand il monta sur le trône, et
auquel on donna bientôt pour emblème un fossé avec
cette devise : « *Plus on lui ôte, plus il est grand.* »

Toutefois la faveur royale n'altéra ni le caractère bienveillant et les mœurs austères de Velazquez, ni son ardent
amour du travail. Au milieu des vices et de la mollesse
d'une cour relâchée, il garda les vertus et les occupations
de l'atelier. En 1628, Rubens vint à Madrid. Il visita le
jeune portraitiste, et reconnaissant aussitôt toute la portée
d'un talent qui s'ignorait encore, il l'encouragea à traiter

les grands sujets, mais en lui conseillant d'aller d'abord en
Italie étudier les maîtres. Cet avis de l'illustre étranger
décida Velazquez. Dès l'année suivante, ayant obtenu du
roi un congé, une gratification et deux années d'appointements, il alla s'embarquer à Barcelone pour Venise, où
l'ambassadeur d'Espagne le recueillit dans son hôtel. Là,
Velazquez étudia soigneusement Titien, Tintoret, Véronèse; puis il se rendit à Rome, où, après avoir obtenu du
pape Urbain VIII d'être logé dans le Vatican, il copia
une grande partie du *Jugement dernier* de Michel-Ange,
de l'*École d'Athènes* et du *Parnasse* de Raphaël, ainsi
que d'autres ouvrages de ces deux grands rivaux de gloire.
Après plus d'une année de travaux faits dans la retraite,
après avoir visité Naples et embrassé son compatriote Ribera (l'Espagnolet) qui avait alors atteint toute sa célébrité,
Velazquez revint à Madrid au commencement de 1631,
avec un talent mûr et complet, dont il apportait deux
éclatantes preuves, ses tableaux nommés la *Tunique de
Joseph* et la *Forge de Vulcain*. Les œuvres et l'artiste
reçurent à la cour un accueil magnifique, et Velazquez
occupa dès lors, sans contestation, le premier rang parmi
les peintres de son pays. Sauf deux courts voyages qu'il
fit avec le roi, en Aragon, dans les années 1642 et 1644,
Velazquez resta renfermé dix-sept ans dans l'atelier où Philippe IV venait familièrement le visiter presque chaque
jour. Une commission que lui donna ce prince pour l'achat
d'objets d'art destinés à une académie de peinture qu'il
voulait fonder, ramena Velazquez en Italie, dans le cours

de l'année 1648. Ce fut pendant ce voyage qu'il peignit le portrait du pape Innocent X, portrait qui reçut à Rome, comme les grands ouvrages de Raphaël et de Titien, les honneurs de la procession et du couronnement. Velazquez, à ce second voyage, revit son ami Ribera, visita Bologne, Florence, Parme, où le retinrent les œuvres de Corrège, et gagna Gênes, dans l'intention de se rendre à Paris. Mais la guerre ayant éclaté entre la France et l'Espagne, il fut contraint de s'embarquer pour Barcelone. De retour à Madrid, il reprit paisiblement le cours de ses travaux jusqu'en 1660. Au mois de mars de cette année, il fit, en sa qualité d'*aposentador mayor*, le voyage d'Irun, lorsque Philippe IV conduisit sa fille Marie-Thérèse à Louis XIV, qui vint recevoir à la frontière sa royale fiancée. Ce fut Velazquez qui prépara dans l'île des Faisans le pavillon où se rencontrèrent les deux rois. Les fatigues de ce voyage altérèrent sa santé déjà chancelante. Revenu malade à Madrid, il y mourut le 7 août 1660, âgé de soixante-un ans. Sa veuve, doña Juana Pacheco, ne lui survécut que sept jours; elle fut enterrée, à côté de son mari, dans la paroisse de *San-Juan*.

La vie d'un artiste est tout entière dans ses études et dans ses œuvres. Il était donc inutile d'allonger cette courte notice d'aucun autre détail; et si l'on a fait plusieurs fois mention de la privauté dont Philippe IV honora Velazquez, ou plutôt s'honora lui-même, c'est qu'elle explique pourquoi si peu d'ouvrages de ce grand peintre ont pu sortir de sa patrie. Le roi, son ami, qui venait de monter sur le

trône lorsque Velazquez vint à la cour, et qui lui survécut
de quelques années, acquit successivement tous les tableaux sortis d'un atelier qui faisait partie du palais, et
peints par un artiste employé de la maison royale.

Velazquez s'est essayé et a réussi dans tous les genres.
Il a peint avec un égal succès les fruits, les fleurs, les animaux, les intérieurs, le portrait en pied ou à cheval,
d'hommes ou de femmes, d'enfants ou de vieillards, le
paysage historique ou copié, enfin l'histoire sacrée ou
profane. On peut considérer ses petits tableaux de salle à
manger et ses petites scènes domestiques à la flamande
comme les études d'un élève consciencieux, ou comme les
productions, variées à dessein, d'un génie universel qui
sent sa force et veut la prouver. Mais il faut l'étudier plus
spécialement dans tous les autres genres. Pour le paysage,
la nature morte, la nature qui se compose uniquement de
terre, de verdure et de ciel, ne pouvait suffire à sa puissante main; aussi sait-il l'animer de telle sorte qu'elle n'est
plus qu'un théâtre pour les scènes qu'y dispose son imagination. Doit-il peindre les bois sauvages du Pardo ? — Il
y place une *Chasse au sanglier*, où courent, où s'agitent,
où vivent enfin des chiens, des chevaux et des hommes.
— Les jardins sablés d'Aranjuez ? — Il choisit l'*Allée de la
reine*, qui a toujours conservé le privilége d'être à la mode,
et son tableau devient ainsi une espèce de *mémoires* qui,
dans les mille épisodes d'une promenade de cour, nous
initient aux habitudes de la société du temps. — Une af-
freuse solitude de la Thébaïde? — Il y retracera la *Visite*

de saint Antoine à saint Paul l'ermite, avec le corbeau
qui leur apporte, en intelligent pourvoyeur, la double ration de pain venant du ciel, et les deux lions qui creu-
sent pieusement de leurs griffes la fosse du moribond. Au
reste, le paysage de Velazquez est peint dans une manière
entièrement opposée à celle des Flamands, dont il faut
regarder d'habitude les œuvres à la loupe. Velazquez fait
du premier jet; sa toile est à peine couverte; les contours
des objets ne sont point arrêtés; terre, arbres et ciel, tout
est massé et comme sans détail. Si l'on approche trop
curieusement, l'œil ne rencontre, comme dans une décoration de théâtre qu'on touche du doigt, que l'incertitude, la confusion, le chaos. S'éloigne-t-on de quatre pas,
les ténèbres se dissipent, les éléments se divisent, les êtres
prennent vie, le monde est de nouveau créé, et la nature
est là, belle, simple et sublime.

Velazquez n'aurait peint que des portraits, qu'il devrait
partager au moins la gloire de Van-Dyck, et peut-être que
nul ne devrait partager sa gloire; car, dans ce genre, s'il
a vaincu tous ses compatriotes, nous pouvons affirmer
qu'il n'est surpassé par aucun de ses rivaux des autres
écoles. Rien n'égale le bonheur inouï qu'il porte dans l'i-
mitation de la nature humaine, si ce n'est toutefois la
franchise et l'audace avec lesquelles il en aborde, il en
saisit les plus difficiles aspects. S'il peint à cheval son
royal ami Philippe IV, il le placera au beau milieu d'une
campagne nue, contre un horizon sans fin, éclairé de tous
côtés par le soleil d'Espagne, sans une ombre, sans un

clair-obscur, sans un *repoussoir* d'aucune espèce ; et pourtant, malgré cette négligence téméraire de tous les secours
artificiels de l'art, il atteindra les limites possibles de l'illusion, il portera sur sa toile tous les caractères de la vie :
les cheveux seront agités par le vent, le sang circulera
sous une peau blanche et fraîche, les yeux auront le don
du regard, la bouche s'ouvrira pour parler ; et si l'on fixe
quelques moments la vue sur cette toile, on la verra, par
une illusion complète, effrayante, on la verra s'agiter et
vivre.

En arrivant à la peinture d'histoire, il faut remarquer
que Velazquez, à la différence des Italiens et de tous ses
compatriotes, n'aimait pas à traiter les sujets sacrés. C'est
un genre qui exige moins l'exacte imitation des objets naturels, où il excellait, que la profondeur de la pensée, la
chaleur du sentiment, l'*idéalité* de l'expression, toutes
choses qui semblaient échapper à son esprit observateur au
dehors et en quelque sorte mathématique. Velazquez se
sentait gêné parmi les dieux, les anges et les saints ; il ne
lui fallait que des hommes. Aussi n'a-t-il presque fait
aucun tableau d'histoire sacrée. Dans toutes les collections
royales dont s'est formé le musée de Madrid, il n'y en
avait qu'un seul, le *Martyre de saint Étienne*, œuvre
admirable, assurément, mais plutôt par les détails que
par l'ensemble et le caractère de la scène terrible qu'elle
représente.

Quant à ses tableaux profanes, sans la dimension et le
haut style qui doivent les faire appeler tableaux d'histoire,

les rigides observateurs des catégories pourraient vraiment, à cause du choix des sujets toujours fort simples
et familiers, les nommer aussi bien tableaux de chevalet.
Il en a laissé cinq principaux, qui sont tous au musée de
Madrid. Celui qu'on nomme *les Fileuses* (*las Hilan-
deras*), représente l'intérieur d'une fabrique de tapis.
Dans une chambre éclairée par un demi-jour, pendant
l'ardeur de l'été, des femmes du peuple, à demi nues,
sont occupées aux divers travaux de leur état, tandis que
des dames se font présenter quelques tapisseries terminées.
Velazquez, qui ne craignait pas de placer les modèles de
ses portraits en plein air et en plein soleil, a bravé cette
fois la difficulté contraire. Tout son tableau est dans le
clair-obscur, et l'artiste, en se jouant d'une si prodigieuse
difficulté, a su produire les plus merveilleux effets de
perspective et de lumière. Le titre que porte son tableau
nommé *la Forge de Vulcain* (*la Fragua de Vulcano*),
est tout ce qu'il a de mythologique. Malgré l'auréole lu-
mineuse qui enveloppe sa blonde chevelure, Apollon n'a
rien de surnaturel, rien de divin; c'est un voisin curieux
et médisant qui s'est fait espion domestique. On ne voit
d'ailleurs ni les cavernes embrasées de l'Etna, ni la noire
troupe des cyclopes forgeant les foudres du maître des
dieux ou l'armure du fils de Thétis; il n'y a qu'un atelier
de forgeron, un maître et ses apprentis. Réduit à ces
termes plus humbles, le tableau de Velazquez devient un
chef-d'œuvre complet. On ne saurait mieux rendre l'air et
l'espace; on ne saurait trouver plus d'effet et de vérité

que dans le combat de la lumière du brasier où rougit le
fer, et de celle du soleil que laisse pénétrer la porte entr'ouverte; on ne saurait dessiner de plus beaux corps
d'hommes, des membres plus agiles, plus nerveux, mieux
accouplés; on ne saurait enfin rencontrer une expression
de visage et de pantomime égale à celle de ce mari outragé
que glacent la surprise et la colère, de ces frappeurs d'en-
clume dont les bras s'arrêtent, et qui suspendent tout à
coup l'harmonie de leurs marteaux tombant en cadence.
La Reddition de Breda, qu'on appelle communément en
Espagne le *tableau des Lances* (*el cuadro de las Lanzas*),
est une œuvre plus capitale encore, et d'une dimension colossale, mais dont le sujet n'est pas moins simple. D'un
côté les Flamands, de l'autre les Espagnols; au milieu,
dans une large trouée d'air qui donne vue sur un profond
paysage, la rencontre des deux chefs, dont l'un remet à
l'autre les clés de la ville rendue. Ce groupe, toutefois,
a peut-être plus de poésie que nul autre ouvrage de Velazquez; on n'a jamais mieux exprimé que dans l'attitude et
le geste du vainqueur la bienveillance, la grâce, la noblesse
qui font aimer et pardonner la victoire. Enfin, son tableau
des *Buveurs* (*los Bebedores* ou *Borrachos*), peut-être
encore plus célèbre et plus accompli, représente tout simplement une confrérie bachique, dont le chef, couronné
de pampre, mais à peu près nu, et trônant sur un ton-
neau, entouré de cinq ou six drôles en guenilles qui forment sa cour, confère l'ordre de chevalerie à une espèce
de soldat agenouillé devant lui. Il n'y a là qu'une scène

bouffonne, grotesque, et cependant c'est un de ces tableaux qu'il faut voir et revoir sans cesse, dont les regards
ne peuvent se détacher, sur lequel on concentre toute sa
force d'attention, un de ces tableaux dont nulle description,
nulle analyse, nul éloge ne peuvent donner l'idée, ni reconnaître dignement la beauté.

S'il en est un quelque part, qui, sous le point de vue
de l'imitation toute simple de la nature, égale ou surpasse
même celui des *Buveurs*, ce ne peut être que le tableau
nommé la *Famille de Philippe IV;* mais il est aussi de
Velazquez. Tandis qu'il peignait le portrait de la petite
infante Marguerite, il imagina de prendre pour sujet de
tableau la scène entière qu'il avait sous les yeux, et dont
lui-même était l'acteur principal. Cette scène se passe dans
une longue galerie du palais de Madrid. A gauche est
Velazquez, debout devant un chevalet, sa palette à la
main; en face de lui, la jeune infante, qu'on cherche à
distraire de l'ennui de son immobilité. Une de ses femmes,
à genoux, lui présente à boire dans un vase des Indes, et
les deux nains historiques, Nicolasito Pertusano et Maria
Barbola, taquinent un gros chien qui souffre très-patiem-
ment leurs impertinences. Deux figures répétées au loin
dans une glace témoignent que Philippe IV et sa femme
sont présents à la séance, assis sur un canapé latéral.
Enfin, et tout au bout de la galerie, un gentilhomme,
prêt à sortir, entr'ouvre une porte qui donne issue sur des
jardins. Ce tableau est un de ceux, en petit nombre, qui
n'a de secret pour personne, qui frappe et satisfait les

ignorants comme les sages, les profanes comme les initiés.
Si on l'isole des autres objets, si les yeux n'aperçoivent
rien au delà de ses bords, il est impossible de rencontrer
une trace de peinture, de ne pas croire à la réalité des
choses. Tous ces objets sont palpables, tous ces êtres sont
vivants; l'air joue au milieu d'eux, les enveloppe et les pé-
nètre; on compterait les pas de la galerie; on baisse les
paupières à la resplendissante clarté de cette porte entr'ouverte; on voit respirer ces personnages, on les entend parler. Charles II ayant conduit devant ce tableau
Luca Giordano, nouvellement arrivé en Espagne : « Sire,
» s'écria, dans son enthousiasme, l'artiste italien, c'est la
» *théologie de la peinture.* » Tel est le nom que l'on
donne à présent à celui des ouvrages de Velazquez qui
exprime le mieux sa manière et son talent.

A ce tableau se rattache une circonstance intéressante
de la vie de son auteur. On raconte que, lorsqu'il l'eut
terminé, après diverses corrections, il le présenta, comme
toutes ses œuvres, à Philippe IV, auquel il demanda s'il
croyait qu'il n'y manquât plus rien : « Encore une chose, »
répondit le prince; et prenant la palette des mains de
Velazquez, il alla peindre sur la poitrine de l'artiste, représenté dans le tableau, la croix de l'ordre de Saint-Jacques. Cette croix est telle encore, dit-on, que la traça la
main royale.

S'il fallait caractériser, en un mot, le talent de Velazquez, on pourrait l'appeler, comme Jean-Jacques, l'homme
de la nature et de la vérité. Dans les sujets qui n'exigent

ni l'élévation du style, ni la grandeur de la pensée, ni la su-
blimité de l'expression, lorsqu'il faut n'être que naturel et
vrai, Velazquez paraît sans rival. Quoiqu'il peignit du
premier jet, sans hésitation, sans retouches, quoiqu'il se
jouât des difficultés de la forme comme de celles de la lumière, son dessin est toujours d'une irréprochable pureté.
D'une autre part, sa couleur est ferme, sûre et précisément naturelle; rien de brillant, rien d'affecté, aucune
recherche d'effet ou d'éclat; mais aussi rien de terne, rien
de pâle, aucune habitude d'un ton dominant et défectueux. Quant à l'entente des plans divers, à la distribution
de la lumière, à la diffusion de l'air ambiant, enfin quant
à la perspective linéaire et aérienne, c'est par là surtout
qu'excelle Velazquez; c'est par là qu'il a trouvé le secret
de la plus parfaite illusion. « Il a su peindre l'air », dit
énergiquement Moratin. Certes, si l'art de peindre n'é-
tait que l'art d'imiter la nature, Velazquez serait probablement le premier peintre du monde. Peut-être est-il du
moins le premier maître. En effet, la force de conception,
la profondeur de pensée, le sentiment, l'expression, toutes
les qualités du génie, ne s'acquièrent point. Ce sont des
dons du ciel auxquels l'éducation ne saurait suppléer.
Qu'enseigne-t-on dans les écoles? La manière de mettre
ces dons en œuvre; le procédé pour les appliquer à l'art.
On y apprend la science des contours et des tons, les lois
de la perspective, le maniement du pinceau, les ressources
et les subtilités du métier, en un mot tous les moyens matériels d'exprimer sur la toile ce que l'œil regarde ou ce que

l'imagination conçoit. Or, toutes les écoles ont leurs défauts, qui tiennent, soit à l'époque, c'est-à-dire aux modes
et aux erreurs de convention régnantes, soit au maître lui-
même, c'est-à-dire aux vices particuliers de sa manière ou
de son goût. Ces défauts, on ne peut les corriger que par
l'étude de la nature, invariable modèle que n'altèrent jamais les caprices de la mode, ni les erreurs de l'homme.
Mais la vue seule des objets n'apprend point assez les procédés d'exécution; il faut mieux que cela: il faut la vue de
la représentation de ces objets. La meilleure école est donc
celle où l'imitation touche de plus près à la réalité; où les
procédés les plus simples et les plus habiles produisent le
résultat le plus vrai, l'illusion la plus complète; où l'art
s'efface, où la nature se montre. Voilà précisément ce qui
peut faire dire à juste titre que Velazquez est le premier
des maîtres.

MURILLO.

———————

Ainsi que Velazquez, son prédécesseur et son maître, Murillo naquit à Séville. Il y fut baptisé le 1er janvier 1618, dans l'église de *Santa-Maria-Magdalena*, sous les noms de Bartolomé-Esteban (Barthélemy-Étienne); et comme son père s'appelait Gaspar-Esteban Murillo, que ce nom d'Esteban est également donné à ses ancêtres, on peut croire que ce n'était pas simplement un prénom, mais une partie de son nom de famille; aussi Cean-Bermudez le classe-t-il, dans son *Dictionnaire historique*, sous le nom de Esteban-Murillo. Sa mère s'appelait Maria Perez.

On ne sait rien de précis sur les parents de Murillo; mais, à voir l'histoire de ses débuts, nul doute qu'ils ne

3

fussent d'une humble condition. Après une première jeunesse triste et illettrée, qu'il passa dans la plus complète obscurité, Murillo fut placé par son père chez Juan del Castillo, leur parent éloigné, qui lui donna, comme par charité, les premières leçons de l'art où il devait trouver une renommée si éclatante. Ce Castillo dessinait correctement; mais il ne pouvait guère enseigner à Murillo que le coloris sec et froid qu'avaient rapporté de l'école florentine Luis de Vargas, Pedro de Villegas et quelques autres professeurs de Séville. Murillo perdit même bientôt ce maître, qui alla se fixer à Cadix, et l'on peut dire qu'il n'en eut longtemps d'autre que lui-même. Privé d'un guide intelligent et d'études sérieuses, obligé de vivre de son pinceau avant d'en avoir appris l'usage, n'ayant pu enfin ni s'essayer ni se connaître, le pauvre Murillo ne pouvait faire de grands progrès dans un art qui n'était encore pour lui qu'un métier : aussi fut-il tout bonnement peintre de pacotille. Il barbouillait , sur de petits carrés de toile ou de bois, ces vierges qui sont représentées écrasant la tête du serpent, et qu'on appelait des *Notre-Dame de Guadalupé* (Nuestra-Señora de Guadalupe). Il les vendait à la douzaine, au prix d'une à deux piastres la pièce, suivant leurs dimensions, aux armateurs des galions d'Amérique, lesquels répandaient cette marchandise, avec les *bulles de la crosiade* et autres indulgences, parmi les populations nouvellement converties du Mexique et du Pérou. Toutefois, ces exercices, ces travaux de manœuvre, en lui apprenant le maniement de la brosse, adoucirent son coloris, qui cessa d'être dur pour rester faux et maniéré.

Murillo avait vingt-quatre ans lorsque son heureuse étoile fit passer par Séville le peintre Pedro de Moya, qui revenait de Londres à Grenade, rapportant dans sa patrie le bon goût et la brillante couleur que lui avait enseignés Van-Dyck. A la vue des ouvrages de Moya, Murillo tomba en extase, et sentit sa vocation. C'était l'étincelle qui allume le feu du génie. Mais que faire? Moya partait pour Grenade, et n'était lui-même qu'un élève; inutile d'aller à Londres : Van-Dyck venait de mourir; impossible d'aller en Italie, sans ressources et sans protecteur. Murillo prit un parti désespéré; il acheta un rouleau de toile, le coupa en morceaux qu'il prépara et imprima de sa main, puis, ne prenant ni repos ni sommeil, il couvrit tous ces fragments de petites vierges, d'enfants-Jésus et de bouquets de fleurs. Sa pacotille vendue, et quelques réaux en poche, sans demander conseil, sans prendre congé de personne, il partit, à pied, pour Madrid. C'était dans l'année 1643. Arrivé dans la capitale, il alla se présenter à Velazquez, son aîné de vingt ans, qui était alors dans toute sa gloire et toute sa fortune. Le peintre du roi accueillit avec bonté le jeune voyageur; il l'encouragea, le produisit, lui fournit du travail utile, mit à sa disposition les modèles que contenaient les palais royaux, l'Escorial et son propre atelier, lui donna enfin des conseils et des leçons.

Murillo passa deux années à étudier sans relâche les maîtres dont il affectionnait le plus la manière, c'est-à-dire

les coloristes, Titien, Rubens, Van-Dyck, Ribera, Velazquez; puis, moins tourmenté des rêves d'ambition que
du besoin d'indépendance, il quitta Madrid, en 1645, et
revint à Séville. On ne s'était pas aperçu de son absence :
aussi la surprise fut grande, lorsque, l'année suivante,
on vit paraître les trois tableaux qu'il peignit pour le petit
cloître du couvent de *San-Francisco*, *un Moine en extase*, *les aumónes de saint Diego* et *la mort de sainte
Claire* (1). Chacun se demandait où il avait appris ce nouveau style, si attrayant, si noble, si magistral, dans lequel
se trouvaient réunies la manière de Ribera, celle de Van-
Dyck et celle de Velazquez, et qui surpassait peut-être
chacune d'elles par leur propre mélange. Malgré l'envie
qui naît toujours à côté du succès, malgré les rivalités
haineuses de Valdez-Leal et de Herrera-le-Jeune, qu'il dé-
trônait du premier rang, Murillo sortit bientôt de l'indigence et de l'obscurité. En 1648, il avait acquis une position
assez florissante pour obtenir la main d'une dame noble
et riche de la petite ville de Pilas, doña Beatriz de Cabrera
y Sotomayor.

Depuis son retour à Séville, en 1645, jusqu'à sa mort,
arrivée le 3 avril 1682, Murillo ne sortit plus de son pays,
je dirais presque de son atelier, car c'est pendant ces trente-
sept années qu'ont été produits les innombrables ouvrages

(1) Si je cite ce magnifique ouvrage, l'un des plus précieux de la *Galerie
Aguado*, ce n'est que comme document historique ; car le propriétaire de
cette galerie, par une réserve pleine de bon goût, a désiré qu'aucun des
tableaux qui la composent ne fût mentionné dans ces *Notices*.

qu'il a laissés. N'ayant point affermé son talent à l'égoïsme d'un protecteur royal, libre de le mettre au service de quiconque en faisait choix et savait dignement le récompenser, Murillo put mettre à profit son goût passionné du travail et sa facilité prodigieuse. Les chapitres, les couvents, les grands seigneurs accablèrent à l'envi de leurs commandes le peintre de Séville. Il est, en Espagne, peu de maître-autels de cathédrales, peu de sacristies de couvents dotés, qui n'aient possédé quelque effigie de leurs saints patrons, tracée de sa main, peu d'illustres maisons qui n'aient eu de lui quelque portrait de famille. Séville surtout était comme inondée des œuvres de Murillo; sa vaste cathédrale, ses nombreuses paroisses et ses couvents plus nombreux encore en avaient tapissé leurs chapelles et leurs cloîtres. Le couvent de *los Capuchinos*, par exemple, possédait encore, au commencement de ce siècle, jusqu'à dix-neuf tableaux importants de Murillo, et l'hôpital de *la Caridad* avait, dans sa petite église, huit de ses plus vastes compositions: *Moïse frappant le rocher, le Retour de l'Enfant prodigue, saint Jean de Dieu emportant un pauvre, Abraham adorant les trois Anges, la Multiplication des pains dans le Désert, Jésus à la piscine, saint Pierre délivré de ses liens*, et *sainte Élisabeth de Hongrie* (1). On a remarqué que

(1) Les prix de ces divers ouvrages, mentionnés dans les archives de l'hôpital, prouvent quelle estime on faisait dès lors, dans son pays, et de son vivant même, du talent de Murillo. Il reçut, pour la *Multiplication des pains*, 15,975 réaux de vellon; pour le *Moïse*, 13,300; pour le *saint Jean de Dieu* et la *sainte Élisabeth*, 16.840, et pour les quatre autres, plus petits.

l'époque de la vie de Murillo la plus féconde et la plus glorieuse, celle où il a le plus produit, et de plus grandes choses, est l'époque comprise entre 1670 et 1680, lorsqu'il avait de cinquante ans passés à plus de soixante ans : nouvelle preuve que, dans les arts comme dans la littérature, les meilleures œuvres sont celles d'un homme de génie à son déclin, lorsqu'il lui est donné de réunir au feu d'une imagination toujours jeune l'expérience et la sûreté de l'âge mûr.

Murillo ne s'occupait pas dans son seul intérêt de l'art qui faisait sa gloire et sa fortune. Avec l'aide de ses confrères et de ses élèves, avec l'assistance des autorités municipales qui lui livrèrent une partie du grand bâtiment de la Bourse (*la Lonja*), il établit une académie publique de dessin, dont il fut le premier directeur et le premier maître; elle fut solennellement ouverte le 11 janvier 1660. Néanmoins Murillo ne put trouver d'élèves dans sa propre famille. Son fils aîné, don Gabriel, alla faire le commerce dans les Indes occidentales; son second fils, don Gaspar, après s'être essayé sans succès dans la peinture, se fit prêtre, et mourut chanoine de la cathédrale; enfin, sa fille, doña Francisca, prit le voile dans le couvent de la *Madre-de-Dios*.

En 1681, Murillo fut appelé à Cadix pour peindre, sur le maître-autel du couvent de *los Capuchinos*, le grand tableau du *Mariage de sainte Catherine*. Une chute qu'il

32,000; ce qui porte les huit tableaux à environ 20,000 francs, somme considérable pour le temps et pour le pays.

fit de l'échafaud sur lequel il était monté le rendit grave-
ment malade, et le força de revenir à Séville. Après avoir
langui quelque temps, il expira le 3 avril 1682, et fut enterré dans un caveau de l'église de *Santa-Cruz*, précisément sous la chapelle où se trouvait la fameuse *Descente
de Croix* de Pedro Campaña, devant laquelle il restait
presque chaque jour en prière et en contemplation.

Quoiqu'il ait pris une toute autre direction que Velazquez, Murillo, comme son maitre, s'est exercé dans tous
les genres. Ses portraits, par exemple, valent ses tableaux.
Mais, devenu peintre sans leçons et sans études prélimi-
naires, il n'acquit que par degrés son habileté universelle.
On raconte qu'il s'était associé d'abord avec un paysagiste
nommé Iriarte. Celui-ci peignait les fonds des tableaux de
Murillo, lequel peignait à son tour les figures qu'Iriarte
voulait placer dans ses paysages. Les deux amis se brouil-
lèrent, et Murillo, resté seul, se mit bientôt en état de
peindre lui-même toutes les parties de ses tableaux. On
croirait, à voir les paysages, peu nombreux mais charmants, où il s'est exercé, qu'il voulût dire à son collabo-
rateur : « Tu m'as quitté; vois, je n'ai plus besoin de ton
» aide. »

Pour la fécondité, Murillo ne peut être comparé qu'à
son compatriote Lope de Vega. Comme ce poëte, il eut
une jeunesse perdue pour l'art; comme lui, il employa
sans relâche le reste de sa vie, et, dans son genre, il égala
presque les dix-huit cents comédies, les quatre cents *autos
sacramentales*, les poëmes épiques et burlesques, les

épitres, les sonnets, les nouvelles de celui que Cervantès appelait, dans son admiration, un *monstre de nature*. Cette facilité merveilleuse, jointe à l'indépendance qu'il conserva toute sa vie, explique comment Murillo, à la différence de Velazquez, put répandre dans toute l'Espagne, et même dans l'Europe, ses œuvres et son nom. Mais plusieurs autres points de dissemblance séparent ces deux grands artistes, et les indiquer sera la meilleure manière de faire connaître celui qui nous occupe.

Si Velazquez, peintre du Roi, riche, pensionné, travaillant à loisir et toujours pour le même client, a laissé moins d'ouvrages, en revanche, il a pu leur donner à tous des soins égaux, une perfection égale et digne du royal acheteur auquel ils étaient tous destinés. Au contraire, si Murillo, peintre du public, mesurant son revenu à son travail, bientôt célèbre et chargé de commandes, a beaucoup plus produit, il n'a pas toujours eu le temps de mûrir ses conceptions et d'en achever laborieusement les détails. Comme un *maestro* écrivant à la fois des opéras pour plusieurs théâtres, il s'est répété souvent, et s'est fait son propre plagiaire. Par ces raisons, il y a beaucoup plus de choix dans ses œuvres, où quelquefois l'évidente précipitation trahit et rappelle son ancien métier : on pourrait les croire encore destinées aux Indes.

Velazquez, nous en avons fait précédemment l'observation, redoutait les sujets sacrés ; il ne se sentait à l'aise que dans les scènes de la vie ordinaire, de la vie simplement humaine, où le plus grand mérite est la vérité. Murillo,

tout au contraire, doué d'une imagination brillante, intarissable, animé de sentiments délicats et tendres, capable
même d'exaltation, affectionnait surtout les compositions
religieuses, où l'art peut et doit franchir les bornes de la
nature pour s'élancer dans le monde idéal. C'est là qu'il
a frayé sa route, et une route toute nouvelle, même après
les maîtres italiens; car, dans ses *Extases* et ses *Appari-
tions célestes*, par exemple, il a fait comme par habitude
ce que les plus illustres d'entre eux avaient à peine osé
tenter une fois. Dans les *Saintes Familles*, les Vierges de
Murillo ne sont pas raphaéliques; elles restent plus près
de la nature, et l'on en peut retrouver le type dans toute
jeune mère belle, douce et tendre; c'est pour les *As-
somptions* (qu'on appelle plus communément *Conceptions*, en Espagne), qu'il réserve à ses Vierges une expression grandiose, inspirée. Mais à son Christ, enfant ou
homme, il a su toujours donner un caractère vraiment
surnaturel, vraiment divin. Voyez le *Jésus au Mouton*.
Quelle noblesse, quelle grandeur dans cet enfant qui ne
joue pas, mais qui pense, dans cette pose hardie, dans ce
front déjà méditatif, dans ce regard fier et profond!
Voyez aussi cet aimable groupe de *Jésus et saint Jean*.
Peut-on concevoir deux enfants plus beaux, plus naïfs,
plus épris d'une tendre amitié? Comme ils marchent, quoique embrassés, avec aisance et grâce! comme ils s'étrei-
gnent avec amour! quelle ravissante expression de bonté
dans le fils de Marie, approchant un coquillage plein d'eau
des lèvres de son jeune ami, et, dans le regard attendri du

fils d'Élisabeth, quelle promesse de reconnaissance et de
dévouement! Voyez encore le *Jésus adoré par sa Mère
et par saint Joseph*. Où trouver une expression de su-
blimité contemplative égale à celle de cet enfant divin qui,
monté sur le fût d'une colonne pour échapper à la terre, se
réunit par la pensée aux deux autres personnes de la Trinité, planant sur sa tête au plus haut des cieux (1)? Voyez
enfin le *Christ en Croix*, c'est-à-dire ce même enfant précoce accomplissant, devenu homme, le sacrifice auquel il
avait voué sa vie. Il est seul; la nuit, qui règne, cache
la vue du reste de la nature; sur un fond de deuil se dé-
tache le corps pâle du Sauveur expiré. On admirerait ses
formes, aussi belles que celles de l'Apollon Pythien, si
l'âme pouvait conserver à ce spectacle une pensée ter-
restre; mais de plus hautes émotions la saisissent. Le sang
ruisselle de ses mains et de ses pieds, que les clous retien-
nent au bois infâme; sa tête est lourdement penchée, et,
de la couronne d'épines qui l'étreint encore, s'échappent
de blonds cheveux, dont les boucles sanglantes voilent ses
yeux éteints, et couvrent tout le visage d'une ombre lu-
gubre. Jamais on n'a donné à la mort du Juste une tristesse
plus profonde, une majesté plus solennelle; jamais on n'a
tracé plus grande image de l'homme-Dieu. En le voyant,
Arius lui-même se fût un moment converti.

Revenons au parallèle de Velazquez et de Murillo. Le
premier, n'ayant qu'un but, n'avait qu'une manière. Qu'il

cherchât la perfection dans l'audace et la naïveté du premier jet, ou dans la correction des retouches et du fini,
ce qu'il voulait atteindre c'était l'exactitude, la précision,
l'illusion de la vérité. Murillo, moins épris de la réalité
que de la poésie, et s'adressant plus à l'imagination qu'à
l'esprit, variait sa méthode avec son sujet. Ce qu'on croirait
difficilement, si les dates connues de ses plus célèbres
compositions ne l'attestaient sans réplique, Murillo n'a
point eu, comme presque tous les autres peintres, des manières successives, des phases dans sa vie d'artiste; mais il
avait à la fois trois genres qu'il employait alternativement,
et suivant l'occasion. Ces trois genres sont appelés par les
Espagnols, *froid*, *chaud* et *vaporeux* (*frio*, *cálido* y *va-
poroso*). Leurs noms les désignent suffisamment, et l'on
conçoit également bien le choix de leur emploi. Ainsi, les
polissons, les mendiants, les scènes familières, sujets où
Murillo n'excellait pas moins que dans ceux de haut style,
seront peints dans le genre froid. Il en sera de même des
histoires de moines, des anecdotes prises dans les légendes
de couvent, et même de certains sujets sacrés qui n'exigent que de la grâce et de la candeur. Telle est, par
exemple, la *Sainte Famille au petit chien* (*la Sacra Fa-
milia del perrito*), où ne se trouvent précisément ni l'enfant-Dieu, ni la Vierge-mère, ni leur commun père nour-
ricier, mais où l'on voit un bon menuisier qui pose son
rabot, et sa ménagère qui laisse arrêter son rouet, pour
regarder tendrement leur jeune fils, petit espiègle qui fait
aboyer un épagneul contre l'oiseau qu'il cache dans sa main.

Le genre vaporeux, qui convient surtout aux miracles et aux mystères, n'est guère employé par Murillo que dans ses tableaux de petite ou de moyenne dimension. On peut citer pour exemple le *Martyre de saint André*, l'un des chefs-d'œuvre du genre. Une teinte argentée, que semblent verser du ciel les anges qui montrent la palme immortelle au vieillard crucifié, enveloppe tous les objets, adoucit les contours, harmonise les tons, et donne à la scène entière un aspect nuageux, fantastique, plein de charme et d'effet. Ce même phénomène, si l'on peut ainsi dire, se retrouve dans la plus petite des deux *Annonciations* que possède le Musée de Madrid, qui est aussi la plus célèbre et la meilleure. C'est au milieu de cette atmosphère céleste que le bel archange Gabriel apparaît à la jeune Marie. Celle-ci priait, agenouillée; le messager d'en haut s'agenouille à son tour devant celle qui doit porter dans son sein le fruit de vie. Un brillant chœur d'anges, sur lequel ces deux figures semblent se détacher en relief, remplit tout l'espace; et, sur ce fond lumineux, brille, plus lumineux encore, l'esprit opérateur, qui vient sous la figure d'une blanche colombe accomplir le mystère annoncé. Jamais, à moins de l'avoir vu, je n'aurais imaginé qu'avec les teintes d'une palette on pût imiter à ce point l'éclat d'une lueur miraculeuse, et faire jaillir de la toile des rayons de lumière. C'est le triomphe du coloriste.

Le genre chaud est celui que Murillo semble avoir affectionné davantage, et qu'il employait le plus souvent. Toutes ses *extases* de saints, et le nombre en est grand, sont traitées dans ce genre. On en compte quatre dans le seul musée de Madrid : *saint Bernard*, *saint Augustin*, *saint François d'Assise*, et *saint Ildephonse*. Quoique le fond du sujet fût le même dans ces sortes de compositions, Murillo savait très-habilement les varier, soit par le caractère de la vision, soit par les arrangements de détail. Ainsi, par exemple, à saint Ildephonse apparait la Vierge, qui lui descend d'en haut une chasuble pour sa nouvelle dignité d'archevêque; devant saint Augustin, les cieux s'ouvrent, et lui montrent à la fois la Vierge immaculée et Jésus crucifié; saint François d'Assise, visité par Marie et son fils, leur offre, en échange du jubilé de la Porcioncule, les roses miraculeuses qu'ont produites au printemps les verges d'épines dont il s'est flagellé tout l'hiver; enfin saint Bernard, exalté par les méditations et le jeûne, voit apparaître dans son humble cellule l'enfant Jésus, porté par sa mère sur un trône de nuages, au milieu de la céleste milice.

Il faut réfléchir aux prodigieuses difficultés que présentent de semblables sujets, pour louer dignement Murillo de les avoir si souvent choisis, et d'avoir produit autant de fois un chef-d'œuvre. L'effet général résulte principalement de l'opposition que forme avec la lumière du jour, dont les objets d'en bas et du dehors sont éclairés, la lumière de l'apparition, qui illumine le haut et l'intérieur du local. A cet effet doivent s'ajouter le caractère extatique du saint et le caractère divin de la vision. En tous ces points, Murillo surpasse ce que l'imagination pouvait espérer et concevoir. Son jour de la terre est parfaitement naturel et vrai; son jour du ciel est comme cette lueur radieuse du Saint-Esprit dont je parlais tout à l'heure. On trouve dans les attitudes de ses saints et dans l'expression de leurs traits, tout ce que la plus ardente piété, tout ce que l'exaltation la plus passionnée peuvent sentir et exprimer dans un excès de surprise, de ravissement et d'adoration. Quant aux figures des visions, l'on a déjà dit ce qu'étaient ses vierges et ses christs; mais là, ils ne sont pas seuls, comme pendant leur séjour sur la terre; ils viennent dans la pompe d'un céleste cortège, où se groupent merveilleusement tous les esprits de la hiérarchie immortelle, depuis l'archange aux ailes déployées jusqu'aux faces sans corps des petits chérubins. C'est dans ces sujets de divine poésie que le pinceau de Murillo, comme la baguette d'un enchanteur, enfante vraiment des prodiges. Si, dans les scènes copiées de la vie humaine il est l'égal des plus grands coloristes, il est supérieur à tous, il est unique, dans les scènes imaginées de l'éternelle vie. On pourrait dire, à propos des deux grands maîtres espagnols, que Velazquez est le peintre de la terre, et Murillo le peintre du ciel.

On place généralement, au-dessus de toutes ses compositions dans le genre chaud, l'extase de *saint Antoine de Padoue*, qui occupe une chapelle de la cathédrale de Séville. C'est aussi, je crois, la plus vaste toile qu'ait peinte Murillo. Quand je la vis, j'étais bien jeune, et le goût des arts, ce goût réfléchi, grave et profond, ne s'était pas

encore fait jour à travers la légèreté de l'âge; et pourtant,
je restai, comme le pieux cénobite, en extase devant les
cieux ouverts. Un chanoine, qui avait bien voulu me servir
de *cicerone*, me raconta qu'après la retraite des Français,
en 1813, lord Wellington avait offert d'acheter ce tableau
pour l'Angleterre en le couvrant d'onces d'or. Cela devait
faire une somme énorme, à juger des toises carrées; mais
le chapitre était trop riche et trop fier pour accepter un
tel échange. L'Angleterre a gardé son or, et Séville le
chef-d'œuvre de son peintre. Honneur à Séville !

Au reste, Murillo ne s'est pas toujours tenu strictement
renfermé dans les limites de ses trois genres, et l'on éprou-
verait un grand embarras s'il fallait absolument classer
dans l'un d'eux certaines compositions où il semble plutôt
avoir voulu, non les exclure, mais les réunir. Telle est,
entre autres, celle des œuvres de Murillo que la voix presque unanime de ses admirateurs proclame la plus grande
et la plus parfaite : *sainte Élisabeth de Hongrie* (*santa
Isabel de Hungria*), qui est maintenant à l'Académie de
Madrid. Dans un vestibule de simple et noble architecture,
la pieuse reine s'occupe à gagner le paradis, non point par
de stériles oraisons, mais par des actes de vraie charité.
Les rois de France guérissaient les écrouelles; il paraît
que les rois de Hongrie avaient une autre spécialité; sainte
Élisabeth, puisqu'il faut appeler les choses par leur nom,
panse et lave des teigneux. Ce sujet réunissait merveilleusement les deux manières extrêmes de Murillo : la misère
sale, déguenillée et vermineuse de ses petits mendiants;

la grandeur simple, noble et sublime de ses saints. De là
naît aussi le charme d'un perpétuel contraste et d'une
haute moralité. Ce palais converti en hôpital; d'un côté,
ces dames de la cour, belles, fraîches et parées; de l'autre,
ces enfants souffreteux et rachitiques, qui se grattent, qui
déchirent de l'ongle leurs poitrines sans vêtements et leurs
têtes sans cheveux, ce paralytique porté sur des béquilles,
ce vieillard qui étale les plaies de ses jambes, cette vieille
accroupie dont le profil décharné se dessine si nettement
sur un pan de velours noir; là, toutes les grâces brillantes
du luxe et de la santé; ici, tout le hideux cortége de la
misère et de la maladie; puis, au milieu de ces extrêmes
de l'humanité, la charité qui les rapproche et les réunit.
Une jeune et belle femme, portant sous le voile de none la
couronne de reine, éponge délicatement la tête impure
qu'un enfant couvert de lèpre lui présente au-dessus d'une
aiguière d'argent. Ses blanches mains semblent se refuser à
l'œuvre que son cœur ordonne, sa bouche frissonne d'horreur en même temps que ses yeux se remplissent de lar-
mes; mais la pitié a vaincu même le dégoût, et la religion
triomphe, la religion qui commande l'amour du prochain.

Dans ce tableau, je le répète, Murillo n'a fait choix
d'aucun de ses trois genres et n'en a proscrit aucun; ils s'y
trouvent plutôt tous trois réunis dans leurs plus éminentes
qualités. L'ordonnance de la scène est magnifique; chaque
détail concourt avec bonheur à l'ensemble; chaque personnage, admirable en soi, sert encore à faire valoir les autres.
On ne désire rien de plus, rien de moins, rien d'autrement,

et l'on croirait, tant cet ensemble est parfait, que le moindre changement dût en gâter l'harmonie, et détruire l'effet
général. Les attitudes, nobles ou grotesques, sont également variées et naturelles; les expressions de la pitié ou de
la douleur, pleines d'énergie et de vérité; le dessin, d'une
hardiesse et d'une pureté qui défient toute censure; la couleur, de cet éclat magique dont Murillo seul eut le secret.
Ah! s'il est encore une place, sur le trône de l'art, entre la
Transfiguration et le *saint Jérôme*, qu'on y porte la
sainte Élisabeth, et qu'à côté du nom de Raphaël, on
inscrive le nom de Murillo sur les tables d'immortalité!

RIBERA.

. . . . .

On raconte que, dans les premières années du XVIIe siècle, un cardinal, passant en carrosse dans les rues de Rome, aperçut un jeune homme, à peine sorti de l'enfance, qui, demi-nu, couvert de haillons, ayant à ses côtés, sur une pierre, quelques bribes de pain données par la charité, dessinait avec une profonde attention les fresques de la façade d'un palais. Ému de pitié à la vue de tant de misère et de tant d'application, le cardinal appela cet enfant, l'emmena chez lui, le fit vêtir décemment, et l'admit dans cette demi-domesticité qu'on appelait alors la *famille* d'un grand seigneur. Il apprit que son jeune protégé se nommait Josef de Ribera; qu'il était né, le 12 janvier 1588,

à Xativa (aujourd'hui San-Felipe), près de Valence en Espagne; que son père Luis de Ribera et sa mère Margarita
Gil l'avaient envoyé de bonne heure dans cette capitale de
la province pour qu'il y étudiât les humanités; mais que
son penchant irrésistible pour les beaux-arts lui avait fait
préférer aux classes universitaires l'atelier de Francisco Ribalta; qu'au moyen de fortes études sous la direction de ce
maître distingué, il avait fait des progrès assez rapides pour
être bientôt chargé de quelques travaux; mais qu'alors
s'était éveillée chez lui la passion d'aller étudier l'art à sa
source, qu'il n'avait plus rêvé que Rome et ses merveilles,
et qu'abandonnant famille, amis, patrie, il était arrivé
dans cette capitale du monde artiste, où, sans appui, sans
ressources, faisant de la rue son atelier et d'une borne son
chevalet, copiant les statues, les fresques, les passants, il
vivait des charités de ses camarades qui l'appelaient, faute
d'un autre nom, le petit Espagnol (*Lo Spagnoletto*).

Ribera se trouvait alors précisément dans la position
qu'avait occupée, quarante ans plus tôt, son immortel compatriote Cervantès, puisque l'auteur du *Don Quichotte*
avait été, à Rome aussi, *camarero* du cardinal Giulio
Acquaviva; mais le grand peintre, pas plus que le grand écrivain, ne pouvait se condamner longtemps à la dégradante
oisiveté de l'antichambre d'un prince de l'Église. Tous deux
étaient appelés à une destinée plus active et plus noble.

Cervantès avait quitté son protecteur, ou, si l'on veut,
son maître, pour se faire soldat, pour aller combattre à
Lépante, et passer cinq ans captif dans les bagnes d'Alger;

Ribera, au bout de quelques mois écoulés dans l'inaction, dans la paresse, se sent enfin rougir de l'abaissement où il se voyait tombé. Il retrouve au fond du cœur cet amour de l'art, ces espérances d'avenir, cette soif de science et de gloire qui l'ont amené de Valence à Rome. Un beau jour, jetant sa livrée et reprenant ses haillons, il s'enfuit de la maison du cardinal, et va reprendre joyeusement sa vie de pauvreté, de travail et d'indépendance. On l'accusa d'ingratitude, on le traita d'incorrigible vagabond; mais, plus tard, voyant ses travaux et ses succès, le bon prêtre qui l'avait recueilli lui pardonna sa fuite, et le félicita même d'avoir préféré aux douceurs d'une facile aisance la noble et laborieuse passion de son art.

Devenu libre, et reprenant ses chères études avec toute l'ardeur d'un penchant comprimé, Ribera était arrivé à ce moment où l'artiste consulte son goût et choisit sa manière. De toutes les grandes œuvres qui l'entouraient, celles qu'il admirait avec le plus d'enthousiasme, celles qui répondaient le mieux aux instincts de son propre génie, c'étaient les œuvres du fier et bouillant Michel-Ange Caravage; là, dans les formidables effets de son puissant clair-obscur, le jeune Espagnol voyait les derniers prodiges de l'art. Il brigua avec ardeur et obtint son admission dans l'atelier de ce maître. Mais il ne put longtemps recevoir ses leçons; le Caravage mourut en 1609, lorsque Ribera n'avait encore que vingt ans. Celui-ci, toutefois, avait si bien mis à profit les courts enseignements du professeur de son choix, il en avait si bien saisi le style et la manière, que déjà l'on ne pouvait plus distinguer entre les ouvrages du maître et ceux de l'élève.

A la mort du Caravage, Ribera quitta Rome, et se rendit à Parme, où l'appelaient dès longtemps la grande renommée des œuvres de Corrège, et le désir de les connaître, de les apprécier. Devant ses œuvres, un nouvel enthousiasme le saisit. Il se mit à les étudier, à les copier avec une sorte de délire, et laissant sa première touche, forte et puissante, il passa en quelque sorte à l'extrême opposé, pour se faire doux, tendre et gracieux comme son nouveau modèle. On fut bien surpris, lorsqu'il revint à Rome, d'une si complète métamorphose; mais, loin de l'en féliciter, ses amis le blâmèrent. Soit que l'envie se fût éveillée, et qu'il semblât plus à craindre pour ses rivaux dans la ligne de Corrège que dans celle de Caravage, soit qu'en le maintenant dans son premier style, on voulût susciter au Dominiquin devenu vieux, et que Ribera n'aimait point, un émule plus redoutable, tous les amis du jeune Espagnol semblèrent réunir leurs efforts pour le ramener à la manière du Caravage, qui devait, lui disait-on, par sa nouveauté et sa puissance, lui procurer plus de gloire et plus d'argent. Que ces conseils fussent ou non désintéressés, Ribera, ce me semble, fit bien de les suivre. Son goût pour les sujets étranges, sombres et terribles, montre assez que la fougue de Caravage lui allait mieux que la suavité de Corrège. Toutefois, l'étude intelligente de celui-ci apporta dans le talent de Ribera un élément nouveau, et, en tempérant les défauts où pouvait le jeter la trop complète imitation du premier, elle fut certainement une des causes de l'incontestable supériorité qu'il obtint sur son maître.

Pour se délivrer des importunités de ses amis, vrais ou faux, pour exécuter plus librement les grandes conceptions qui commençaient à germer dans sa tête, et essayer enfin si le travail et le talent trouveraient en lui leur récompense, Ribera quitta Rome et se rendit à Naples, sans recommandations, sans argent, toujours isolé et toujours pauvre, au point qu'il fut, dit-on, contraint au départ de laisser en gage son manteau dans l'hôtellerie qu'il habitait. A Naples, il fit heureusement la rencontre d'un riche marchand de tableaux, auquel il offrit ses services. Le Napolitain, homme habile, mit à l'essai le jeune étranger, et, ravi d'un talent déjà si ferme et qui annonçait un si grand avenir, il se chargea du placement de ses œuvres, puis, bientôt après, lui offrit en mariage sa fille unique, héritière de toute sa fortune. Il est étrange, à ce propos, qu'aucune des biographies d'un peintre tel que Ribera, qui vécut si longtemps et si splendidement à Naples, n'ait conservé le nom de sa femme et de son beau-père, pas plus que celui du cardinal qui l'avait recueilli à Rome. Une fois marié, Ribera n'eut plus qu'à produire, trouvant dans la profession de son beau-père le moyen de répandre son nom et ses ouvrages. En peu de temps, il devint le plus célèbre et le plus estimé des peintres de Naples. Une circonstance bizarre aida même à fonder tout d'un coup sa réputation. La maison qu'il occupait, avec la famille de sa femme, était située sur la même place que le palais du vice-

roi. Un jour, suivant la coutume italienne, son beau-père
avait placé sur le balcon de sa maison, comme en exposition publique, un *Martyre de saint Barthélemy*, que
Ribera venait d'achever. La foule, attirée par la vue de
ce magnifique ouvrage, couvrit bientôt la place, faisant
retentir l'air de ses cris d'enthousiasme. La rumeur devint
telle, qu'à la petite cour espagnole on crut qu'une
émeute éclatait, et qu'un Mazaniello haranguait le peuple.
Le vice-roi sortit en armes, vit la cause du désordre, admira le tableau et manda l'artiste. Sa joie fut extrême
lorsqu'il trouva en lui un compatriote, un Espagnol. Il le
nomma aussitôt son peintre particulier, avec des appointements convenables, et lui donna un appartement dans
son propre palais.

Ainsi Ribera venait d'atteindre en deux degrés, par son
mariage et la faveur du vice-roi, le faîte de la fortune ; il
avait la richesse et l'autorité. Toutefois, des succès si
prompts ne ralentirent pas son ardeur pour le travail, et
ne firent, au contraire, que donner à son génie ardent
tout l'élan qu'il attendait pour se produire. Les jésuites lui
commandèrent plusieurs ouvrages pour leur couvent de
Saint-François-Xavier et de *Jesu-Nuovo;* il fit, pour la
chapelle du Trésor, dans la cathédrale, sous la coupole
peinte par Lanfranc, *le saint Janvier sortant du four,*
et enfin, pour les Chartreux, la fameuse *Descente de
croix*, le chef-d'œuvre des tableaux que Naples ait conservés du peintre espagnol. Plusieurs de ses ouvrages se
répandirent dans le reste de l'Italie et dans toute l'Europe ;

mais le plus grand nombre retourna dans sa patrie. Naples était alors une province d'Espagne; tous les grands seigneurs, qui s'y rendaient en parties de plaisir, et le viceroi, comte de Monterey, qu'il appelait son Mécènes, et Philippe IV, enfin, si passionné pour les beaux-arts, comblèrent à l'envi Ribera de commandes richement rétribuées. L'étudiant déguenillé des rues de Rome devint bientôt le plus opulent, le plus somptueux des artistes, l'égal des grands et des princes. Il ne sortait jamais qu'en carrosse, et sa femme était toujours accompagnée d'un écuyer : circonstances qui formaient, il y a deux siècles, les limites du luxe et de l'ostentation. L'on raconte qu'un jour deux officiers de sa nation, infatués des prétendus miracles de l'alchimie, vinrent lui offrir une part dans leur fortune imaginaire s'il voulait avancer les fonds nécessaires aux premières recherches de la pierre philosophale. « Moi aussi je fais de l'or, leur répondit mystérieusement Ribera; revenez demain, je vous montrerai mon secret. » Fidèles au rendez-vous, les deux alchimistes trouvent le lendemain Ribera dans son atelier, donnant à un tableau les dernières retouches. Il appelle un domestique et le charge de porter ce tableau chez tel marchand qui lui comptera en échange 400 ducats; puis, le domestique revenu, et jetant les rouleaux sur la table : « Messeigneurs, dit le peintre, voilà de l'or de bon aloi sorti de mon creuset; je n'ai pas besoin d'autre secret pour m'en procurer en abondance. »

Il paraît que Ribera, portant une fougue extrême dans

son travail, ne pouvait sans danger en soutenir longtemps l'effort. Aussi s'était-il imposé la règle de ne jamais
peindre plus de six heures par jour, et seulement dans la
matinée. A de fréquents intervalles, un domestique venait
l'avertir du temps qui s'était écoulé. Le reste du jour était
consacré à la promenade, aux visites et surtout aux ré-
ceptions, car il tenait maison ouverte, et son atelier était
le commun rendez-vous, non-seulement des artistes, mais
aussi des principaux personnages de la cour. C'est chez lui
que se formèrent ces *fazzioni di pittori*, ces coteries de
peintres qui méritèrent en effet le titre de factions, puisqu'elles faisaient, même avec le poignard, la guerre aux
écoles rivales. La *faction* de Naples, qui avait à sa tête
Ribera, et qui ne permettait l'entrée de cette capitale à
aucun peintre étranger à son école, comptait dans son
sein deux spadassins, deux *bravi*, Correnzio et Caracciolo,
lesquels, entourés d'autres jeunes turbulents, soutenaient
à la pointe de l'épée la supériorité du maître. C'est ainsi
qu'ils chassèrent de Naples les grands artistes qu'on avait
appelés de toute l'Italie pour concourir avec Ribera aux
décorations du *Duomo* de Saint-Janvier. Annibal Carrache, le Guide, le Josépin, furent obligés de s'enfuir,
pour échapper aux coups de ces conjurés d'une nouvelle
espèce. Après avoir également fui, le Dominiquin revint
cependant achever le magnifique ouvrage dont Naples s'en-
orgueillit; mais il mourut avant d'avoir pu regagner
Rome, et les bruits d'empoisonnement qui coururent à sa
mort prouvent que ce forfait était au moins possible. On

ne saurait trop blâmer, trop flétrir cette jalousie poussée
jusqu'à la férocité. C'est une tache sur la vie d'un grand
artiste, que ne rachètent, que ne justifient ni la grandeur
du talent, ni l'éclat de la renommée.

Ribera ne devait porter envie à personne. Riche et célèbre, il obtint même toutes les distinctions, tous les honneurs que son art pouvait lui procurer. L'académie de
Saint-Luc, à Rome, le reçut au nombre de ses membres
dès 1630, dans l'année même où Velazquez alla le visiter
à Naples, lors de son premier voyage en Italie, et, en
1644, le pape le décora de l'ordre du Christ. Le commencement de la vie de Ribera fut extraordinaire; on a voulu
sans doute lui donner une fin semblable, quand on a
raconté que le second don Juan d'Autriche ayant séduit et
enlevé sa fille, il s'était mis à la poursuite du ravisseur, et
que depuis lors on n'avait plus entendu parler de lui. Il
n'y a rien de vrai dans cette anecdote; on sait au contraire
que la fille unique de Ribera épousa un gentilhomme espagnol qui devint ministre de la vice-royauté de Naples, et
que Ribera lui-même mourut paisiblement dans cette
ville, en 1656, à l'âge de soixante-neuf ans.

Bien qu'il ait composé tous ses ouvrages en Italie, Ribera est peintre espagnol; d'abord au même titre que Nicolas Poussin et Claude Gelée (le Lorrain) sont peintres
français, car tous deux aussi, nés en France, vécurent et
travaillèrent en Italie, et Ribera oubliait si peu sa naissance,
il s'en montrait si fier, qu'en signant ses meilleurs tableaux, il ne manquait jamais d'ajouter aux mots *Jusepe*

de Ribera, le mot *Español*; ensuite, parce que sa manière est plus espagnole qu'italienne. En effet, pris en
masse, les peintres italiens sont particulièrement *idéalistes*;
ils cherchent le beau, même hors du réel, et généralement
ils aiment mieux laisser à l'esprit le soin d'interpréter leur
pensée et d'en mesurer toute l'étendue, que présenter
matériellement à l'œil du spectateur tous les objets qui de-
vraient concourir à l'expliquer. Au contraire, les peintres
espagnols, également pris en masse, sont particulièrement
naturalistes, en ce sens qu'ils cherchent moins le beau
que le vrai, et qu'ils expriment leurs pensées par la repro-
duction complète et matérielle de tous les objets qu'elle
embrasse. Murillo, par exemple, celui de tous les maîtres
espagnols qui a mis le plus de poésie et d'idéal dans ses
compositions, Murillo n'a jamais recours aux symboles,
aux allégories; il va droit au fait, même dans les sujets où
le fait semble manquer. S'il veut peindre un saint en extase,
il représentera l'extase même du saint, l'apparition qui
n'est que dans son esprit exalté. Il montrera le ciel ouvert,
ses habitants, sa lumière, ses pompes et ses spectacles.
Certes, Murillo n'a jamais rien vu de semblable; mais il
imagine tout cela plutôt que de le sous-entendre; et s'il
peint Jésus sur la terre, reportant son âme au ciel par la
pensée, il ne se contentera point d'exprimer cette pensée
par les yeux, le geste et l'expression de la physionomie du
Christ; il montrera, dans le haut du tableau, le Père et le
Saint-Esprit planant sur des nuages; il représentera enfin
par des objets visibles jusqu'à la pensée intérieure.

Parmi ces peintres *naturalistes*, Ribera doit occuper le
premier rang, non pas seul et sans égal, mais au moins
sans supérieur. Si Velazquez prend la nature avec plus de
franchise et de naïveté, ou plutôt s'il l'accepte telle qu'elle
est, en revanche, Ribera, qui l'accommode à ses goûts,
à ses caprices, en tire des effets plus forts et plus saisissants.
On pourra lui reprocher, par exemple, d'exagérer à dessein les oppositions de la lumière et de l'ombre, pour
produire quelques merveilleux résultats de clair-obscur; de
choisir des têtes de vieillards, chauves et barbues, des
mains ridées et calleuses, des corps décrépits et contour-
nés, pour mieux montrer sa science de l'anatomie muscu-
laire; de chercher d'ordinaire dans le choix de ses sujets,
dans les traits et les attitudes de ses personnages, dans
tous les détails des scènes qu'il représente, ce qu'il y a de
plus terrible, de plus sauvage, de plus hideux même et de
plus repoussant, pour porter l'émotion du spectateur jusqu'à l'horreur et l'effroi. Mais il faudra bien cependant
convenir que cette lumière et ces ombres, que ces têtes,
ces mains et ces corps, que ces sujets enfin avec tous leurs
détails, sont possibles, sont vraisemblables, ce qui suffit
dans les arts pour être vrai; il faudra convenir ensuite
qu'ils sont rendus, dans les conditions adoptées par l'artiste, avec une fidélité merveilleuse, avec une incomparable énergie de pinceau, et que nul peintre, de nulle
école, n'a porté plus loin, dans l'exécution matérielle de
ses œuvres, la force l'audace, la grandeur, l'éclat et la
solidité. Ribera, d'ailleurs, peut-être seul entre tous les

peintres, semble s'être joué d'une difficulté formidable de
la peinture, que Rembrandt aussi s'est appliqué quelquefois à vaincre; il a résolu mieux que tout autre un
problème fort important dans son art : c'est que ses ouvrages, j'entends les plus soignés, n'ont pas besoin qu'on
leur cherche un *point de vue*, et qu'ils peuvent être vus
de toute place. Qu'on les examine dans leurs détails, de
près, minutieusement et à la loupe, ou qu'on en regarde
l'ensemble, l'aspect général, à trente pas de distance, ils
produiront le même effet, le même saisissement, et sem-
bleront toujours faits pour la perspective où se trouve le
spectateur.

Au reste, il faut distinguer, dans les ouvrages de Ribera, les deux manières dont il s'est alternativement
servi, celle de Corrège et celle de Caravage. Dans la première, il semble s'être appliqué à fuir tous les défauts
qu'on peut reprocher à la seconde; il est simple, doux,
suave, sans emportement ni exagération; aussi donne-t-il
moins de prise à la critique. Mais, en même temps, il
donne, à mon avis, moins de sujet à l'éloge, à l'admiration. Qu'on n'oublie point, en jugeant Ribera, que les
défauts de sa seconde manière ne sont jamais que des
qualités portées trop loin. De ces qualités, il se montre
plus que généreux, il en est prodigue; voilà tout. Aussi,
même en blâmant quelquefois, on admire toujours. C'est
cela qui doit décider la question. Je ne sais d'ailleurs si je
m'abuse; mais il me semble que, lorsqu'il fait de la grâce
à la façon de Corrège, Ribera montre toujours quelque

embarras, quelque gaucherie; c'est évidemment un homme qui veut lutter, par la seule puissance de son talent, contre l'empire de son caractère et de ses instincts. Au contraire, quand Ribera fait de la force à la façon de Caravage, alors on voit qu'il est dans sa sphère propre; que, loin de la combattre ou de la réprimer, il s'abandonne pleinement à sa fougueuse nature d'homme et d'artiste; qu'enfin, comme un fleuve quelque temps contenu, son génie s'élance et déborde; alors seulement on peut dire avec le poëte :

Qu'il marche dans sa force et dans sa liberté.

C'est au musée de Madrid que se trouve celle de ses compositions qui passe pour le chef-d'œuvre de sa manière douce, l'*Échelle de Jacob*. Eh bien! malgré l'importance et la beauté de ce célèbre tableau, je n'hésite point à dire que, pour bien connaître et bien apprécier Ribera, il vaudrait mieux étudier, dans ce même musée, non-seulement ses *Douze Apôtres*, précieuse série de têtes expressives, où sont rangés tous les âges, depuis le jeune saint Jean, disciple bien-aimé, jusqu'au vieillard saint Jacques-le-Majeur, non-seulement son *Martyre de saint Barthelemy*, le plus renommé et le plus admirable des tableaux qu'il a consacrés à ce sujet, mais encore sa bizarre *sainte Trinité*, et jusqu'à son horrible *Prométhée sur le Caucase*. Au reste, il n'est pas besoin, pour connaître Ribera, comme pour connaître Velazquez, de passer les Pyrénées, d'aller en pèlerinage jusqu'à Madrid. Paris renferme dans son musée du Louvre, dans quelques galeries particulières et dans quelques salons, plusieurs excellents ouvrages du maître illustre et fécond qui a dès longtemps rempli l'Europe de ses œuvres et de sa renommée.

Ribera a formé de nombreux élèves, au premier rang desquels il faut placer Luca Giordano. C'est pour leur usage qu'il avait successivement tracé des *Éléments de dessin*, qui furent ensuite rassemblés et gravés à l'eau-forte par le peintre Francisco Fernandez. Ces mêmes *Éléments de dessin*, reproduits à Paris, pour la première fois, en 1650, avec ce titre : *Livre de portraiture, recueilli des œuvres de Josef de Ribera, dit l'Espagnolet, et gravé à l'eau-forte par Louis Ferdinand*, ont été longtemps, dans nos écoles, le guide des professeurs et le manuel des élèves. On compte, en outre, jusqu'à vingt-six gravures à l'eau-forte exécutées par Ribera avec la correction, la délicatesse et la vigueur qu'il mettait dans les œuvres de son pinceau. Ces gravures sont généralement rares et précieuses.

L'Espagne a produit deux autres peintres du nom de Ribera; l'un, de Séville (Luis Antonio), presque inconnu, l'autre, de Madrid (Juan Vicente), qui a laissé quelques ouvrages recommandables, mais que l'on ne saurait confondre avec ceux de son illustre homonyme.

ALONZO CANO.

―――――

S'il est, parmi les Espagnols, un artiste qu'on puisse mettre en parallèle avec Michel-Ange, sinon pour la nature du génie et la grandeur des œuvres, au moins pour l'universalité des talents, c'est Alonzo Cano. Lui aussi embrassa les trois arts que l'on appelle *beaux* par-dessus tous les autres ; lui aussi fut peintre, sculpteur, architecte.

Alonzo Cano naquit le 19 mars 1601, à Grenade, où s'étaient établis ses parents, Miguel Cano et Maria de Almansa, tous deux natifs de la Manche. Son père, espèce de charpentier poussant son métier jusqu'à l'art, était assembleur (*ensamblador*) de ces ornements d'architecture dont se compose un autel dans les églises d'Espagne, et que

5

notre mot *retable* ne désigne qu'imparfaitement. Il apprit
au jeune Alonzo les premiers éléments de son état, c'est-à-
dire un peu de dessin architectural. Mais, plus tard, il le
mit à même de développer ses belles facultés naturelles, en
allant s'établir à Séville, au milieu des maîtres qui fon-
daient l'école de cette Athènes andalouse. Alonzo voulut
être capable, non-seulement d'*assembler* un retable,
comme son père, mais de le composer à lui seul tout entier,
avec ses colonnes, ses statues et ses tableaux, comme avaient
fait Berruguete et Becerra, d'en être à lui seul l'architecte,
le sculpteur et le peintre. Voilà comment il devint triple-
ment artiste. Par une circonstance singulière, il étudia la
peinture sous Francisco Pacheco, le maître de Velazquez,
et sous Juan del Castillo, le premier maître qu'eut Murillo
enfant. Les leçons de sculpture lui furent données par Juan
Martinez Montañès. Mais, comme il s'éloigna tout d'abord
de la manière de cet artiste, comme, en toutes les œuvres
de son ciseau, il montra une simplicité d'attitudes, une noblesse de formes, une vérité d'ajustements inconnus jusqu'à
lui, on doit croire qu'Alonzo Cano étudia plutôt les quelques statues et bustes grecs qui se trouvaient alors à Séville
dans le palais des ducs d'Alcala, appelé *Casa de Pilatos*,
à moins de supposer qu'il devina l'antique.

Après avoir aidé quelque temps son père dans les travaux
dont il était chargé, Alonzo Cano le remplaça tout à fait,
et put alors réaliser le rêve orgueilleux de sa jeunesse. C'est
ainsi qu'il acheva, en 1636, le maître-autel de l'église de
Lebrija, l'un des plus beaux ouvrages du genre, et pour

lequel il reçut de la fabrique, outre 3,000 ducats, prix convenu, une gratification de 250 ducats. On admire surtout,
dans ce retable, une statue de la Vierge portant l'Enfant
Jésus, qui occupe la niche principale. A cette époque, et
dans la force de l'âge et du talent, tandis que Velazquez
habitait Madrid, et que Murillo, encore enfant, commençait à peine à barbouiller des Vierges de pacotille pour le
Nouveau-Monde, Alonzo Cano marchait à la tête de tous
les professeurs de Séville dans les trois arts qu'il exerçait
simultanément. Mais, par un autre trait de ressemblance
avec Michel-Ange, jaloux et violent dans tout ce qui tou-
chait à sa profession, quoique de cœur charitable et généreux, il ne pouvait souffrir que l'on contestât sa supériorité.
En 1637, à la suite d'une querelle d'artiste, il se battit avec
le peintre don Sébastian de Llaño y Valdès, et, plus habile que son adversaire à manier l'épée, le blessa grièvc-
ment. Il fallut fuir. Arrivé à Madrid sans ressources,
Alonzo Cano, comme Murillo un peu plus tard, eut recours
à l'obligeante amitié de Velazquez, qui revenait alors de
son premier voyage en Italie. Le peintre favori de Philippe IV procura à son compatriote la protection du comte-
duc d'Olivarès, et bientôt Alonzo Cano, nommé peintre
du roi, puis maître de dessin de l'infant Don Baltazar,
fut chargé de travaux importants. C'est à lui que l'on confia, entre autres ouvrages, l'érection de l'arc de triomphe
dressé à la porte de Guadalaxara pour l'entrée de Marianne
d'Autriche, seconde femme du roi.

Alonzo Cano résida treize ans à Madrid, et ce fut pen-

dant son séjour dans cette ville qu'il peignit la plupart des
tableaux qui, depuis peu, ont porté son nom et sa renommée dans toute l'Europe. En 1643, il alla concourir à Tolède pour la place de *maestro mayor* de la cathédrale du
primat des Espagnes; mais on lui préféra Felipe Lazaro
de Goyti. Ce serait à son retour que, si l'on en croyait certains bruits assez répandus, il aurait été accusé d'avoir fait
périr sa femme, puis jeté dans la prison *de Corte*, et mis
à la question qu'il aurait soufferte sans avouer le crime.
Heureusement pour sa mémoire, on n'a pu retrouver,
malgré les plus actives diligences, aucune trace de ce procès, et sans doute il faut le ranger dans la classe de ces
contes que, sur quelques indices menteurs, sur quelque
trompeuse équivoque, la crédulité populaire ne manque
jamais d'accoler au nom des hommes en évidence.

Ce qui put faire soupçonner Alonzo Cano d'un meurtre
commis dans sa propre famille, ce fut son caractère in-
traitable, qui ne se démentit pas un moment jusqu'à sa
mort. En 1647, après avoir été nommé majordome de la
confrérie de Notre-Dame-des-Douleurs, il se fit condamner
à 100 ducats d'amende pour avoir refusé de paraître à la
procession de la semaine sainte, où assistaient en corps les
peintres et les orfèvres avec les alguazils de cour. Il se crut
humilié de ce voisinage, et depuis lors, effectivement, les
peintres ne cessèrent de réclamer contre leur adjonction
aux alguazils dans les cérémonies religieuses. Luca Giordano, en 1695, protestait encore comme Alonzo Cano.

Parvenu à l'âge de cinquante ans, après un voyage à

Valence, où il peignit les sept grands tableaux qui ornaient
la Chartreuse de *Por a-Cœli*, Alonzo Cano résolut de retourner à Grenade, sa patrie, et de se faire prêtre, pour y
achever paisiblement ses jours avec le revenu d'un bénéfice. Une place de chanteur (*músico de voz*) était vacante
à la cathédrale : il fit comprendre au chapitre qu'il vaudrait
mieux avoir sous la main, au lieu d'un des nombreux mu-
siciens dont regorgeait le chœur, un artiste chargé des ré-
parations et de l'ornement du temple, en sa triple qualité
d'architecte, de peintre et de sculpteur. L'avantage était
évident ; aussi le chapitre obtint-il un décret du roi, sous la
date du 11 septembre 1651, qui conférait la *ration* ' a mu-
sicien à Alonzo Cano, sous la condi   que celui-ci se ferait ordonner *in sacris* dans le cours   ' année. Une fois
en possession du bénéfice, et bien inst... .e dans la grande tour
de la cathédrale dont on lui avait donné le premier étage
pour atelier, Cano ne se pressa point d'obtenir les ordres.
L'année passa, puis un second délai plus long, qui lui fut
encore accordé. Le peintre n'avait pas seulement commencé les études nécessaires au sous-diaconat. Offensé
d'une telle négligence, qui semblait plutôt un défi, le chapitre de Grenade recourut de nouveau au roi, le priant de
déclarer vacante la prébende dont jouissait Alonzo Cano.
En effet, une seconde cédule royale, datée du 29 août
1656, déclara que, si le titulaire n'était point ordonné
prêtre au plus prochain des Quatre-Temps, il serait pourvu
à la vacance. Les Quatre-Temps passèrent, et Cano n'était
point prêtre. Alors le chapitre saisit ses revenus, et le bé-

néficier, réduit à capituler par famine, se rendit à la cour
pour solliciter sa réintégration. Il y trouva heureusement
l'évêque de Salamanque, lequel, moins rigide et moins
timoré que le prélat de Grenade, lui conféra complai-
samment une chapellenie, et l'ordonna sous-diacre sans
examen. L'obstacle ainsi levé, une troisième cédule royale,
du 14 avril 1658, rendit à Cano, avec les revenus échus,
le bénéfice si longtemps disputé, et dont il jouit paisiblement jusqu'à sa mort, arrivée le 5 octobre 1667. On l'enterra dans le panthéon des prébendés de la cathédrale.

Cette aventure, qui occupa une partie de ses dernières
années, peut donner une idée du caractère d'Alonzo Cano,
à la fois bizarre et opiniâtre. Il portait en toutes choses la
même originalité. Ainsi, lorsque son cœur, tendre et com-
patissant, malgré l'âpreté de son humeur, le portait à sou-
lager quelque misère, ce n'était pas d'habitude de l'argent
qu'il donnait en aumône, soit qu'il en fût rarement pourvu,
soit qu'il crût devoir employer à cet usage une autre monnaie. Il prenait du papier, une plume, et traçait sur-le-
champ quelqu'un des beaux dessins à l'encre et au lavis
que l'on a conservés ; puis il le donnait au malheureux qui
avait imploré sa pitié, sans oublier d'y joindre l'adresse
des grands seigneurs ou des marchands qui pourraient y
mettre le plus haut prix. D'ailleurs, il montra toute sa vie
une fierté et une délicatesse d'artiste également excessives.
Une fois, il refusa obstinément d'achever de peindre le
chœur de la cathédrale de Malaga, aimant mieux perdre
l'ouvrage commencé, parce qu'il n'avait pas trouvé qu'on

en fit assez grand cas. Une autre fois, se voyant marchander un *Saint-Antoine* que lui avait commandé un auditeur de Grenade, il reprit le tableau des mains de l'acheteur, et le mit en pièces devant lui. Enfin, étant à l'article
de la mort, il jeta au nez du prêtre qui l'assistait un cru-
cifix qu'on approchait de sa bouche, parce qu'il le trouva
trop mal sculpté, et ce fut en embrassant une simple croix
de bois qu'il expira.

Comme tous les maîtres vraiment dignes de ce nom,
Alonzo Cano a formé de nombreux élèves, parmi les-
quels on doit citer, pour la sculpture, Pedro de Mena et
José de Mora; pour la peinture, Alonzo de Mesa, Miguel
Geronimo Cieza, don Sebastian de Herrera-Barnuevo,
Pedro Atanasio Bocanegra, Ambrosio Martinez, Sebastian
Gomez, don Juan Niño de Guevara, et, le dernier de tous
par la date, Josef Risueño.

La plupart des admirateurs d'Alonzo Cano le regardent
comme plus grand sculpteur que grand peintre, et lui-
même avouait à ses élèves qu'il se sentait, dans le premier
de ces arts, plus sûr et plus maître de lui. Lorsqu'après
avoir peint toute la matinée avec de grands efforts d'attention, il sentait la fatigue le gagner, sa manière habituelle
de prendre du repos était d'échanger ses pinceaux contre
un ciseau et un maillet pour dégrossir un bloc ou un tronc
d'arbre. Ses sculptures, presque toutes en bois, sont demeurées dans les églises d'Espagne, à Séville, à Cordoue,
à Grenade, à Madrid, où l'on en montre encore quelques-
unes avec orgueil. Comme architecte il a suivi, dans la

composition des retables, le goût de son temps, alors qu'on employait de préférence des consoles, des corniches et de lourds ornements.

Reste à l'apprécier comme peintre.

Si l'universalité de ses talents peut faire appeler Alonzo Cano le Michel-Ange espagnol, ce n'est pas le nom qu'il conviendrait de lui donner lorsqu'on se borne à juger ses œuvres de peinture. Aussi l'a-t-on nommé l'Albane espagnol : espagnol, car il n'est jamais sorti de l'Espagne, et n'a pu s'inspirer d'aucune école étrangère; Albane, car, à l'inverse de son caractère emporté, les qualités dominantes de son talent, celles qui frappent le plus au premier aspect dans toutes ses compositions, sont la grâce et la suavité. Mais il en réunit beaucoup d'autres qu'un peu de réflexion fait aisément découvrir. On peut dire avec assurance qu'aucun de ses compatriotes ne l'a surpassé dans la justesse et la sûreté du coup-d'œil, qu'aucun n'a dessiné avec une pureté plus exquise, réunissant à la majesté de l'antique toute la naïveté du naturel, qu'aucun n'a porté plus loin, dans le coloris, la science des tons, particulièrement des demi-teintes, et qu'enfin, dans ses compositions, d'ordinaire simples et peu compliquées, aucun n'a montré plus de sagesse, de goût et d'harmonie. Ce que l'on admire encore dans Alonzo Cano, c'est un arrangement si heureux des draperies et des ajustements, un plissement d'étoffes si intelligent et si gracieux, que l'on sent toujours et que l'on devine en toutes ses parties le nu qu'elles recouvrent; c'est enfin un soin si parfait dans la difficile exécution des

mains et des pieds, qu'à cette seule espèce de mérite on re-
connaîtrait ses œuvres parmi celles de tous les maîtres de
son pays. Moins vaste de pensée et moins éclatant de couleur que Murillo, moins fougueux et moins puissant que
Ribera, il forme entre ces deux maîtres une sorte de milieu,
sage, correct, élégant, plein de douceur et de charmes.
Ses bons ouvrages, tels que ceux qui ornent le musée de
Madrid, entre autres le *Christ mort soutenu par un ange*,
et plusieurs de ceux qu'on admire dans quelques galeries
ou salons de France et d'Angleterre, sont, en leur genre,
des ouvrages achevés. En bornant la comparaison aux
œuvres que les humanistes appelleraient *sui generis*,
Alonzo Cano ne doit la redouter de personne, et son nom
mérite une place éminente, non-seulement parmi les
maîtres de l'école espagnole, mais parmi les maîtres de
l'art.

ZURBARAN.

———

Voici un de ces artistes dont la vie se passe sans bruit , sans événements, desquels on retrouve à peine, quand ils ne sont plus, les deux points extrêmes de leur existence, la naissance et la mort, et qui ne laissent d'eux d'autres souvenirs que les ouvrages qu'ils ont produits dans la retraite et le silence. Francisco Zurbaran est né en Estrémadure, dans le bourg de La Fuente de Cantos, où l'on a retrouvé son acte de baptême sous la date du 7 novembre 1598. Son père, Luis Zurbaran, et sa mère, Isabel Marquez, étaient de simples laboureurs, qui enseignèrent d'abord à leur jeune fils le travail des champs. Mais, découvrant en lui cette inclination naturelle à la peinture qui révéla le pâtre

Giotto, et tant d'autres hommes nés artistes et devenus
artistes en dépit de leur éducation première, ils firent effort pour seconder cet heureux penchant, et envoyèrent
leur enfant à Séville, où il entra dans l'école du licencié
Juan de Las Roélas.

Sous ce professeur habile et patient, Zurbaran fit des
progrès rapides. Il devint promptement le meilleur élève
de l'atelier, surpassa même bientôt son maître, et se fit,
avant d'avoir quitté sa maison, une réputation très-étendue,
et d'autant plus flatteuse que Séville renfermait alors une
foule de peintres distingués. Dès ses débuts, Zurbaran
s'imposa la loi de copier fidèlement la nature dans toutes
ses compositions. Jamais il ne peignait une figure sans
avoir sous les yeux le modèle, qu'il se bornait à rectifier,
à embellir, et les ajustements mêmes étaient toujours dis-
posés sur un mannequin avant qu'il les transportât sur la
toile. Cette habitude, dont il ne se départit jamais, explique la parfaite correction de dessin qui forme une de
ses qualités les plus saillantes.

Tout ce que l'on sait ensuite de la vie de Zurbaran, c'est
qu'il épousa, à Séville, on ignore à quelle époque, doña
Leonor de Jordera, et qu'il en eut plusieurs enfants. C'est
ce que constate un acte retrouvé dans les archives du chapitre
de la cathédrale, sous la date du 14 décembre 1657, portant
concession viagère à l'une de ses filles d'une maison située
dans la rue de *los Abades*. Le reste de la biographie de
Zurbaran se compose de la date approximative de ses
œuvres. En 1625, il fut chargé par le marquis de Mala-

gon de peindre les nombreux tableaux du rétable de *San-Pedro*, dans la cathédrale. Ce fut après l'achèvement de ces ouvrages qu'il entreprit son célèbre tableau de *Saint-Thomas-d'Aquin*, pour l'église du collége placé sous l'invocation de ce saint docteur. C'est la plus vaste de ses compositions, celle où il voulut réunir toutes ses qualités éminentes, et donner la plus haute mesure de son talent. Au sommet du tableau, sont le Christ et la Vierge, portés sur un trône de gloire, ayant à leurs côtés saint Paul et saint Dominique; au centre, saint Thomas, debout, entouré des quatre docteurs de l'église latine, assis sur des nuages; plus bas, et au premier plan, dans une posture de recueillement et d'adoration, d'un côté, Charles-Quint, revêtu du manteau impérial, avec un cortége de chevaliers, de l'autre, l'archevêque Deza, fondateur du collége, avec une suite de moines et de serviteurs. Dans cette composition, où tous les personnages sont plus grands que nature, on admire également l'élévation du style, la sagesse de l'ordonnance, l'étonnant fini des costumes, la vérité des attitudes et la beauté des têtes, qui semblent autant de portraits (1). C'est une œuvre admirable, digne de rivaliser avec les plus grandes compositions de l'Italie, et qui, seule, aurait dès longtemps popularisé le nom de son auteur, si quelque savant burin l'eût reproduite et répandue.

(1) Un manuscrit du temps rapporte que le saint Thomas est le portrait d'un bénéficier de cette église, nommé don Agustin Abreu Nuñez de Escobar.

Appelé plus tard à Guadalupe, pour orner l'église de cette ville, Zurbaran y peignit plusieurs grands tableaux, huit entre autres qui forment l'histoire de saint Jérôme. Il revint ensuite à Séville, où de nombreuses commandes pour les églises et les couvents l'occupèrent sans relâche. On cite, comme ses meilleurs ouvrages de cette époque, ceux qu'il fit pour la cathédrale, pour la chartreuse de *Santa-Maria de las Cuevas*, pour le couvent de *los Merce-narios descalzos*, et pour celui de *San Pablo*, où se trouve un fameux Christ crucifié, en grisailles, imitant la sculpture à s'y méprendre.

En 1633, Zurbaran acheva les peintures du maître-autel de la Chartreuse de Xerez, suivant les dates qu'elles portent, et comme, dans l'un de ces tableaux, sa signature est suivie des mots *pintor del rey*, on peut croire qu'il était allé, dès cette époque, à Madrid, où il avait reçu le titre honorifique de peintre du roi. Ce ne fut toutefois que beaucoup plus tard, et vers la fin de sa vie, qu'il séjourna quelque temps dans la capitale. Il y peignit, pour le palais du Buenretiro, une série de quatre grandes toiles représentant les *Travaux d'Hercule*, et, pour des particuliers, un grand nombre de tableaux de chevalet. Don Lázaro Dias del Valle raconte qu'en 1662, il reçut Zurbaran dans sa maison, et c'est aussi dans la même année, et à Madrid, que Palomino croit devoir placer sa mort, car on ne sait positivement ni dans quel endroit, ni à quelle époque elle arriva.

Zurbaran fut appelé le Caravage espagnol. Toutefois,

s'il mérita ce nom, ce ne fut point par la fougue du pinceau, par la recherche un peu exagérée des effets, car il est
toujours plus froid, plus réservé, mais aussi plus correct
que le maître de Ribera. Si Zurbaran ressemble à Caravage
c'est par l'emploi fréquent des teintes bleuâtres, qui dominent quelquefois dans ses tableaux au point qu'on croirait les voir à travers un verre légèrement foncé en bleu,
c'est surtout par la science et la vigueur du clair-obscur. Là
est vraiment le point de ressemblance entre les deux maîtres.
Mais un trait caractéristique de l'Espagnol, c'est le soin
qu'il mettait à finir ses premiers plans avec délicatesse, à
y jeter hardiment de grandes masses de lumière et d'ombre,
comme d'autres auraient fait dans les plans reculés, et de
produire ainsi de merveilleux effets, tout particuliers à sa
manière.

Voilà pour les moyens d'exécution. Quant à la nature
des sujets, sauf les compositions considérables qui ont été
mentionnées précédemment, et qui lui furent toutes commandées, Zurbaran choisissait de préférence des sujets
simples, faciles à comprendre, et n'exigeant qu'un petit
nombre de personnages, qu'il plaçait toujours dans des attitudes parfaitement naturelles. Du reste, il n'a jamais peint
de scènes comiques ou populaires, comme Velazquez et
Murillo, ni de figures grotesques et bizarres, comme Ribera;
toutes ses compositions, même dans les plus petits tableaux
dechevalet, sont graves et sérieuses. Il a peint des saintes,
des femmes; il leur a donné des attraits, de la grâce; mais
toujours le sentiment austère et religieux domine, toujours

l'âme du peintre semble oublier la terre et se porter par
aspiration vers le ciel. Personne, en effet, n'a mieux exprimé que Zurbaran les rigueurs de la vie ascétique, l'aus-
térité du cloître; personne n'a mieux rendu, sous la cein-
ture de corde et le capuchon de laine, les corps amaigris et
les têtes pâlies de ces pieux cénobites voués aux macéra-
tions et à la prière, qui, selon la belle expression de
Buffon, quand vient leur dernière heure, « ne finissent
» pas de vivre, mais achèvent de mourir. »

Zurbaran a laissé plusieurs bons élèves à Séville, entre
autres Bernabé de Ayala et les frères Polancos, qui, par
une circonstance peut être unique dans les arts, travaillaient toujours ensemble, et faisaient à deux un tableau,
comme on ferait un vaudeville aujourd'hui. Mais, parmi
les peintres modernes, il en est un qu'on pourrait croire
aussi disciple de Zurbaran, à voir la grande analogie qui
existe dans leurs manières. Et pourtant, ce peintre n'a
point été en Espagne, n'a pas étudié Zurbaran, n'a peut-
être jamais vu un seul de ses ouvrages, ni même entendu
prononcer son nom; car, lorsqu'il a quitté la France pour
n'y plus revenir, les ouvrages et le nom de Zurbaran n'y
avaient, en quelque sorte, pas encore pénétré. Ce peintre,
c'est Léopold Robert. Qu'on examine avec un peu d'attention les œuvres de l'un et celles de l'autre, on y trouvera
une ressemblance singulière, non dans le choix des sujets,
dans le sentiment des compositions, ce n'est pas cela qui
fait qu'un peintre est disciple d'un autre, mais dans le
faire, dans les procédés matériels d'exécution. Qu'on exa-

mine, par exemple, la forme des contours, un peu fermement arrêtés, le plissement des étoffes, la distribution des lumières et des ombres, la facture des *clairs*, qui ne vont jamais jusqu'au blanc, ainsi que des *foncés*, qui ne vont jamais jusqu'au noir, et, si je ne m'abuse, on sera convaincu de cette analogie singulière, qui ne prouve, au reste, qu'une chose, c'est qu'à deux siècles d'intervalle, deux peintres se sont rencontrés dans la manière d'exprimer matériellement sur la toile des idées que le temps a rendues bien différentes ; c'est que, dans les arts comme dans les lettres, on peut dire avec raison, malgré toute l'apparence d'un paradoxe, que la forme est moins variable que le fond.

JOANÈS.

C'est en Italie, comme je l'ai dit plus longuement dans l'introduction, et à son honneur éternel, qu'a été le berceau de l'art, que s'est passée son enfance, et qu'à l'âge des chefs-d'œuvre, sont venus s'instruire les étrangers. En Espagne, l'élève, la fille de l'Italie, en Espagne, qui n'eut point à faire d'essais et de découvertes, qui n'eut point de Jean de Messine ni de Cimabué, l'art a paru tout formé, tout complet, et son histoire, ainsi qu'on l'a vu, se trouve bornée à une seule génération d'artistes, qui n'avait point eu d'ancêtres dans le pays, et qui n'y laissa point de descendants.

Murillo est le dernier grand peintre de cette génération

et Joanès le premier. Je ne veux point dire, cependant, que Joanès n'ait eu, parmi les artistes célèbres, ni devanciers ni contemporains; ce serait nier, par exemple, Vargas, Villegas-Marmolejo, Moralès et le *Mudo*; d'autres avant lui, d'autres en même temps que lui, ont cultivé la peinture, en Espagne, avec succès, avec éclat. Mais ce sont des peintres isolés, qui ne se rattachent pas essentiellement à l'école. Dans cette filiation d'artistes, dans cette succession héréditaire et ininterrompue de maîtres et d'élèves, qui commence en Italie pour aboutir à Murillo, c'est, je le répète, Joanès qui paraît le premier. Aussi faut-il voir en lui deux hommes : le chef d'école, et le peintre proprement dit. Il est illustre en cette double qualité, et lors même qu'on pourrait laisser un moment dans l'oubli ses titres à la reconnaissance des amis de l'art comme chef d'école, il aurait encore, comme peintre, des droits à leur admiration.

L'on ne connaît avec certitude ni le lieu de sa naissance ni même son nom. L'acte dressé à son décès, qui lui donne cinquante-six ans en 1579, fait remonter sa naissance à l'année 1523. Il est encore hors de doute qu'il naquit dans le royaume de Valence, et l'on s'accorde à croire que ce fut dans le bourg de Fuente-la-Higuera. Quant à son nom, il est connu parmi les artistes sous celui de Juan de Joanès ou Juanès. Son testament, trouvé longtemps après sa mort, lui donne aussi le prénom de Vicente, ce qui le ferait nommer Vicente Juan, au rebours de son fils qui s'appela Juan Vicente. Des recherches faites récemment à

Valence, après Palomino et Cean-Bermudez, autorisent à croire que son vrai nom de famille était Macip. Il est probable qu'étant en Italie, il eut la fantaisie, alors fort commune, de *latiniser* l'un de ses prénoms, *Joannes*, et d'en faire un nom de famille ou un surnom de peintre. De là vint, par habitude et par corruption, celui que lui ont donné les Espagnols, Juan de Joanès. Ce que l'on sait de sa jeunesse, c'est qu'il alla étudier à Rome, non point comme l'ont dit quelques-uns, dans l'atelier de Raphaël, puisque Raphaël était mort en 1520, mais parmi les disciples du *divin jeune homme*, tels que Jules Romain et Perin del Vaga. La correction et la fermeté du dessin, la noblesse des attitudes et des expressions, tout enfin, dans son style, et jusqu'à ses défauts, tout prouve qu'il appartient à l'école romaine.

De retour à Valence, où l'on sait, par son testament, qu'il épousa Geronima Comès (1), Joanès ouvrit une classe de peinture d'où sortit, non seulement l'école valencienne, dont il est resté le *Coryphée*, ainsi que l'appellent ses biographes, mais encore, par communication, par la parenté naturelle des arts, l'école de Séville, qui produisit les plus grands peintres dont s'honore l'Espagne. Tout ce que l'on sait de ses habitudes, c'est qu'il était, comme ses contem-

(1) Cette Geronima Comès était sans doute parente, peut-être sœur du célèbre *maestro de capilla* Comès, qui dirigea, dans la seconde moitié du XVIe siècle, la musique de la cathédrale à Valence, et duquel on exécute encore tous les ans plusieurs compositions fameuses, telles qu'une *Litanie au Saint-Sacrement*, un *Salve*, *Regina*, et enfin le grand Oratorio de la *Passion* pour la semaine sainte.

porains Luis de Vargas et Luis Moralès, d'une piété très-vive, touchant à l'ascétisme, et que, n'ayant jamais traité que des sujets religieux, il se préparait à l'exécution de chaque tableau, de ces tableaux qui devaient être admis et presque adorés dans les temples, par la pratique des sacrements. Palomino raconte, à ce propos, l'histoire d'une de ses compositions célèbres, appelée *la Purisima Concepcion*. Le jésuite Martin Alberro, confesseur de Joanès, eut une vision. La Vierge vint lui commander de la peindre telle qu'elle lui apparaissait, avec sa tunique blanche et son manteau d'azur, le Croissant sous ses pieds, et au-dessus de sa tête les trois personnages de la Sainte-Trinité, s'unissant pour la couronner du céleste diadème. Alberro chargea Joanès d'exécuter l'ordre de Marie. Le peintre se prépara à son œuvre par des jeûnes et des prières; jamais, dans le cours du travail, il n'essaya de rendre avec son pinceau la sainte image, qu'il ne se fût purifié par la confession et la communion. Ce fut ainsi qu'il parvint, dit-on, à fixer sur sa toile la vision du jésuite extatique. Laissons le merveilleux de cette histoire; mais convenons au moins qu'en accomplissant ces minutieuses pratiques d'une foi sincère, l'artiste mettait à son ouvrage un soin, une conscience, une solennité, qui contrastent fort avec l'irréflexion, la légèreté, la négligence hâtive qu'on a depuis portées trop souvent dans les plus sérieuses applications de l'art.

Tout ce que l'on sait encore de la vie de Joanès, c'est qu'il fut chargé par saint Thomas de Villanueva de dessiner des tapisseries qui furent exécutées en Flandres. Ces

cartons, représentant divers traits de l'histoire de la Vierge,
sont conservés dans la cathédrale de Valence. Au moment
où il achevait les peintures du maître-autel de Bocaïrente,
Joanès tomba malade, et mourut dans ce bourg, le 21 décembre 1579. Il avait dicté, la veille, son testament au
notaire Cristoval Lloreus. Suivant l'ordre qu'il en avait
donné, son corps fut transporté à Valence, en 1581, et
déposé dans la paroisse de *Santa-Cruz.*

De tous les imitateurs de Raphaël, Joanès est peut-être
celui qui s'est le plus approché du sublime modèle. S'il a
conservé un coloris parfois un peu terne et un peu dur, si
sa perspective est courte quoique exacte, s'il n'a pas enfin
le relief et le modelé vigoureux des écoles coloristes, il offre,
en revanche, toute la pureté de dessin, toute la beauté des
formes, toute l'énergie des expressions, qui distinguent
l'école romaine personnifiée dans son chef. C'est au point
qu'en face des bons tableaux de Joanès, et sans aller aussi
loin que Palomino qui le proclame égal à Raphaël en plusieurs parties et supérieur en quelques autres, il est permis
d'hésiter, du moins, et de ne savoir à qui, du maître ou de
l'élève, on doit les attribuer; c'est au point que, si l'on
ignorait que l'un est imité et l'autre imitateur, on pourrait,
sans crime, être souvent embarrassé de savoir auquel des
deux décerner la palme. Ce que l'on remarque particulièrement dans la manière de Joanès, c'est l'élégance qu'il donnait à ses draperies, la délicatesse qu'il mettait à peindre
les cheveux et la barbe de ses personnages, enfin les expressions de douceur et d'amour qu'il a su donner aux

têtes de ses saints et surtout à celle du Sauveur. Quoique sa
vie n'ait pas été longue, Joanès a laissé de nombreux ouvrages. Le musée de Madrid a hérité du plus grand nombre.
On y distingue la *Visitation de sainte Élisabeth*, le *Martyre de sainte Agnès*, la *Cène*, grande et magnifique composition, qui peut être placée, sans infériorité bien sensible,
à côté de celle de Léonard de Vinci, enfin, une série
de tableaux racontant, comme les chants d'un poëme,
la *Vie de saint Étienne*, et dont l'avant-dernier, le
Supplice du Proto-martyr, peut souffrir le parallèle
avec ce que l'Italie a produit en ce genre de plus
grand et de plus parfait. Malgré son mérite immense,
Joanès est resté presque inconnu hors de l'Espagne, et,
même dans son pays, il n'a pas cette réputation, en quelque sorte populaire, dont il serait digne à tant de titres.
C'est que Joanès a vécu en cénobite, loin du bruit, loin
de la cour, qu'il n'a pas copié et embelli de royales figures, que les poëtes pensionnés n'ont pas fait de sonnets à
sa louange; c'est que, pendant sa vie, ses ouvrages n'ont
point franchi les Pyrénées, adressés en guise de supplique à
quelque prince étranger, et que, depuis sa mort, ils n'ont
pas chargé les fourgons de quelque général conquérant;
mais au nom de Joanès doit s'attacher un jour une de
ces renommées posthumes et tardives, que fait, à défaut
du siècle contemporain, la postérité plus juste.

Parmi les élèves immédiats de Joanès il faut compter
son fils, Juan Vicente, dont les ouvrages méritent d'être
ordinairement confondus avec les siens, et même, si l'on

en croit les traditions conservées à Valence, ses deux filles,
Dorotea et Margarita. On leur attribue les peintures de la
première chapelle à main droite, dans l'église de *Santa-
Cruz*, où fut enterré leur père. Il est juste de citer aussi le
P. Fray Nicolas Borras, fils d'un tailleur de Cocentayna,
et né dans cette petite ville, en 1530. Devenu moine dans
le couvent de *San-Geronimo de Gandia*, en 1575, il orna
l'église, les cloitres, les cellules, et jusqu'à l'infirmerie de
ce monastère, d'une énorme quantité de tableaux pieux.
La communauté reconnaissante lui vota, en 1601, neuf
ans avant sa mort, un don perpétuel de cinquante messes
par année.

MORALÈS.

Il est un peintre, parmi tous les peintres, que l'universelle admiration a salué du nom de *divin*; c'est Raphaël. En Espagne, un peintre aussi, Luis de Moralès, a
reçu ce magnifique surnom. Mais est-ce le cri de l'admiration contemporaine qui proclamait ainsi son mérite et
sa supériorité? Est-ce simplement l'indication un peu fas-
tueuse du choix de ses sujets, toujours religieux, toujours
empreints d'une sainte douleur et d'une ardente piété?
Que ce soit l'un ou l'autre de ces motifs, ou même la réunion de tous deux en Moralès, qui lui ait fait décerner le
surnom de *divin*, on peut dire que c'est arbitrairement
qu'il l'a reçu, car d'autres peintres, du même pays et de

la même époque, Joanès par exemple, ne l'auraient pas
moins mérité que lui.

Luis de Moralès est né à Badajoz, capitale de l'Estrémadure, dans les premières années du XVI⁰ siècle, quelques-uns disent en 1509, mais sans preuves suffisantes. On
ignore quels furent ses parents; on ignore comment se
passa sa jeunesse, quelles études il fit, de quels maîtres il
reçut les leçons. Né loin de la mer, sur la frontière de Portugal, il n'eut pas, comme Joanès, comme Ribera, l'envie et la facilité de se rendre en Italie. Jamais il ne quitta
l'Espagne. Palomino suppose que Moralès fut élève du
maese Pedro Campaña (Pierre de Champagne). Mais ce
peintre ne vint en Espagne que vers l'année 1548, et il
existe à Badajoz, dans l'église de la *Concepcion*, des tableaux de Moralès datés de 1546. Il n'aurait donc pu recevoir de Campaña que les conseils d'un maître consommé,
comme Velazquez en reçut plus tard de Rubens, mais non
les premiers éléments de l'art. Il faut supposer plutôt qu'il
étudia sous quelqu'un des professeurs moins célèbres, établis déjà à Valladolid et à Tolède.

On croit que Moralès passa toute sa longue vie presque
sans sortir de sa ville natale; du moins cette circonstance
que, dans toutes les églises de Séville, il n'y a qu'un seul
tableau de sa main (un oratoire de la sacristie de la cathédrale), semble prouver qu'il ne vint peut-être jamais,
ou ne fit qu'une courte apparition dans cette ville, qui fut
pendant un siècle et demi le commun rendez-vous des
artistes espagnols. Tout ce que l'on sait de l'histoire de

Moralès, c'est qu'à l'époque où Philippe II faisait construire l'Escorial, et préparait par avance les ornements de ce royal monastère, il fit venir à Madrid le peintre de Badajoz, dont la réputation s'était répandue dans l'Espagne entière. Il paraît que Moralès se présenta à la cour avec une pompe, un faste, qui blessèrent le roi. Philippe lui fit donner une gratification de voyage, et le renvoya dans son pays. Il lui acheta seulement une *Voie des douleurs* (*Calle de la amargura*), qui fut placée, non pas à l'Escorial, mais dans l'église de *San-Geronimo*, à Madrid, où elle est encore.

Revenu tristement à Badajoz, avec l'humiliation d'un refus, atteint bientôt par les infirmités de la vieillesse, et sentant à la fois sa main trembler et sa vue faiblir, Moralès, abandonné de tous, oublié dans le fond de sa province, descendit de ce luxe qui avait offusqué le roi jusqu'à la pauvreté, jusqu'au besoin. Ce fut dans cette misérable situation que le trouva le même Philippe II, lorsqu'au retour de Lisbonne, et après avoir pris possession du Portugal, il traversa Badajoz en 1581. Moralès se présenta devant lui. «Vous êtes bien vieux, Moralès,» lui dit le roi. — «Oui, sire, et bien pauvre,» répondit l'artiste. Philippe lui accorda une pension de 300 ducats. Moralès n'en jouit que cinq ans; il mourut en 1586, ayant atteint un âge très-avancé.

Francisco Pacheco s'exprime ainsi dans son *Arte de la Pintura* : « Beaucoup de gens ont p   nement, et pour » être vus de très-près, à qui ont manqué le meilleur de

» l'art et l'étude du dessin, et bien qu'ils aient acquis du
» renom, ce n'a pas été parmi les hommes qui savent. Tel
» est Moralès, natif de Badajoz. » On conçoit ce langage
dans la bouche du maître de Velazquez, de l'un des fondateurs de cette école de Séville si ennemie de la sécheresse et du pointillé, si fière de son grand style et de ses
vigoureux effets. Mais cependant on. ne saurait admettre
pour juste une telle appréciation ; elle est évidemment passionnée, et prouve une fois de plus que nul n'est bon juge
en sa propre cause. Si Moralès a les défauts de son temps,
s'il est minutieux, léché, surtout dans l'exécution de la
barbe et des cheveux, si l'on peut lui reprocher quelque
dureté dans les contours et peu de relief dans le modelé,
au moins faut-il reconnaître qu'il dessinait avec une parfaite correction, qu'il entendait savamment les nus et rendait admirablement la fine dégradation des demi-teintes ;
il faut reconnaître surtout qu'il excellait dans les expressions de douleur religieuse, et que nul maître n'a mieux
réussi à peindre les souffrances, les angoisses poignantes
d'un Christ couronné d'épines ou d'une Vierge aux douleurs. Le malheur de Moralès, c'est qu'on lui attribue volontiers tous les ouvrages de ses élèves ou de son temps,
qui ont quelque rapport avec sa manière. Trouve-t-on
quelque *Ecce homo* bien sec, bien décharné, bien livide,
quelque *Mater dolorosa* aux joues creuses, aux lèvres
pâles, aux paupières rougies, fût-ce une horrible carica-
ture, on s'écrie aussitôt : « Voilà un *divin* Moralès ! » Ceux
qui ont examiné attentivement ses bons ouvrages, les ta-

bleaux que lui attribuent des preuves historiques, et qui
en ont admiré le mérite éminent, ceux-là ne sont pas si
faciles à prodiguer son nom.

Les tableaux de Moralès, tous peints sur cuivre ou sur
bois, sont généralement très-petits et très-simples. Ils ne
dépassent guère, pour la dimension, une tête ou un buste à
mi-corps, et les plus compliqués se composeront d'une
Vierge soutenant le Christ mort. Cependant Moralès a
laissé quelques compositions importantes : par exemple,
les six tableaux de la Passion qui ornent l'église d'un
bourg de l'Estrémadure, Higuera de Fregenal, et dont
les personnages sont de corps entier, ainsi que d'autres tableaux conservés à Badajoz, soit dans la cathédrale, soit dans les paroisses de la *Concepcion* et de
San-Agustin. Le nouveau musée de Madrid n'a pas
pu recueillir plus de trois ou quatre ouvrages de Moralès,
ce qui prouve qu'ils sont rares, quand on les veut incontestables.

Moralès a laissé un élève éminent, qui ne s'est point
exercé dans le même genre que lui, mais qui a porté les
qualités de sa peinture dans le genre le plus opposé : c'est
Juan Labrador, peintre de fleurs, de fruits, de tous les objets que les Espagnols réunissent sous le nom de *bodegones* ,
et que nous appelons tableaux de salle à manger. Personne,
pas même Van Huysum, ne l'a surpassé dans ce genre par
l'admirable perfection du travail et l'éclat du coloris. Palomino affirme que le nom de *Labrador*, laboureur, lui fut
donné parce qu'il avait travaillé à la terre avant de manier

les pinceaux ; mais ce peut être aussi son nom de famille,
car il est assez commun en Estrémadure, pays de son
maître, et le sien probablement. Labrador mourut fort
vieux, à Madrid, dans l'année 1600.

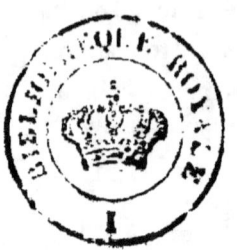

EL MUDO.

(LE MUET.)

Cet homme est l'un des plus éclatants témoignages de la puissance des instincts naturels, et de leur supériorité constante sur les effets de l'éducation. Si le Rhéteur romain a dit avec raison qu'*on naît poëte,* lui a prouvé aussi qu'on naît peintre. Privé des moyens de communication avec les autres hommes, réduit à sa seule organisation intellectuelle, et contrarié par toutes les circonstances qui l'environnaient, il a pourtant accompli sa destinée, et une destinée brillante, rien qu'en se laissant aller au penchant de sa nature.

Juan Fernandez Navarrete naquit, vers l'année 1526, dans la petite ville de Logroño, province de la Rioja. A

7

trois ans, une maladie aiguë le priva du sens de l'ouïe, et
comme les sourds-muets de naissance, ne pouvant apprendre, il ne sut point parler. A cette époque le moine espagnol Fray Pedro de Ponce, qui précéda de si loin
l'abbé de l'Épée, n'avait pas encore mis en pratique l'éducation des sourds-muets (1). On n'eut pas même la pensée
d'enseigner quelque chose au petit Juanito tant qu'il fut
enfant ; mais bientôt il révéla sa vocation, car on le voyait
sans cesse occupé, ayant un charbon pour pinceau et pour
toiles les murailles, à copier tous les objets qu'il avait sous
les yeux. Son intelligence et son talent naturel se montraient
si clairement dans ces ébauches informes, que son père se
décida à le conduire dans un couvent de l'ordre de saint
Jérôme, appelé *de la Estrella* (de l'Étoile), peu distant de
la ville, où se trouvait un moine, le père Fray Vicente,
qui s'occupait un peu de peinture. Ce religieux prit en affection le petit muet ; il lui montra les premiers éléments
de l'art, et bientôt, voyant faire à son élève de tels progrès
qu'il ne pouvait plus le suivre, il engagea ses parents à l'envoyer en Italie.

Le *Mudo*, dont la famille avait de l'aisance, partit, en
effet, pour le pays des arts. Il visita Rome, Naples, Florence,
Milan, Venise. Il s'arrêta partout, fréquenta les ateliers
des maîtres les plus renommés, et se fixa enfin auprès de
Titien, dont il devint le disciple assidu. Son séjour en

---

(1) Ce fut vers 1570 que Fray Pedro de Ponce, moine bénédictin du couvent d'Oña, trouva moyen d'instruire les deux frères et la sœur du conné-
table de Castille, nés tous trois sourds-muets.

Italie fut très-long, de vingt ans au moins, et, bien qu'on
ne puisse citer aucun ouvrage de quelque importance composé par lui pendant ses voyages, il est certain, cependant,
qu'il avait, parmi les artistes de l'Italie, une réputation
déjà fort grande, et qu'augmentait sans doute la circonstance de son infirmité. Le nom du *Mudo* parvint en Espagne, et lorsque Philippe II fit commencer les décorations
de l'Escorial, il manda, l'un des premiers, l'élève déjà
célèbre de Titien. Le *Mudo* se rendit donc à Madrid, alors
âgé d'au moins quarante ans. Une cédule royale, du 6 mars
1568, le nomma peintre du Roi, avec deux cents ducats
d'appointements annuels, outre le prix de ses ouvrages. Il
avait apporté pour échantillon de son savoir-faire un petit
tableau du *Baptême de Jésus*, qui plut beaucoup au roi,
et que l'on conserva longtemps dans la cellule du prieur de
l'Escorial (1).

A peine le *Mudo* avait-il commencé ses travaux, en
peignant des *prophètes* et un *calvaire* en grisailles pour
certaines parties du monument, qu'une maladie assez
grave le força d'aller respirer l'air du pays. Il passa près de
trois ans à Logroño, en congé et recevant toujours ses appointements de peintre du roi. Au mois de mars 1571 il
revint à l'Escorial, rapportant les quatre grands tableaux
dont il avait reçu la commande, et qui lui furent payés
500 ducats. C'étaient une *Assomption*, un *Martyre de
saint Jacques-le-Majeur*, un *saint Philippe* et un *saint*

---

(1) Cette cellule n'était pas ce que son nom pourrait faire croire, car on y
comptait jusqu'à quatorze salons ou galeries magnifiquement ornés.

Jérôme. On croit que, dans le premier, et sous les traits de la Vierge, il fit le portrait de sa mère, doña Catalina Ximenez, qui avait été belle ; il plaça également son père parmi les apôtres du premier plan. Lorsque ce tableau fut mis en place, le *Mudo*, qui était fort sévère à lui-même, voulut le détruire, parce qu'il trouvait le groupe principal manqué, et la Vierge trop serrée par les anges. Mais Philippe II, comme un autre Auguste pour un autre Virgile, protégea l'ouvrage contre l'arrêt de son auteur.

On rapporte également, à propos du *Martyre de saint Jacques*, que, pour se venger de Santoyo, secrétaire du roi, le *Mudo* donna sa figure au bourreau du saint, et que Philippe dut encore protéger cet ouvrage contre le ressentiment de son secrétaire. Mais le père Siguenza, qui a beaucoup parlé du *Mudo* dans son *História de la Orden de san Geronimo*, et qui habitait alors l'Escorial, affirme que cette laide et singulière figure du bourreau de saint Jacques est tout simplement celle d'un artisan de Logroño.

On plaça ces quatre tableaux dans la sacristie du couvent, et le *Mudo* fut aussitôt chargé d'en peindre quatre autres de même dimension pour la sacristie du collége, à savoir : La *Nativité*, le *Christ à la colonne*, la *Sainte-Famille* et *saint Jean écrivant l'Apocalypse dans l'île de Pathmos*. Ces compositions, peintes à Madrid, furent présentées à l'Escorial le 19 novembre 1575, et payées au *Mudo* 800 ducats.

L'ensemble de ces huit tableaux pareils formait l'œuvre capitale du peintre. Cet ensemble fut détruit par un incendie qui dévora trois des tableaux, l'*Assomption*, le *saint Philippe* et le *saint Jean*. Les cinq que l'on sauva furent placés depuis dans le cloître principal du monastère. Outre leur incontestable mérite, ils sont tous remarquables par quelque circonstance particulière. Ainsi le *Martyre de saint Jacques* et le *saint Jérôme* sont terminés avec un fini minutieux, qui forme comme une première manière dont le *Mudo* s'écarta dans ses autres compositions. Le *Christ à la colonne*, vu de face, est une tête admirable, dont la douceur et la beauté contrastent merveilleusement avec l'ignoble laideur des manants qui se préparent à le flageller. Dans la *Sainte-Famille*, les têtes sont également très-belles et très-expressives; mais, par un étrange caprice, le peintre a placé au premier plan du tableau, d'un côté, une perdrix, de l'autre, un chien et un chat qui se disputent un os avec de si comiques contorsions qu'on ne peut les regarder sans rire. Enfin, dans la *Nativité*, le *Mudo* s'est attaché à vaincre une difficulté formidable; il a éclairé son tableau par trois lumières: celle qui s'échappe du saint Enfant, celle qui descend de la *gloire* et s'étend sur toute la composition, celle enfin que répand un flambeau que saint Joseph tient à la main. Le groupe des bergers est la meilleure partie de ce tableau. On rapporte que le peintre florentin Peregrino Tibaldi ne pouvait se lasser de les admirer, et s'écriait sans cesse dans son enthousiasme : *Oh! gli belli pastori!* Cette exclamation est devenue le nom du tableau, qu'on appelle *les beaux bergers*, comme plus tard l'exclamation de

Luca Giordano : *C'est la théologie de la peinture*, servit à nommer le dernier tableau de Velazquez.

En 1576, le *Mudo* peignit son fameux tableau d'*Abraham et les trois anges*, qui lui fut payé le prix considérable de 5oo ducats. Ce fut au mois d'août de la même année qu'il fit avec le prieur, l'inspecteur et le trésorier de l'Escorial un contrat singulier dont l'original est conservé dans les archives du monastère. Par ce contrat, on lui commandait trente-deux tableaux, qu'il s'engageait à livrer en quatre ans. Vingt-sept de ces tableaux devaient avoir sept pieds et demi de haut sur sept et un quart de large, et les cinq autres treize pieds de haut sur neuf de large. On prévoit minutieusement, dans le contrat, tous les détails de la commande ; par exemple : Les toiles devront être d'un seul morceau et sans couture ; le travail sera tout entier de la main de Juan Fernandez Navarrete ; il devra se faire, soit au couvent, soit à Madrid, soit à Logroño ; les figures devront avoir juste six pieds un quart de hauteur (1) ; si le même saint est répété plusieurs fois dans les tableaux, il devra toujours avoir le même visage et les mêmes vêtements ; le peintre ne mettra, dans ses tableaux, *ni chien, ni chat, ni figure déshonnête*, etc. Ce contrat est signé, non-seulement par le *Mudo*, qui avait appris à lire, à écrire, à jouer aux cartes, et qui était d'une instruction peu commune en histoire et en mythologie, mais aussi par un certain Francisco de la Peña, avec le-

---

(1) Le pied d'Espagne est un peu moins grand que notre ancien pied-de-roi

quel il conversait par signes, et qui lui servait d'interprète.

Le *Mudo* ne put point terminer cette vaste commande;
il peignit seulement, pendant les années 1577 et 1578, les
huit premiers tableaux qui représentent, de deux en deux,
les apôtres, les évangélistes, saint Paul et saint Barnabé.
Les vingt-quatre autres tableaux furent achevés dans les
années suivantes, par Alonzo Sanchez-Coello et Luis de
Caravajal. Le *Mudo*, dont la santé avait toujours été dé-
bile et qui était alors attaqué d'une obstruction à l'esto-
mac, fut contraint de chercher dans de petits voyages quelque soulagement à ses maux. Enfin, il alla mourir, le 28
mars 1579, à Tolède, chez son ami Nicolas de Vergara; il
était âgé d'environ cinquante-deux ans.

Son testament, écrit de sa main, fut une espèce d'é-
nigme, qu'on ne put expliquer que par une enquête judiciaire et sur les témoignages de ses amis. Voici la traduction
littérale de ce testament, où l'on peut voir à quelle brièveté
se réduisent les idées chez un homme qui n'a point avec les
autres hommes de communications orales :

> • Jésus , Notre-Dame.
> « Exécuteur testamentaire , Nicolas de Vergara.
> « Ame, pauvres, 200 ducats.
> » Frère moine , 200 ducats : pauvres.
> » Fille religieuse , 600 ducats.
> « Estrella , frères, 500 ducats : messe.
> » Maria Fernandez , 100 ducats.
> « Père , messe , 200 ducats.
> « Valet , 40 ducats.
>
> « JUAN FERNANDEZ. »

Voici maintenant l'explication qui résulta de l'enquête : Le testateur se met d'abord sous l'invocation de Jésus et de Marie, et nomme son ami pour exécuteur de ses volontés. Le troisième alinéa veut dire que, pour son enterrement, les prières de l'église et les dons aux pauvres, on dépense 200 ducats. Le quatrième alinéa, que l'on donne à son frère Fray Bautista Fernandez, moine franciscain, et pendant sa vie, le revenu de 200 ducats, qui seront ensuite distribués aux pauvres. Le cinquième, qu'on mette au couvent, avec une dot de 600 ducats, une fille naturelle, encore enfant, qu'il avait à Ségovie. Le sixième, qu'on donne 500 ducats au couvent d'Estrella, à condition que les moines fonderaient à perpétuité une messe journalière pour son âme. Le septième, qu'on donne 100 ducats à l'une de ses parentes nommée Maria Fernandez, mariée à Agustin Perez, bourgeois de Logroño. Le huitième, qu'on donne à la paroisse de Notre-Dame de la Redonda, à Logroño, où son père était enterré et avait une chapelle, 200 ducats pour y fonder une messe commémorative. Enfin le neuvième, qu'on donne 40 ducats à son domestique Adan Mimoso. La mère du *Mudo* fit transporter et déposer ses os dans le couvent de la Estrella, où il avait reçu les premières leçons de peinture.

On peut dire que les ouvrages du *Mudo* sont tout à fait inconnus. Les divers tableaux que nous avons indiqués plus haut, ayant tous été commandés pour l'Escorial, sont demeurés jusqu'à présent ensevelis dans cette royale solitude, devenue presque inaccessible. Toute son œuvre est là ; le musée de Madrid n'a pu obtenir que ce petit *Baptême du Christ* qu'à son arrivée d'Italie le *Mudo* présenta pour faire accepter ses services au roi Philippe II. C'est tout ce que le musée possède de ce grand peintre, à moins qu'on n'y ait recueilli tout récemment quatre tableaux qui ornaient le couvent de la Estrella, et que les connaisseurs lui attribuent, bien que les moines de ce monastère aient toujours prétendu, par orgueil de corporation, qu'ils étaient de son maître Fray Vicente. Il est bien difficile, sur ce seul échantillon, sur ce petit tableau qui a précédé tous ses ouvrages et sa grande manière, de juger le peintre éminent qui faisait l'admiration de son siècle, et auquel on commandait de préférence les plus grandes peintures du Versailles monacal de Philippe II. Bornons-nous à répéter, avec tous ceux qui ont écrit sur ses ouvrages, qu'il fut excellent par le dessin et par le coloris, par l'ordonnance et par l'expression; bornons-nous à dire qu'on l'a nommé d'une voix unanime le *Titien espagnol*, non-seulement parce qu'il fut l'élève chéri du maître, dont il imita la manière de préférence à toute autre, mais aussi parce qu'il égala, sinon par le nombre, au moins par le mérite des œuvres, l'immortel vieillard de Cadore.

On a conservé deux petites pièces de vers faites par le grand Lope de Vega à la louange du *Mudo*. Voici la meilleure, avec la traduction littérale :

> No quiso el cielo que hablase,
> Porque con mi entendimiento
> Diese mayor sentimiento
> A las cosas que pintase ;

Y tanta vida les di
Con el pincel singular,
Que como no pude hablar,
Hice que hablasen por mi.

« Le ciel n'a pas voulu que je parlasse, afin qu'avec mon
intelligence je donnasse plus de sentiment aux choses que
je peindrais; et je leur ai donné tant de vie, avec mon
pinceau merveilleux, que, n'ayant pu parler, j'ai fait qu'elles
parlassent pour moi. »

Il s'est trouvé, en Espagne, deux autres peintres muets
et surnommés tous deux *el Mudo*. L'un s'appelait Diego
Lopez; l'autre n'est connu que sous le nom de Pedro el
Mudo. Ce dernier avait du mérite, et a laissé quelques
ouvrages distingués, sans que l'on puisse pourtant les attribuer à l'illustre muet de Logroño.

EL GRECO.

. . .

On pourrait s'étonner que nous eussions donné place dans ces *notices* à un homme qui n'était pas Espagnol, et qui ne fut pas un grand peintre. Et pourtant, si l'on prend garde qu'il passa en Espagne toute sa vie d'artiste, et que, malgré ses bizarreries extravagantes, il eut un sentiment de l'art très-vif, très-élevé, qu'il acquit une réputation considérable, qu'il fit une école et des élèves meilleurs que lui, l'on conviendra qu'il était impossible de le passer sous silence. D'ailleurs, le talent qui s'égare n'est peut-être pas moins utile à étudier que le génie qui marche droit au but.

Domenico Théotocopuli, qu'on sait être né dans la

Grèce, sans que l'on sache positivement ni le lieu ni l'époque de sa naissance, alla d'abord, soit par vocation, soit par accident, étudier l'art en Italie. Il fut élève, ou plutôt condisciple de Titien, car son nom ne figure pas sur le long catalogue des élèves qu'eut le grand peintre de Venise. Ce fut en Italie, sans doute, que lui fut donné le surnom de Greco sous lequel il est connu; les Espagnols l'eussent appelé *el Griego*. L'on ne sait pas davantage pourquoi Théotocopuli, s'éloignant de plus en plus de l'Orient, vint se fixer en Espagne. Le premier événement certain de sa vie, c'est qu'en 1577 il habitait Tolède, et qu'il venait de commencer à peindre, pour la sacristie de la cathédrale de cette ville, son grand tableau du *Partage des vêtements de Jésus*, le plus célèbre et sans doute le meilleur de ses ouvrages. Il faisait aussi les ornements d'architecture de l'autel, car le *Greco* fut sculpteur et architecte, aussi bien que peintre, à la manière de Berruguete et d'Alonzo Cano. Ces premiers travaux, qui lui furent payés un prix fort élevé, répandirent sur-le-champ son nom, que recommandait déjà à la curiosité publique une origine lointaine.

Comme Moralès, comme le *Mudo*, comme tous les artistes éminents de l'époque, il fut appelé par Philippe II pour concourir à la décoration de l'Escorial. En 1579, on lui commanda le tableau de *saint Maurice et ses compagnons*. Ce fut alors que, changeant brusquement de manière, il se jeta dans une voie nouvelle, où, pour être original, il se fit volontairement faux et ridicule. Son premier tableau était tout à fait dans le style de son illustre condisciple vénitien; au point que le Vago, si peu prodigue d'éloges pour les peintres espagnols, convient que « l'on y retrouve toute la manière de Titien, que les têtes » sont si belles et si expressives qu'on les croirait de » Titien lui-même. » Dans le *saint Maurice*, au contraire, le *Greco* adopta ce dessin fantastique, ce coloris grisâtre, pâle, blafard, qui font de ses personnages autant d'ombres et de revenants, enfin tout le *parti pris* d'une bizarrerie vraiment maladive, et qui s'étendait jusqu'à la forme de ses cadres, allongés hors de proportion.

Il est inutile de suivre le *Greco* dans tous les ouvrages de peinture et de sculpture architecturale qu'il fit à Tolède. à Madrid et dans plusieurs autres villes. Bornons-nous à dire que, malgré l'extravagance volontaire de ses procédés, il vécut estimé comme artiste, parce qu'on trouvait même dans son coloris étrange un certain *faire* de maître, un empâtement savant et vigoureux, parce que ses leçons et ses conseils valaient mieux que ses ouvrages, parce qu'il aidait et protégeait les artistes, parce qu'il avait enfin une noble idée de l'art, et qu'il en soutint la dignité sous toutes les formes. Par exemple, il résista au collecteur des impôts (*alcabalero*) d'Illescas, qui voulait lui faire payer le droit de vente (*alcabala*) sur les tableaux et ornements qu'il avait faits pour les églises de cette ville. L'affaire fut portée, en 1600, devant le conseil supérieur de finance, qui prononça un arrêt favorable au *Greco*, en déclarant exempts de tous tributs les trois arts que leur excellence rendait dignes de ces priviléges. Cet arrêt fixa en quelque sorte la jurisprudence sur ce point, et servit plus tard à repousser les prétentions que le fisc éleva maintes fois contre les artistes.

Le *Greco* mourut en 1625, âgé d'environ quatre-vingts ans, et fut enterré dans l'église de *San-Bartolomé* à Tolède. Son ami, Don Luis de Gongora, le célèbre fondateur de la secte littéraire des *Cultos*, lui fit, en guise d'épitaphe, un sonnet bizarre et emphatique, dont la traduction ne serait pas supportable. Palavicino lui avait également adressé deux sonnets, recueillis dans ses œuvres posthumes, pour lui payer son portrait en monnaie de poëte. Le *Greco* avait travaillé, comme Titien, jusqu'en ses dernières années. Francisco Pacheco raconte que, l'ayant visité en 1611, le *Greco* lui montra, dans un immense buffet, des modèles en terre cuite de ses divers ouvrages de sculpture, et, dans une grande salle, les esquisses de tous les tableaux qu'il avait peints. « Qui pourrait croire, dit-il ailleurs, que » le *Greco* retouchait mainte et mainte fois ses peintures » justement pour séparer et désunir les couleurs, et qu'il » en faisait d'horribles ébauches pour affecter la vigueur et » la sûreté de main ? » Du reste, Pacheco ajoute que c'était un homme de grandes connaissances, de beaucoup d'esprit, renommé pour ses saillies, et qui écrivit sur les trois arts qu'il exerçait. Ces écrits de *Greco* ne sont point arrivés jusqu'à nous. Il laissa un fils, Jorge Manuel Theotocopuli, qui fut sculpteur et architecte, mais non peintre, et plusieurs élèves très-distingués, très-supérieurs à lui, entre autres, Luis Tristan, Fray Juan Bautista Mayno et Pedro Orrente.

SANCHEZ COELLO.

—·——·———·——

Ce que Velazquez fut pour Philippe IV, Alonzo San-
chez Coello l'avait été pour Philippe II, le peintre chéri,
le courtisan familier, le *privado del rey*. Fort jeune encore, et après avoir épousé à Madrid, en 1541, doña Luisa
Reynalte, Sanchez Coello accompagna Antonio Moro à
Lisbonne, lorsque ce peintre y fut envoyé par Charles-
Quint pour y faire les portraits de toute la famille royale.
Coello resta au service du prince don Juan, époux de
doña Juana, fille de l'empereur et sœur de Philippe II.
Devenue veuve, doña Juana le recommanda à son frère,
auquel il plut par son talent et par son esprit, et qui en fit
son peintre de confiance et d'intimité. L'affection que lui

8

portait ce roi, si peu affectueux, était telle que, lorsqu'il
ne l'emmenait pas avec lui dans ses expéditions militaires,
il lui écrivait très-fréquemment, et de sa propre main, en
adressant les lettres à *son bien-aimé fils Alonzo Sanchez
Coello (al muy amado hijo Alonzo Sanchez Coello*). Au
reste, pour faire comprendre jusqu'où s'étendit cette singulière liaison de Philippe II et de son peintre, il est plus
simple de copier ce que rapporte sur ce point Francisco
Pacheco :

« Le roi lui donna pour logement de vastes maisons
» toutes proches du palais, et comme il en avait seul la
» clef, par un passage secret et en robe de chambre, il
» lui arrivait mainte fois d'entrer inopinément chez lui, et
» de l'assaillir tandis qu'il était à dîner avec sa famille. Et
» lorsque le peintre voulait se lever pour le saluer révéren-
» cieusement comme son roi, il lui commandait de res-
» ter en place, et entrait ensuite, par passe-temps, dans
» son atelier. D'autres fois, il le surprenait assis et pei-
» gnant, et s'approchant par derrière, il lui mettait les
» mains sur les épaules; et quand Alonzo Sanchez se
» voyait si favorisé de sa majesté, et qu'il essayait, par
» juste civilité, de se mettre debout, le roi le faisait as-
» seoir et continuer sa peinture.

» Coello fit plusieurs fois son portrait, armé, en pied,
» à cheval, en habits de voyage, en manteau et bonnet. Il
» peignit également dix-sept personnes royales, reines,
» princes, infants et infantes, qui l'honoraient et l'esti-
» maient à ce point qu'ils entraient familièrement chez

» lui pour jouer et se divertir avec sa femme et ses enfants.
» Il ne fut pas moins honoré de réputation par les plus
» grands princes du monde, par les papes Grégoire XIII
» et Sixte-Quint, le grand-duc de Florence, celui de Sa-
» voie, le cardinal Alexandre Farnèse, frère du duc de
» Parme, etc.

    » Jamais il ne manqua à sa table un grand d'Espagne
» ou un gentilhomme de haute naissance, car, étant si fa-
» vorisé d'un si grand monarque, beaucoup voulaient être
» favorisés de lui. Sa maison fut fréquentée par les plus
» grands personnages de son temps, le cardinal Granvella,
» l'archevêque de Tolède, don Gaspar de Quiroga, l'ar-
» chevêque de Séville, don Rodrigo de Castro, et, ce qui
» est plus encore, le seigneur don Juan d'Autriche, le
» prince don Carlos, et une infinité de seigneurs, de
» grands, d'ambassadeurs, au point que, mainte fois,
» les chevaux, litières, carrosses et chaises à porteurs
» remplirent deux grandes cours de sa maison; et, devenu
» le peintre le plus renommé de son temps, il gagna plus
» de 55,000 ducats. »

    Chose étrange! on n'a pu découvrir ni dans quel en-
droit ni à quelle époque naquit ce peintre si célèbre et
si fortuné. Longtemps on l'a cru Portugais, et c'est ce
qu'affirme Palomino. Mais le savant et laborieux Alvarez
Baena, en compulsant les preuves de noblesse fournies par
le petit-fils de Sanchez Coello, don Antonio Herrera, pour
se faire admettre dans l'ordre de Saint-Jacques, a trouvé
quelques indications précises qui contredisent la croyance

commune. D'après ces preuves, le peintre de Philippe II
serait né, au commencement du XVIᵉ siècle, dans le
bourg de Benifayró, royaume de Valence, et baptisé à la
Alqueria-Blanca ; son nom de famille aurait été Sanchez
Galvan Coello, ce dernier venant sans doute de sa mère.
En ce cas, ce serait à cause de son voyage et de son séjour à Lisbonne que Vincenzo Carducci l'aurait appelé *Lu-
sitano*, et qu'on lui aurait quelquefois donné le nom de
Titien portugais.

En 1570, Sanchez Coello fut chargé, avec Diego de Ur-
bina, de peindre les arcs de triomphe élevés à Madrid pour
l'entrée d'Anne d'Autriche, femme de Philippe II. On a
conservé des relations très-détaillées de son travail, qui fut
fort admiré, et qu'on lui paya, à dire d'experts, 75,875
maravédis (environ 5,600 fr.). En 1582, il avait achevé
de remplir la salle des portraits dans le palais du Pardo.
On y voyait, outre les portraits de la famille royale, ceux
de la princesse de Portugal, doña Juana, de la femme du
roi de Portugal Jean III, doña Catalina, de don Juan
d'Autriche, l'illustre frère naturel de Philippe II, du prince
don Carlos, dont la fin tragique a tant exercé les roman-
ciers et les poëtes, de l'empereur Rodolphe, des archiducs
Ernest et Ferdinand ; enfin de plusieurs seigneurs attachés
à la personne du roi.

Quoique Sanchez Coello eût alors atteint un âge très-
avancé, Philippe II voulut qu'il concourût à l'ornement
des autels de son Escorial. Il peignit successivement, depuis 1582, sept tableaux de *saint Paul ermite et saint*

Antoine, *saint Étienne et saint Laurent*, *saint Vincent et saint Georges*, *sainte Catherine et sainte
Agnès*, enfin, *saint Just et le Pasteur*, où il plaça une
charmante vue d'Alcala de Henarès, avec le coteau qui
domine cette ville et l'ermitage qui le couronne. Il fit à
la même époque un admirable portrait du P. Siguenza,
plein de vérité et de vie, et celui du fameux saint Ignace
de Loyola, fondateur de l'ordre des Jésuites. Il peignit
ce portrait, qu'on dit fort ressemblant, après la mort du
saint, seulement avec l'aide d'un masque de cire moulé sur
son visage, et les conseils d'un de ses disciples, le P.
Ribadeneyra.

Les incendies successifs du palais du Pardo et de
l'ancien Alcazar de Madrid détruisirent presque tous
les portraits laissés par Sanchez Coello, c'est-à-dire son
œuvre principale. Il ne reste de lui que les tableaux faits
pour l'Escorial, où ils ont une réputation égale à ceux du
Mudo, mais qui ne s'étend guère au delà des limites
du monastère. Madrid n'avait conservé que son seul tableau
de *saint Sébastien*, fait en 1580, et placé dans une chapelle du couvent de *San-Geronimo*; ce tableau est tout à
fait dans le grand style du XVIe siècle.

Sanchez Coello mourut en 1590, laissant plusieurs
élèves distingués, Pantoja de la Cruz, Felipe de Liaño et
sa fille doña Isabel. Cette dernière, à laquelle le bachelier
Juan Perez de Moya consacra un article dans son livre intitulé *Santas é ilustres mugeres*, naquit à Madrid en 1564,
et y mourut en 1612, veuve de don Francisco de Herrera

y Saavedra, chevalier de Saint-Jacques et régidor de cette capitale. Elle avait appris de son père le dessin, la peinture, et elle acquit, dans le portrait, une réputation méritée. C'était une femme accomplie, qu'on citait également pour ses talents en musique, son esprit naturel et ses connaissances variées.

CÉSPEDÈS.

———

Ce n'est pas seulement d'un peintre qu'il s'agit à présent. Céspedès fut un de ces génies faciles, vastes, universels, qui embrassent tout dans leur immense désir d'apprendre, qui réussissent à tout, sciences, belles-lettres, beaux-arts, et qui ne manquent d'être les premiers en tous les genres, que parce qu'ils passent de l'un à l'autre avant d'avoir acquis dans chacun la dernière perfection, et qu'ils partagent le travail de leur intelligence entre plusieurs talents d'aussi difficile conquête, au lieu de porter sur un seul tout l'effort d'un goût dominant, d'une étude unique et d'une lutte opiniâtre.

Pablo de Céspedès naquit à Cordoue, en 1538, dans la

maison de son grand-oncle Francisco Lopez Aponte, chanoine de la cathédrale. Son père, originaire d'Ocaña, dans
la Manche, se nommait Alonzo de Céspedès, et sa mère,
née dans le bourg d'Alcolea de Torote, Olaya Arroyo. Il
fut élevé jusqu'à dix-huit ans chez le chanoine, qui lui fit
étudier la grammaire et les humanités. En 1556, on l'envoya à l'université d'Alcala de Henarès, pour y faire ses
hautes études et apprendre les langues orientales. Ce fut
quelques années plus tard qu'il partit pour Rome, où,
suivant Pacheco, il fit deux voyages. On croit qu'il avait
déjà quelques principes de peinture ; mais ce fut seulement
parmi les disciples de Michel-Ange, devant les œuvres de
ce grand artiste, qui venait de mourir lorsqu'il vit pour
la première fois l'Italie, que Céspedès sentit sa vocation
nouvelle, et qu'il résolut de cultiver les arts sans abandonner la culture des lettres. Il se lia d'amitié intime avec Federico Zuccheri (que les Espagnols nomment Zuccaro)
travailla dans son atelier, et prouva bientôt, par les peintures à fresques qu'il fit dans l'église d'*Ara-Cœli*, sur le
sépulcre du marquis de Saluzzo, qu'il pouvait prendre
rang parmi les artistes. Il fut, en effet, chargé de participer aux décorations de l'église de la Trinité-du-Mont, avec
son ami Zuccheri, Jules Romain, Daniel de Volterre, Ta-
deo Gaddi, Pelegrino de Bologne et Perin del Vaga. L'*histoire de la Vierge*, dans la chapelle de l'Annonciate, et
les *Prophètes* des pilastres, qui sont de la main de Céspedès, prouvent qu'il possédait déjà toute la majesté de
formes, toute la hauteur de style de la grande école dont

il s'était fait le disciple. Une anecdote qui se rattache à cette époque fournit la preuve qu'il cultivait également la sculpture, et avec non moins de succès. Il y avait à Rome une statue antique de Sénèque, à laquelle manquait la tête. Céspedès résolut de réparer cette mutilation du temps, et de compléter l'image de son compatriote, de celui qui, dès le temps de Néron, avait rendu célèbre le nom de Cordoue, alors récente colonie militaire des Romains en Espagne. Un matin, l'on trouva la statue complète, et le peuple, ravi d'un travail aussi beau qu'audacieux, écrivit au pied de la statue : *Victor il Spagnuolo.*

Ce fut à la suite de ces divers ouvrages, et dans l'année 1577, que Céspedès reçut à Rome sa nomination à un canonicat (*una racion*) dans le chapitre de Cordoue. Il vint aussitôt en prendre possession, et remplit avec exactitude, tout le reste de sa vie, les devoirs, à la vérité peu onéreux, de cette sinécure ecclésiastique. Cependant Céspedès ne se borna point à la régulière assistance au chœur; il fut chargé, par le chapitre, de plusieurs commissions ou travaux, et, par exemple, de dresser avec le docteur Ambrosio de Moralès le martyrologe de Cordoue.

Céspedès possédait à Séville une maison qu'il allait habiter pendant les mois de vacance, et dans laquelle il conservait, à ce qu'il semble, une partie de ses livres et de ses objets d'antiquité. Du moins, dans sa dissertation sur la peinture ancienne et moderne, adressée à Pedro de Valencia, on trouve la phrase suivante : « J'ai possédé une

» figurine égyptienne, en pierre noire, toute couverte
» d'hiéroglyphes, mais elle a été perdue dans la peste de
» Séville, parce qu'un de mes domestiques, qui en avait
» la garde, ainsi que de plusieurs autres choses, est mort
» de cette maladie. » Le dernier voyage que fit Céspedès
à Séville eut lieu en 1603, tandis que son ami Pacheco
peignait à la détrempe des tableaux représentant la fable
de *Dédale et Icare* pour le cabinet du duc d'Alcala. Céspedès approuva la composition de cette détrempe, assu-
rant que c'était bien celle dont s'étaient servis les anciens,
et dont il avait lui-même fait usage en Italie. De retour à
Cordoue, et livré jusqu'à sa dernière heure aux divers
travaux qui avaient occupé sa vie, Céspedès mourut le
26 juillet 1608, âgé de soixante-dix ans. Il est enterré
dans la cathédrale, à quatre toises environ en avant
de la chapelle de *San-Pablo*. On lit encore sur sa
pierre tumulaire l'inscription suivante que fit graver le
chapitre :

Paulus de Cespedes hujus almæ
ecclesiæ porcionarius, picturæ,
sculpturæ, architecturæ, omniumque
bonarum artium, variarumque
linguarum peritissimus, hic situs est.
Obiit anno Domini M. DC. VIII,
septimo kalendas sextilis.

Nous allons brièvement envisager Céspedès comme an-
tiquaire, comme poëte et comme peintre.

Cet homme éminent, doué de tant de talents divers,

possédait très-bien l'italien, le latin, le grec, et, suffisamment pour en discourir, l'hébreu et l'arabe. Une telle connaissance de langues, fort rare à son époque, lui donnait
une merveilleuse facilité pour les travaux purement scien-
tifiques. On peut citer, au premier rang de ses ouvrages en
ce genre, une dissertation sur la cathédrale de Cordoue,
tendant à prouver que cette admirable mosquée, bâtie dans
la seconde moitié du VIIIe siècle, par le fondateur de la
dynastie Ommyade en Espagne et du khalifat de Cordoue,
par le grand Abdérame Ier (Abd-al-Rhaman), et qui est
restée le plus beau, le plus précieux monument des Arabes, occupe précisément la place d'un temple à Janus,
élevé par les Romains après la conquête et la pacification
de l'Ibérie. Céspedès a fait aussi des *Recherches sur le
temple de Salomon*, où il montre sa vaste instruction sur
les origines de la peinture, et une espèce de *Mémoire sur
l'origine de l'ordre corinthien en architecture*, plein de
science et de sagacité.

Mais son meilleur livre d'érudition est sans contredit
celui qu'il écrivit en 1604, sur les instances de son ami
Pedro de Valencia, et qui porte pour titre : *Parallèle de
la peinture et de la sculpture anciennes et modernes.*
(De la comparacion de la antigua y moderna pintura y es-
cultura.) Sans avoir connu l'œuvre de Vasari, qui fut
écrite de son temps, il donne d'intéressants détails sur les
peintres florentins, depuis Cimabué jusqu'aux élèves de
Michel-Ange, et, ce qui est plus important, plus précieux, il décrit avec une parfaite lucidité les œuvres des

Grecs, en s'appuyant surtout du texte de Pline le jeune, puis les compare, dans un parallèle plein de goût et de finesse, avec les œuvres de Raphaël, de Michel-Ange, de Titien, et des autres maîtres de son époque. On sait aussi que Céspedès écrivit un *Traité de perspective théorique et pratique*; mais ce livre est complétement perdu. Il est même douteux que son auteur l'ait jamais publié.

Si, d'habitude, Céspedès tournait ses investigations de savant sur ses occupations d'artiste, s'il était peintre érudit, ce fut le même sujet qu'il choisit pour traiter en écrivain; il se fit encore peintre poëte. Il célébra en beaux vers les merveilles d'un art dont il avait expliqué l'origine et la théorie, d'un art qu'il pratiquait avec éclat. Il lui consacra sa plume et son pinceau; il le traita sous un triple rapport, et c'est sans sortir de la peinture qu'il fut à la fois historien, poëte et artiste. On doit regretter vivement qu'il n'ait pu terminer son *Poëme de la peinture (la Pintura)*, dont Pacheco nous a conservé de si précieux fragments. Pour les Espagnols, ce serait assurément le meilleur poëme didactique écrit en leur langue; pour les lettres en général, ce serait le meilleur poëme consacré aux beaux-arts, bien supérieur, par la grandeur du plan, par l'élévation des idées, par la magnificence du langage, au poëme latin de Dufresnoy, aux poëmes français de Lemierre et de Watelet. Céspedès avait véritablement envisagé son sujet d'un haut point de vue. Ainsi, lorsqu'en parlant des divers instruments de la peinture et du dessin, il vient à nommer

, l'encre, une transition naturelle et savante le conduit à montrer la pensée humaine survivant, par ce fragile interprète, aux empires, aux cités, à tous les grands travaux de la main des hommes; et cette heureuse idée lui fournit les plus brillantes inspirations poétiques. Son tableau des grandes ruines dont successivement la terre s'est couverte, Babylone, Troie, Athènes, Rome, est d'une majesté digne du sujet. Il est trop long pour qu'on le rapporte ici; mais citons du moins une seule strophe, celle où il explique comment c'est Homère qui a fait Achille immortel. Cette strophe est très-belle dans l'original.

> No creo que otro fuese el sacro rio
> Que al vencedor Aquiles y ligero
> Le hizo el cuerpo con fatal rocío
> Impenetrable al homicida acero,
> Que aquella trompa y sonoroso brio
> Del claro verso del eterno Homero,
> Que viviendo en la boca de la gente,
> Ataja de los siglos la corriente.

« Je ne crois pas que le fleuve sacré qui, baignant d'une » rosée fatale le corps du léger et vaillant Achille, le » rendit impénétrable à l'homicide acier, fût autre chose » que cette trompette sonore du vers éclatant de l'éternel » Homère, qui, vivant dans la bouche des races hu- » maines, arrête le courant des siècles. »

Reste à considérer Céspedès comme peintre.

A l'exception des fresques exécutées pendant ses études en Italie, tous ses ouvrages sont restés dans les deux villes

qu'il habitait alternativement, Cordoue et Séville. Aucun
d'eux, que je sache, au moins aucun de quelque importance, n'a passé les frontières de l'Espagne. Madrid même
n'est pas mieux partagée que les nations étrangères; son
musée, pourtant si riche et si varié, n'a pas un seul tableau
de Céspedès; il n'y a, dans la capitale de l'Espagne, que
l'académie de San-Fernando qui ait hérité d'une *assomp-*
tion peinte par ce maître pour le collège des jésuites de
Cordoue. Il faut donc nous borner à rappeler les jugements qu'ont portés sur ses œuvres les hommes les plus
compétents parmi ceux qui ont pu les voir et les étudier.
« Céspedès, dit Pacheco, fut grand imitateur de la belle
» manière du Corrège, et l'un des meilleurs coloristes de l'Es-
» pagne ; c'est à lui que l'École d'Andalousie doit la bonne
» lumière dans les tons des chairs, comme il l'a prouvé
» à Séville et à Cordoue, sa patrie..... dans le grand ta-
» bleau de l'*Enterrement de la glorieuse vierge sainte Ca-*
» *therine martyre*, où l'on voit des anges si beaux, qu'ils
» semblent être descendus du ciel sur le mont Sinaï, pour
» présider aux obsèques de la vierge sainte. » Don Antonio
Ponz ajoute que « si Céspedès, au lieu d'être lié d'amitié
» avec Federico Zuccheri, eût pu l'être avec Raphaël, il
» serait devenu l'un des plus grands peintres du monde,
» comme il a été l'un des plus savants. » Enfin, Cean-Bermudez résume ainsi son éloge : « On admire l'élégance et
» la grandeur des formes de son dessin, la vigueur des fi-
» gures, l'étude et l'intelligence de l'anatomie, l'habileté
» des raccourcis, l'effet du clair-obscur, le brillant du co-

» loris, la vérité de l'expression , et surtout son invention,
» car il n'eut pas besoin de la mendier à d'autres. » Le
chapitre de Cordoue ayant commandé à Zuccheri une
sainte Marguerite pour un retable, l'artiste italien répondit : « Dans une ville où est Pablo de Céspedès , comment
demande-t-on des peintures à l'Italie? »

Céspedès avait l'habitude, comme les premiers grands
peintres italiens, de préparer ses compositions, non par de
petites esquisses, mais par des cartons aux crayons noir et
rouge , aussi grands que le devaient être les tableaux ; il a
fait aussi plusieurs portraits dans cette manière. Le plus
vaste de ses ouvrages est une *Cène* placée sur l'autel d'une
chapelle de la cathédrale de Cordoue, la plus voisine de la
sacristie construite par le cardinal Salazar, et l'un des ouvrages modernes dont les chrétiens ont défiguré la mosquée des Arabes, où régnait si bien , dans son admirable
simplicité, la dogme de l'unité de Dieu. Cette *Cène*, digne
de soutenir le parallèle avec celle de Léonard de Vinci, et
qui vivra plus longtemps que la fresque si dégradée du
peintre milanais, est remarquable surtout par la belle ordonnance du sujet, par la puissante expression des têtes, la sainte affection des apôtres, la beauté tout angélique du Christ, la sordide perfidie de Judas. On rapporte
que lorsqu'elle fut exposée pour la première fois aux regards du public de Cordoue, dans l'atelier du peintre, l'admiration de la foule se porta tout d'abord sur un vase à
rafraîchir le vin qui se trouvait, au premier plan, dans un
angle du tableau. Piqué d'une remarque si puérile , Cés-

pedès appela son valet : « André, s'écria-t-il, efface ce vase, ôte-le vite de là, puisqu'ils ne font nulle attention à tant de personnages, tant de figures, tant de poses, que j'ai faits avec tant de soin et d'études. » Il fallut tous les efforts de ses amis pour que Céspedès révoquât son ordre. Combien de scènes semblables se passent tous les jours, et dans tous les pays !

Par une fatalité déplorable, un très-grand nombre des ouvrages de Céspedès, que l'on connaissait par leur nom et par leur renommée, ont disparu sans que l'on sache même où pouvoir les chercher. Tel fut le sort d'un magnifique tableau de *sainte Ursule et les onze mille Vierges*, qu'il avait peint pour le couvent de *Santa-Clara*, et auquel on substitua un retable de mauvais goût. Tel fut aussi le sort de tous les tableaux qui se trouvaient dans l'église du collége des Jésuites, l'*Enterrement de sainte Catherine*, le *Serpent d'airain*, le *Sacrifice d'Abraham*, la *Décollation de sainte Catherine*, son *Martyre sur la roue*, un *Calvaire*, un *Ecce-Homo*, une *Prière au Jardin des Oliviers*, etc. Ce fut, selon toute apparence, lors de la suppression de l'ordre des Jésuites par Charles III, que ces tableaux furent enlevés pour ne plus reparaître. Sans doute ils ne sont pas détruits ; mais, comme Céspedès n'avait pas été connu hors de sa patrie, il est probable qu'on aura fait passer sous d'autres noms que le sien les tableaux soustraits.

Céspedès fonda à Cordoue une petite école. On cite parmi ses élèves Juan Luis Zambrano, Antonio Mohedano,

Juan de Peñalosa, Antonio de Contreras et Cristoval Vela;
mais les meilleurs ne firent qu'approcher du maître, et
Séville, après lui, réunit dans son sein toute l'école d'Andalousie.

PACHECO.

Plusieurs hommes, en Espagne, ont cultivé les arts et les lettres, et, peintres, ont écrit sur la peinture. Sans avoir les proportions aussi hautes que Céspedès, Pacheco, son ami, s'est le plus approché de cet illustre Michel-Ange de Cordoue, et même sous le point de vue d'utilité pratique, envisagé simplement comme professeur de l'art de peindre, il l'a surpassé, dans les résultats, par ses écrits et par ses leçons ; il l'a surpassé dans ses élèves.

C'est à Séville, d'une famille distinguée, qu'est né Francisco Pacheco. Quant à l'année de sa naissance, il est difficile de la fixer avec certitude. Palomino cite 1580, mais c'est une erreur manifeste, car, dans son livre de l'*Arte de*

la pintura, pour lequel il obtint un privilége en 1641,
Pacheco dit lui-même (folio 470) qu'il avait soixante-dix
ans lorsqu'il écrivait. Cela ferait remonter sa naissance au
moins à neuf années plus tôt, c'est-à-dire à 1571. Neveu du
chanoine Francisco Pacheco, latiniste érudit et poëte à la
façon de Santeuil, il étudia la peinture à Séville même,
et sous la direction d'un certain Luis Fernandez, qu'il ne
faut pas confondre avec un autre peintre du même nom,
appartenant à l'école de Madrid, où il résidait quarante
ans plus tard. Palomino se trompe encore lorsqu'il affirme
que Pacheco se rendit en Italie, et qu'il étudia devant les
œuvres de Raphaël. Voici un passage de son livre qui
prouve le contraire : « Dans le choix des sujets, dit-il,
» dans la grâce et l'arrangement des figures, l'élégance des
» vêtements, la noblesse et la propriété, je suivrais Ra-
» phaël d'Urbino, que, par une secrète force de nature,
» et dès mes plus tendres années, je me suis toujours ef-
» forcé d'imiter, poussé à cela par ses admirables composi-
» tions, et par un dessin original de sa main, au lavis, qui
» est venu en mon pouvoir, et que je conserve depuis bien
» des années.... » Loin de signifier que Pacheco a étudié
Raphaël en Italie, ce passage veut dire qu'il ne l'a connu
que par les gravures qui se trouvaient à Séville.

Ce fut donc sans sortir de son pays qu'il continua ses
études, tant au collége qu'à l'atelier ; car il comprit de
bonne heure combien la connaissance de l'histoire, de la
mythologie, en un mot combien les connaissances classiques sont indispensables à la peinture. Il débuta par un

ouvrage assez bizarre. En 1594, on le chargea de peindre
les étendards de la flotte qui partait pour la Nouvelle-Es-
pagne. Sur des fonds en damas cramoisi, de quarante à
cinquante aunes, il représenta saint Jacques à cheval, avec
des bordures composées. En 1598, il peignit à fresque le
quart des décorations du magnifique catafalque élevé à
Philippe II dans la cathédrale de Séville, et qui inspira à
Cervantès son fameux sonnet burlesque. Enfin, en 1600,
Pacheco fut choisi, de préférence à Alonzo Vazquez, pour
représenter la *vie de saint Raymond* en six grands tableaux
destinés au cloître principal du couvent de la *Merced-
Calzada*; puis, en 1603, il peignit à fresque et sur toile,
dans les appartements de don Fernando Henriquez de Ribera, troisième duc d'Alcalá, l'histoire de *Dédale et Icare*.
Ce sujet était difficile, car il fallait placer en l'air, et sans
soutien, des figures en raccourci. Pacheco mérita les éloges
de Céspedès, et fut largement récompensé par le duc, auquel il adressa, en manière de remerciement, un sonnet
assez ingénieux, assez délicat, mais tout à fait dans ce goût
des *concetti* qui régnait alors. Ce fut Pacheco qui, le premier à Séville, mit du soin et de l'art à peindre les chairs
et les étoffes des statues. On en cite un grand nombre,
toutes de la main de son ami le sculpteur Juan Martinez
Montañès, qui furent coloriées par lui, suivant l'habitude
du temps. Poussant ce goût plus loin encore, il imagina
le premier d'ajouter aux bas-reliefs des couleurs et des fonds
en perspective, mêlant ainsi complétement, pour qu'ils se
prêtassent un mutuel appui, deux arts qui peuvent et doi-

vent se suffire. Enfin, quelques années plus tard, il essaya de peindre sur du marbre, en mettant à profit, comme
dans un camée, les taches naturelles de la matière. Il exécuta ainsi un *Baptême du Christ* et un *Repas dans le
désert* pour le retable du collége de *San-Hermenegildo*,
et un *saint Jean-Baptiste* pour la chartreuse de *Santa-
Maria de las Cuevas*.

Le désir d'étudier les œuvres des maîtres conduisit Pacheco à Madrid, en 1611. Il visita aussi l'Escorial et Tolède,
où il fit la connaissance du *Greco*. Après être devenu l'ami
de Vincenzo Carducci et d'autres peintres de la capitale,
il revint à Séville, et reprit ses travaux avec la ferveur nouvelle et l'habileté plus grande que lui avait données la vue
des chefs-d'œuvre qui peuplaient déjà les palais des rois
d'Espagne. Peu de temps après, en 1614, il acheva son
œuvre principale, le grand tableau du *Jugement dernier*,
qui fut placé dans le couvent des religieuses de *Santa-Isa-
bel*, et dont son livre contient une si minutieuse description. Ce fut également à son retour de Madrid qu'il ouvrit,
dans son atelier, une classe de peinture, où les élèves affluè-
rent, et qui exerça la plus puissante, la plus heureuse influence sur toute l'école espagnole. Il suffit de dire à ce propos que Pacheco fut le maître d'Alonzo Cano et de Velazquez qui, à son tour, acheva de former Murillo.

En 1618, il fut nommé familier de l'inquisition, par le
Saint-Office de Séville, chargé de veiller au maintien de
l'orthodoxie et de la décence dans les peintures sacrées;
puis, en 1623, il accompagna son gendre don Diego Ve-

lazquez de Silva à Madrid, où l'appelait le comte-duc
d'Olivarès. Il fut témoin des succès qu'obtint son illustre
élève et des honneurs dont le combla Philippe IV. Mais,
préférant pour lui-même une vie plus retirée et plus paisible, Pacheco revint à Séville, où il reçut l'accueil le plus
empressé. Sa maison redevint bientôt ce qu'elle était déjà
avant son départ, le commun rendez-vous des personnages
de distinction, des érudits, des poëtes, des artistes, et,
comme dit le licencié Rodrigo Caro, dans ses *Claros Va-
rones de Sevilla*, « l'académie ordinaire des esprits les
» plus cultivés de Séville et des provinces.» Au moyen de
ce concours, et pendant les longues années de vie qui lui
restèrent, Pacheco put former la plus curieuse galerie. On
compte qu'il fit plus de cent cinquante portraits à l'huile,
presque tous de petite dimension, et plus de cent soixante
portraits aux crayons rouge et noir, représentant tous les
hommes de quelque mérite et de quelque renommée qui
avaient paru chez lui. Dans le nombre, étaient ceux de Cervantès (1), de Quevedo, de Herrera le poëte, etc. Il mourut, en 1654, dans un âge très-avancé, emportant les regrets de tous ceux qui l'avaient connu.

Pacheco, si promptement et si pleinement surpassé par les
élèves sortis de son école, n'a pu conserver, comme peintre
d'exécution, une réputation bien haute. Carducci, Palomino, le nomment peintre de science et d'enseignement,

(1) Cervantès posa deux fois en sa vie, devant un peintre-poëte, Pacheco,
et devant un poëte-peintre, Juan de Jaureguy. Les deux portraits sont perdus.
On a conservé seulement une copie du dernier, qui est maintenant à l'académie de Madrid.

et, de son vivant même, il eut à subir d'assez vives criti-
ques ; témoin cette épigramme qu'un Andaloux malin écrivit au bas d'un Christ nu qu'il avait exposé :

¿ Quién os puso asi , señor,
Tan desabrido y tan seco ?
Vos me direis que el amor,
Mas yo digo que Pacheco.

« Qui vous a fait ainsi, seigneur, si dolent, si blême
» et si sec? Vous me direz que c'est l'amour; moi je dis
» que c'est Pacheco. »

Cependant il faut lui rendre plus de justice. On trouve,
dans toutes ses œuvres, une grande correction de dessin,
un style pur, de la noblesse, des attitudes naturelles, et une
connaissance profonde de la lumière et de la perspective.
Avec ces qualités importantes, s'il eût eu le coloris plus
doux et plus suave, l'exécution plus franche et plus déliée,
il aurait au moins égalé les meilleurs peintres de l'Andalousie, qui ont souvent sacrifié l'exactitude de la forme à l'é-
clat de la couleur. Pacheco mettait dans la préparation de
ses ouvrages un soin minutieux. Pendant quarante ans
d'exercice, il n'oublia jamais de faire précéder par deux
ou trois dessins d'étude l'exécution d'un tableau : il peignait
d'abord les têtes à part, et d'après nature ; il dessinait
aussi sur papier de couleur, et toujours d'après nature, les
bras, les mains, les jambes, toutes les parties de nu dont
il avait besoin, puis les étoffes, les vêtements, qu'il dispo-
sait sur le mannequin ; et de tous ces fragments préparés ,
il formait ensuite la composition générale.

Son ouvrage le plus important est le livre intitulé : *Arte de la Pintura*, qu'il écrivit vers la fin de sa vie, et qui renferme, en effet, toutes les connaissances que peuvent donner sur la matière une longue étude et une longue expérience. C'est un ouvrage resté longtemps élémentaire, classique, et considéré par les Espagnols comme le meilleur du genre écrit dans leur langue. Il contient, outre les leçons de l'art, beaucoup de détails intéressants sur ceux qui l'ont exercé et sur les œuvres qu'il a produites. On croit que plusieurs jésuites, amis de Pacheco, l'ont aidé de leurs conseils et même de leur plume pour l'achèvement de ce livre ; on leur attribue, entre autres, le traité sur les peintures sacrées.

Pacheco ne traita point seulement, dans ses écrits, de l'art qu'il professait ; il était érudit en toute matière. Ainsi, lors de la querelle élevée sur la question de savoir s'il ne fallait pas faire de sainte Thérèse de Jésus la seconde patrone (*la compatrona*) de l'Espagne, Pacheco écrivit une savante dissertation théologique contre celle de Quevedo, qui tenait pour le patronage unique de saint Jacques. On a également conservé de lui plusieurs pièces de poésie, entre autres quelques épigrammes assez piquantes qui ont été recueillies dans le *Parnaso español*. Ce fut enfin Pacheco qui rassembla et publia pour la première fois à Madrid, en 1609, avec un portrait gravé par Pedro Perret, les œuvres du grand poëte lyrique Don Fernando de Herrera, que les Espagnols, un peu prodigues d'appellations louangeuses, ont surnommé le *divin*, mais duquel il s'est peu

fallu qu'ils ne laissassent périr la mémoire ; car on ne sait ni
la date de sa naissance, ni celle de sa mort, ni aucune particularité de sa vie, et ce qui reste de ses œuvres fut trouvé
par fragments dans les portefeuilles de ses amis. Pacheco
conserve la gloire d'en avoir doté leur commune patrie.

TOLEDO. — FRANCISQUITO.

Nous avons terminé les douze notices particulières annoncées dans l'introduction, et nous allons entrer dans les cinq classes intitulées *école de Valence, école de Tolède, école de Séville, école de Madrid* et *étrangers peintres en Espagne.* Tous les artistes dont il reste à parler pourront entrer dans l'une de ces catégories. Il en est deux cependant pour lesquels il aurait fallu faire une classe à part, qu'on aurait appelée : *Espagnols peintres hors de l'Espagne,* parce qu'ils résidèrent peu dans leur patrie, et surtout parce qu'ils se firent élèves, imitateurs de maîtres étrangers : ce sont le capitaine Toledo et Francisquito. Nous dirons d'abord quelques mots de l'un et de l'autre.

Juan de Toledo, né, en 1611, dans la ville de Lorca,
reçut d'abord de son père, Miguel de Toledo, les premières notions de la peinture; puis, lorsqu'il commençait
à faire quelques progrès, il alla s'engager comme soldat
dans un des *tercios* qui tenaient garnison en Italie. Une
bonne conduite, des actions d'éclat, l'élevèrent jusqu'au
grade, plus important qu'à notre époque, de capitaine de
cavalerie. Ce fut alors qu'emporté par un retour d'affection
pour l'art qu'il avait cultivé dans sa jeunesse, il quitta la
carrière des armes, et déposa l'épée pour reprendre le pinceau. Il fut poussé à cette résolution par Michel-Ange Cerqüozzi, appelé communément Michel-Ange des Batailles,
qu'il avait connu à Rome, et avec lequel il s'était lié d'une
étroite amitié. Celui-ci, comme le prouve assez la nature
de ses œuvres, aimait beaucoup les gens de guerre, et surtout les Espagnols, dont il avait adopté jusqu'au costume.
Il trouvait dans le capitaine Toledo, dans ses récits, dans
ses connaissances militaires, tout ce qu'il pouvait désirer
pour bien exécuter ses sujets de prédilection. Toledo, de
son côté, trouvait dans l'Italien un excellent maître de
peinture, qui lui donnait des leçons avec beaucoup de
complaisance et de soin. Cette espèce d'association, d'é-
change de bons offices, dura entre eux quelques années.
Mais dès que Toledo eut appris de son maître tout ce que
celui-ci pouvait lui montrer, lorsqu'il eut bien saisi son
style et sa manière, il céda au désir si naturel de revoir son
pays, et alla s'établir à Grenade.

Là, il peignit pour des particuliers un grand nombre de

petits tableaux de chevalet d'une espèce en quelque sorte
nouvelle en Espagne, qui représentaient des batailles, des
marches de troupes, des marines, et qui lui donnèrent
bientôt un assez grand renom pour lui procurer des commandes d'ouvrages publics. Toledo alla ensuite habiter
Murcie; puis, il se rendit à Madrid, où il se fixa, et où il
mourut en 1665. Outre ses tableaux ordinaires, dans le
genre de son maître, et non moins dignes d'estime que
ceux de Cerqüozzi lui-même, le capitaine Toledo a laissé
plusieurs œuvres de haut style, où l'on remarque, non seulement une facilité singulière dans l'invention et l'arrangement des sujets, mais une belle et solide couleur, ainsi
qu'un emploi très-judicieux du clair-obscur. Telles sont,
par exemple, une grande *Assomption* qu'il fit pour le
collége de la *Santa-Hermandad*, de Murcie, et une
grande *Conception de la Vierge* pour le maître-autel des
religieuses de *Don Juan de Alarcon*, de Madrid.

Il y eut en Espagne deux autres peintres du nom de Juan
de Toledo. Le plus ancien fut choisi, en 1498, pour peindre
avec son maître, Jean de Bourgogne, les fresques du cloître
de la cathédrale de Tolède. Le second, élève de Luis Tristan,
fut nommé peintre du chapitre de la même cathédrale,
en 1641, et mourut en 1645, laissant dans son pays quelques ouvrages estimables.

Quant à Francisquito, bien qu'il soit d'une époque récente, en comparaison des maîtres dont nous avons parlé,
bien qu'il ait paru lorsque l'école espagnole achevait de
s'éteindre, on n'a pu recueillir à son sujet aucun rensei-

gnement positif. Le lieu et l'époque de sa naissance et de sa mort sont restés inconnus. Tout ce qu'on sait de Francisquito, c'est qu'il fut élève de Luca Giordano, lorsque ce maître habitait l'Espagne ; qu'il le suivit à Naples en 1702 ; que, peu de temps après l'avoir perdu, en 1704, il se mit en route pour revenir dans son pays, et qu'une mort précoce le surprit pendant le trajet, privant ainsi l'Espagne du seul homme qui semblait alors pouvoir rendre quelque vie à l'art expirant. Francisquito montrait de si belles dispositions, il avait fait auprès de son maître des progrès si rapides, que Luca Giordano disait de lui : « Ce jeune homme est sorti de meilleure souche que moi; il a plus de génie naturel. »

Comme on n'a recueilli dans aucune collection publique le petit nombre d'ouvrages qu'a pu laisser cet artiste enlevé à la fleur de l'âge, nous sommes forcé, pour faire apprécier le genre de son talent, de mentionner le magnifique paysage, signé de lui, que possède la *Galerie Aguado*. Les peintres de paysages sont si rares en Espagne, que ce doit être un regret plus vif d'avoir perdu celui-là, que s'il eût cultivé toute autre branche de l'art. Le tableau dont nous parlons, loin d'indiquer un élève, semble, au contraire, l'ouvrage d'un maître accompli, consommé, d'un maître qui réunit, dans sa manière, à la sage et savante disposition de Claude Lorrain, le *faire* hardi et vigoureux de Salvator Rosa. Après un pareil début, qu'eussent été les œuvres de son âge mûr ?

ÉCOLE DE VALENCE.

LES DEUX RIBALTA.

Après avoir consacré un article spécial à Juan de Joanès, le véritable fondateur de l'école valencienne, celui qui fut comme un intermédiaire entre l'Italie et l'Espagne, comme le lien qui rattache Rome à Séville; après avoir raconté, dans une autre notice, la vie de Ribera, le plus illustre des artistes sortis de Valence, il ne reste plus guère, dans l'école à laquelle cette ville donna son nom, que les deux Ribalta et les deux Espinosa qui méritent encore d'être mentionnés. Après leur mort, elle se fondit dans les autres écoles, celles de Séville et de Madrid, pour qui elle avait été un précurseur et un guide.

On sait que Francisco Ribalta, père de Juan, naquit à Castellon de la Plana, ville du royaume de Valence, voisine des frontières de Catalogne; mais on n'est point

10

d'accord sur l'année de sa naissance. Palomino, d'après
don Marcos de Orellana, la place en 1551. Mais don
Antonio Ponz lui donne une date postérieure. A la
vérité, en transcrivant l'acte de baptême de Ribalta, il
omet, par un étrange oubli, d'en indiquer l'année;
mais comme il venait de dire que cet acte de baptême est
au folio 192 d'un registre qui va de l'année 1542 à
l'année 1563, et que l'année 1551 ne dépasse pas le
folio 134, il est évident que Ribalta naquit un peu plus
tard.

Fort jeune encore, il alla à Valence et commença ses
études sous un maître dont on n'a point conservé le nom,
mais chez lequel, a croire la tradition du pays, il lui arriva une aventure qui décida de sa vocation, et qui mérite d'être rapportée. Ce maître avait une fille dont le
jeune Francisco devint éperdument épris. Il la demanda
en mariage; mais le père refusa de consentir à cette union,
ne trouvant pas que Ribalta fût assez avancé dans son art.
Alors la jeune fille engagea son amant à se rendre en Italie,
lui promettant d'attendre trois ou quatre ans son retour,
et de lui donner ainsi tout le temps nécessaire pour perfectionner son talent. Ribalta partit, et, soutenu par l'a-
mour qui lui montrait le prix de ses études, il travailla
assidûment sous la direction des Carrache, copiant d'ailleurs avec succès les œuvres de Raphaël et de Sébastien del
Piombo qu'il affectionnait par dessus tous les maîtres.
Avant l'expiration du terme, Ribalta fut de retour à Valence. Il se rendit aussitôt chez sa bien-aimée, et, trouvant

dans l'atelier du père, qui venait de s'absenter, une toile
sur un chevalet, à peine esquissée, il saisit une palette,
des pinceaux, et termina le tableau avec une merveilleuse
promptitude. La surprise du père fut grande au retour,
quand il vit son tableau achevé, et de main de maitre :
« Par le Christ ! dit-il à sa fille, c'est à celui-là que je te
marierais volontiers, et non avec ce triste apprenti de Ribalta.—Eh bien, c'est Ribalta lui-même, » répondit la fille,
pleine d'orgueil et de joie. Le mariage fut bientôt conclu.
Cette aventure fit du bruit, et mit en vogue le jeune peintre, auquel l'archevêque don Juan de Ribera prit intérêt,
et qui fut comblé de commandes pour toutes les villes de
la province.

De cette union romanesque naquit, en 1597, Juan
Ribalta, lequel, dès ses plus tendres années, devint le
meilleur élève de son père, qui avait été pourtant le premier maître du grand Ribera. Son génie fut si précoce et
si bien dirigé, qu'à l'âge de dix-huit ans, il acheva le grand
et magnifique tableau de la *Mise en Croix*, qui fut placé
dans la première chapelle à gauche de l'église du couvent
de *San-Miguel de los Reyes*, hors des murs de Valence.
Ce fait ne serait pas croyable s'il n'était attesté dans le tableau même, qui porte l'inscription suivante : *Joannes
Ribalta pingebat et invenit 18 œtatis suœ, anno 1615.*
Depuis ce moment, le père et le fils, devenus égaux,
travaillèrent d'un commun accord, et avec une si parfaite
ressemblance de manière qu'il est fort difficile de distinguer entre leurs œuvres. A Valence, on se contente habi-

tuellement de dire, en parlant d'un tableau : C'est des
Ribalta (*es de los Ribaltas*), sans pousser plus loin la
vérification. Cependant les experts savent les reconnaître.
Chez Francisco, les contours sont un peu plus durement arrêtés, et la couleur, quoique toujours de bonne pâte et sans
afféterie, a quelquefois plus de sécheresse. Juan manie la
brosse d'une façon plus déliée, plus cavalière ; on sent un
peu, entre le père et le fils, la différence qui sépare le XVIe
et le XVIIe siècle. Du reste, tous deux sont également remarquables par un grand style, par la noblesse des caractères et des attitudes, enfin par une connaissance profonde
du dessin anatomique.

Francisco Ribalta mourut à Valence le 14 janvier 1628,
dans un âge très-avancé, et Juan, désolé de cette perte,
ne lui survécut pas plus de quelques mois. Il fut enterré,
à côté de son père, dans l'église de *San-Juan del Mer-
cado*, le 10 octobre de la même année 1628. Il n'avait
que trente-un ans, et commençait à peine une carrière
où ses premiers pas avaient été si fermes et si rapides.
Également célèbre et laborieux, Francisco Ribalta fut dans
le royaume de Valence ce que Murillo devint plus tard en
Andalousie. Ses ouvrages, très-nombreux, remplirent les
églises et les couvents de toute la province. On comptait
douze tableaux de sa main dans le seul monastère de *Santo-
Domingo* à Valence. Outre Ribera et son fils, il laissa plusieurs élèves estimables, entre autres Castañeda et Bausá,
qui l'imitèrent à ce point que l'on confond quelquefois
leurs œuvres avec les siennes; et lorsque Vincenzo Car-

ducci vint l'étudier à Valence, il ne crut pas déroger en copiant pour les religieuses de la *Carbonera* de Madrid la la grande *Cène* que Ribalta avait peinte pour le collége de *Corpus-Christi*.

Parmi les ouvrages de Juan de Ribalta, on cite une collection de portraits de tous les hommes célèbres du pays de Valence. Cette collection, qu'il ne put achever, et qui contient seulement trente-un portraits, lui fut commandée par don Diego de Vich, lequel la laissa par testament à la bibliothèque du couvent de la *Murta de San-Geronimo*. On y trouvait le moraliste Luis Vivès, le poëte catalan Ausias March, Gaspar de Aguilar, traducteur de Virgile, don Guillen de Castro, auteur original du *Cid*, le *maestro de capilla* Juan Bautista Comès, les bienheureux saint Louis Bertrand, saint Vincent Ferrer, saint François de Borja, les papes Calixte III et Alexandre VI, etc. Juan de Ribalta cultivait aussi les lettres. En 1620, il concourut par une pièce de vers aux fêtes que donna Valence pour la canonisation de saint Thomas de Villanueva, et gagna l'un des prix, qui consistait en une paire de bas de soie; ce qui fit dire à don Gaspar de Aguilar, dans une satire qu'il composa sur ce sujet :

> Por ser la primera vez,
> Llevará Juan de Ribalta
> Las medias, aunque merece
> Mas que enteras alabanzas (1).

(1) Pour comprendre la traduction de ce quatrain, il faut savoir que le mot *medias* signifie *bas* et *demies*. « Parce que c'est la première fois, Juan de Ribalta gagnera les bas (les demies), bien qu'il mérite plus que d'entières « louanges. »

RODRIGUEZ DE ESPINOSA

ET

GERONIMO DE ESPINOSA.

C'est à Valladolid que naquit, le 17 avril 1562, Geronimo Rodriguez de Espinosa. Il y apprit même les éléments de la peinture; mais s'étant marié, en 1596, avec Aldonza Lléo, dans le bourg de Concentayna, du royaume de Valence, il alla s'établir dans la capitale de la province, où il mourut en 1630, après y avoir exercé honorablement sa profession. L'on a conservé deux tableaux sur bois qui formaient l'ancien retable de la paroisse de Concentayna, et qui avaient été donnés à cette église par Rodriguez de Espinosa, comme le constate une inscription latine placée au bas de l'un de ces tableaux, représentant saint Sébastien et saint Roch. L'inscription du second tableau,

où sont peints saint Laurent et saint Hippolyte, est ainsi
conçue : *Die 10 maii, anno 1600, senatus populusque
contestaneus voto se adstrinsit celebraturum diem so-
lemnem beati Hippolyti, sibique in patronum sorte as-
sumpsit.* N'est-il pas curieux de voir un alcalde de village
et quelques paysans réunis en *concejo*, au sortir de la
messe, s'appeler fièrement *senatus populusque*, comme
le patriciat et les curies de Rome promulguant un plébiscite
qui doit régir l'univers?

C'est le fils du donateur de ces tableaux qui a rendu
célèbre le nom d'Espinosa. Il naquit à Concentayna le 20
juillet 1600, et reçut les prénoms de Jacinto Geronimo.
Elève de son père, il paraît, d'après une tradition admise à
Valence, qu'il prit aussi les leçons de Francisco Ribalta.
On croit même qu'il alla étudier quelque temps en Italie,
dans l'école bolonaise. Sa vie, qui fut longue, puisqu'il ne
mourut qu'en 1680, n'offre aucune particularité digne de
mention; elle s'écoula dans la retraite et le travail. Valence se
glorifie avec raison d'avoir conservé presque toutes les œuvres
de ce grand et laborieux artiste. Cean-Bermudez a compté et
désigné par leurs noms, dans les églises et les couvents de
cette seule ville, jusqu'à près de cinquante tableaux religieux
dus au pinceau d'Espinosa, dont la plupart sont importants par la dimension et le sujet. Il y en a vingt ou trente
du même peintre dans les autres villes de la province, et
on lui en attribue d'autres encore, mais qui paraissent être
de son fils Miguel Geronimo, lequel imita sa manière, sans
l'égaler.

Tous ces ouvrages de Jacinto Geronimo de Espinosa se recommandent par la gravité du style, par un dessin hardi et correct, par un clair-obscur vigoureux, par des figures pleines de grâce, et des expressions pleines de noblesse. Ses toiles les plus célèbres, telles que la *Communion de la Madeleine*, la *Mort de saint Louis Bertrand*, une *Transfiguration*, etc., peuvent dignement soutenir le parallèle avec les plus belles œuvres des Lombards. Il n'a manqué à la gloire d'Espinosa que l'occasion de répandre les siennes en Europe.

Valence perdit avec lui le dernier des artistes illustres, honneur de son école. Esteban March, qui se distingua, de même que le capitaine Toledo, dans la peinture des batailles, et qui, pour échauffer son imagination, s'escrimait, dit-on, à grands coups d'épée contre les murailles comme un autre Don Quichotte, naquit, à la vérité, à Valence, et y mourut en 1660; mais, élève d'Orrente, lui-même imitateur du Bassan, il appartient plutôt par son maître aux écoles de Venise et de Tolède.

Il est pourtant juste de citer, parmi les maîtres de l'école de Valence qui ont laissé dans cette province d'estimables ouvrages, d'abord le *bienheureux* Nicolas Factor, moine franciscain, né à Valence en 1520, mort en 1583 et canonisé par le pape Pie VI, en 1786; puis Francisco Zariñena, élève de Ribalta le père, ainsi que ses deux fils Cristoval et Juan Zariñena. Cristoval surtout, mort en 1622, s'est fait remarquer par une savante et heureuse imitation de Titien. Il faut citer aussi Luciano et Vicente Salvador-

Gomez, élèves distingués d'Espinosa; enfin Don Vicente Victoria, né à Valence en 1658, mort à Rome en 1712, et que l'on appelait un second Céspedès, à cause de sa vaste érudition.

ÉCOLE DE TOLEDE.

BLAS DE PRADO.

Il règne une grande incertitude sur la vie, sur les études et même sur les ouvrages de Blas de Prado. On convient qu'il est né à Tolède, mais sans pouvoir fixer, même approximativement, en quelle année; et Palomino le fait mourir en 1557, tandis que les archives de la cathédrale mentionnent des ouvrages qui lui furent commandés dans les années 1586, 1590, 1591 et 1593. Depuis lors, on ne trouve plus aucune trace de son existence, et l'on ne sait ni où ni quand il mourut. D'une autre part, Palomino le fait élève de Berruguete, tandis que Cean-Bermudez lui donne pour maître un ancien professeur de Tolède, Francisco de Comontés. Enfin, Palomino lui attribue une

Vierge, un *saint Antoine*, un *saint Blaise*, un *Chevalier armé*, un *saint Côme* et un *saint Damien* qui sont dans le cloître de la cathédrale à Tolède, et don Antonio Ponz une très-belle *Incarnation* placée sur la porte de l'église, tandis que les archives de cette cathédrale constatent que ces divers tableaux furent peints par Luis de Velasco, en 1584, sur l'ordre du cardinal Quiroga. A Madrid, même méprise; deux peintures sur bois et une à fresque, dans la chapelle *del Obispo*, contiguë à la paroisse de *San-Andrés*, sont attribuées à Blas de Prado, et les archives de cette chapelle fournissent la preuve qu'elles sont de la main de Juan de Villoldo, qui les peignit en 1548.

Il n'y a, dans la vie de Blas de Prado, qu'un seul événement sur lequel les biographes semblent d'accord. C'est qu'un empereur de Maroc ayant prié Philippe II de lui envoyer un peintre habile, le roi d'Espagne désigna Blas de Prado, qui se rendit, en effet, à la cour du monarque musulman, où il fit un long séjour. Il obtint les bonnes grâces de l'empereur en exécutant avec succès un portrait de sa fille; il revint longtemps après en Espagne, comblé de richesses, et si habitué aux usages de l'Afrique qu'il dinait couché par terre sur des coussins.

Quant à ses ouvrages, il y a, à Tolède, un *saint Blaise*, entouré des évangélistes, un *saint Antoine abbé* et une *Présentation au Temple*, à Guadalupe, une *Sainte Famille*, à Madrid, une *Descente de Croix*, une autre *Sainte Famille* et une *sainte Catherine* à mi-corps, qui sont bien de Blas de Prado, et où l'on peut étudier la manière de cet

ancien maître. Une grande correction de dessin, et la noblesse des formes jointe à la simplicité de la composition,
lui assignent un rang honorable parmi les peintres espagnols
de la seconde moitié du XVI⁰ siècle. Il peignit également
les fruits et les fleurs avec beaucoup de goût et de naturel.
C'est au moins ce que dit Pacheco, qui put voir dans sa
jeunesse quelques œuvres de Blas de Prado, lorsque celui-ci
traversa Séville pour se rendre à Maroc.

SANCHEZ COTAN.

———

Fray Juan Sanchez Cotan naquit, en 1561, dans la petite ville d'Alcazar de San-Juan, où s'étaient établis ses
parents, Bartolomé Sanchez Cotan et Ana de Quiñonès,
tous deux natifs d'Orgaz. Son penchant naturel pour la
peinture le conduisit, fort jeune encore, à Tolède, qui était
alors, en Espagne, la meilleure école de beaux-arts, et,
comme on l'appelait à cette époque, le *théâtre du bon
goût.* Il se mit sous la direction de Blas de Prado, et devint promptement son meilleur élève, surtout pour la
peinture des fleurs, où ce maître excellait. Une dévotion
exaltée, le goût de la solitude, et même l'application à son
art, décidèrent Sanchez Cotan à embrasser la vie monas-

tique. Après le noviciat ordinaire, il fit profession dans la chartreuse *del Paular*, le 8 septembre 1604.

Depuis ce jour, cultivant la peinture dans tous les moments que lui laissaient libres les devoirs assez durs de son institut, Fray Juan changea naturellement de manière, et se voua à traiter exclusivement les sujets sacrés. Outre les ouvrages assez nombreux dont il orna l'église et le cloître de son couvent, entre autres quatre tableaux de *la Passion*, une *Vierge aux Douleurs*, une *sainte Anne*, un *saint Bruno*, etc., il avait peint, pour les cellules des moines ses confrères, une grande quantité de petites *Vierges*, toutes d'une beauté charmante, et toutes couronnées de fleurs, car il aimait à se rappeler ses premières études.

De la chartreuse *del Paular*, Fray Juan Sanchez Cotan passa à celle de Grenade, où il se trouvait établi en 1612, et, sauf un petit voyage fait vers cette époque dans sa ville natale, pour pacifier des querelles survenues dans sa famille, il ne quitta plus la cellule qui lui servait d'atelier. Elle était devenue le rendez-vous de la communauté tout entière. Serviable, bienveillant, instruit dans tous les arts, aussi bien de la mécanique que du dessin, Sanchez Cotan se rendait utile de mille manières. Non-seulement il enrichit sa nouvelle demeure, comme la précédente, d'une foule de tableaux, puisque l'on en compta jusqu'à trente-neuf de sa main, dans les diverses chapelles, le cloître, la sacristie et le réfectoire, mais encore il se chargeait d'entretenir les ornements du culte, de régler les horloges, de fabriquer des réveille-matin, et même de réparer les con-

11

duites d'eau. Il mourut le 8 septembre 1627, laissant dans son monastère, où il fut longtemps vénéré, la réputation d'un saint. On y affirmait que, quoiqu'il n'eût fait ses vœux qu'après l'âge de quarante ans, il avait conservé toute sa vie la grâce baptismale, c'est-à-dire, qu'il avait vécu dans une virginité volontaire, comme on le croit de Michel-Ange, de Newton, de Kant et de Beethoven.

Parmi les œuvres de Fray Juan Sanchez Cotan, demeurées jusqu'à notre époque dans la chartreuse de Grenade, on cite quatre autres tableaux de *la Passion* et une autre *Vie de saint Bruno*, également en quatre toiles, une *Fuite en Égypte*, un *Baptême du Christ*, une *Vision de saint Hugues*, et surtout une *Cène*, et une *Vierge au Rosaire*, où le peintre a placé son portrait. Tous ces ouvrages ont une analogie remarquable avec le caractère et les occupations de leur auteur; ils respirent le calme, la paix, la dévotion. Les attitudes des personnages sont simples et recueillies, les expressions de têtes tranquilles et bienveillantes, le coloris même est doux et timide. On raconte que Vincenzo Carducci, ayant fait le voyage de Grenade dans le désir de connaître Sanchez Cotan, dont il estimait beaucoup le talent d'artiste, le reconnut et le désigna au milieu de la communauté rassemblée, seulement par le rapport qu'il découvrit entre le visage, le maintien du peintre et le style de ses œuvres. Au reste, Carducci en imita quelques-unes dans les peintures qu'il fit ensuite pour la chartreuse *del Paular*, comme il avait imité Ribalta, après la visite qu'il lui rendit à Valence.

MAYNO.

———

En Italie, et surtout au commencement de la grande époque, on avait vu plusieurs hommes cultiver l'art dans les cloîtres, et se faire moines sans cesser d'être peintres. Tels furent Fra Angelico, Fra Bartolomeo, Fra Sebastiano del Piombo, etc. En Espagne aussi, quelques hommes partagèrent leur vie entre les pratiques religieuses et la culture des beaux-arts. Nous avons cité déjà Alonzo Cano et Céspedès, qui furent tous deux chanoines dans de riches cathédrales, et prenant leur part, leur *ration*, comme disent les Espagnols, dans les gros revenus d'un chapitre bien rénté; nous venons aussi de citer Sanchez Cotan, d'une piété plus modeste ou plus rigide, et se faisant simple chartreux. Voici encore un peintre devenu moine.

Fray Juan Bautista Mayno, duquel on ne sait ni le lieu, ni précisément la date de la naissance, était un des meilleurs disciples du *Greco*, de cet artiste bizarre dont les leçons valaient mieux que les œuvres. Mayno jouissait d'un grand crédit à Tolède au commencement du XVII° siècle, car, en l'année 1611, on lui commanda deux tableaux importants pour le cloître de la cathédrale, l'*Histoire de saint Ildephonse* et une *Circoncision*. Il n'exécuta que le dernier. Ce fut probablement vers la même époque qu'il entra dans l'ordre des Dominicains. Il habita d'abord l'un des couvents de cet ordre à Tolède, celui de *San-Pedro Mártir*. Bientôt la renommée de sa vertu, jointe à celle de son talent, le fit choisir pour maître de peinture de Philippe IV, qui n'était encore que prince des Asturies. Devenu roi, Philippe garda son maître à ses côtés, et, loin de se montrer jaloux, Mayno se fit volontiers protecteur des autres peintres qu'il recommandait à l'attention et aux faveurs de son royal élève. Ce fut lui, par exemple, qui commença la fortune d'Alonzo Cano, en conduisant Philippe IV dans l'église de *Santa-Maria de la Almudena*, pour lui faire voir et admirer le tableau du *Miracle de saint Isidore* que venait d'y exposer le jeune peintre de Grenade. Mayno mourut dans le collège de *Santo-Tomas* à Madrid, le 1er avril 1649, âgé d'environ quatre-vingts ans.

Son style est une habile imitation de l'École vénitienne, et principalement de Paul Véronèse. Il sut donner tou-

jours à ses personnages des mouvements naturels et gracieux , ce qui fit dire à Lope de Vega, dans son *Laurel
de Apolo* :

> Juan Bautista Mayno
> A quien el arte debe
> Aquella accion que las figuras mueve (1).

Ses principaux ouvrages sont restés dans l'église de *San-
Pedro Mártir* à Tolède. Mais le musée de Madrid possède
de ce maître une vaste *Allégorie*, représentant la reprise
d'une province de Flandres par le comte-duc d'Olivarès,
dont les détails sont d'une grande beauté.

(1) « Juan Bautista Mayno à qui l'art doit cette action qui fait mouvoir les
figures »

ORRENTE.

C'est la petite ville de Monte-Alegre, dans le royaume
de Murcie, qui fut le berceau de Pedro Orrente. Il y naquit
un peu après la moitié du XVIe siècle. Palomino le fait
élève du Bassan; c'est une erreur, d'abord parce qu'à l'époque de la mort du Bassan, Orrente devait être encore dans
l'enfance : ensuite parce que Lazaro Diaz del Valle, qui le
connut personnellement, se borne à dire qu'il imita le
Bassan dans quelques tableaux. Cela, du moins, est vrai-
semblable, car les œuvres de ce dernier maître étaient alors
fort connues et fort appréciées en Espagne. Ce qui rattache Pedro Orrente à l'école de Tolède, où il passa plusieurs
années de sa jeunesse, c'est qu'on le croit élève du *Greco*.

Cean-Bermudez rapporte cette opinion, et la partage. Ce n'est pas à dire que leur manière se ressemble de tous points, car on sait que le *Greco* était, par manie, un peintre tout *excentrique*; mais la manière d'Orrente ressemble beaucoup à celle des bons élèves du *Greco*, tels que Mayno et Tristan. Il y a là preuve suffisante.

Ce fut d'ailleurs à Tolède qu'Orrente commença ses grands travaux. Les archives du chapitre de la cathédrale constatent qu'en l'année 1611 il fut chargé, à la place de Fray Juan Bautista Mayno, de peindre, pour la sacristie neuve, le grand tableau de l'*Histoire de saint Ildephonse*. Voici le jugement qu'en porta le Vago : « On remarque » dans cet ouvrage une telle franchise de tons, tant d'énergie » dans les attitudes, un si habile maniement du pinceau, » qu'un semblable travail semble incomparable. »

Orrente habita successivement plusieurs villes d'Espagne. En quittant Tolède, il retourna d'abord à Murcie, où il fut nommé familier du Saint-Office, et où il exécuta plusieurs grands ouvrages, entre autres les huit tableaux sur l'*Histoire de la Genèse*, qui furent *substitués* (vinculados) dans le majorat des vicomtes de Huertas. Ils sont marqués du chiffre ₚ. ₒ. De là, Orrente se rendit à Valence, et y peignit, en 1616, pour la cathédrale, un célèbre *saint Sébastien*, qui lui donna grand renom parmi les professeurs de l'École valencienne. Il eut pour élèves, dans cette ville, Pablo Pontons, qui l'imita complétement, et Esteban March, le peintre de batailles. Orrente alla en-

suite à Cuenca, où il résida quelque temps, et se rendit
enfin à Madrid. Plusieurs tableaux qu'il peignit pour le
palais du Bucnretiro eurent un succès mérité, et lui donnèrent, dans la capitale, la réputation qu'il s'était acquise
à Tolède et à Valence. On croit qu'emporté toujours par
son désir de voyages et de changements, il fit également un
séjour de quelque durée à Séville, où se trouvent, en
effet, plusieurs ouvrages de sa main, et qu'il y connut
Francisco Pacheco, qui parle de lui assez longuement.
Orrente revint enfin se fixer à Tolède, et y mourut, très-
vieux, en 1644. Il fut enterré, comme le *Greco*, dans la
paroisse de *San-Bartolomé*.

Il y a dans la peinture d'Orrente beaucoup d'originalité
et de caprice. Sûr de l'effet général, il mettait peu de soin
à terminer les détails; mais cependant cette négligence
d'un fini minutieux n'allait jamais jusqu'à manquer à
l'exactitude du dessin. C'est dans la force du clair-obscur
qu'il cherchait principalement l'effet, et il affectionnait les
teintes rougeâtres et dorées de l'École vénitienne. On a remarqué son habileté et sa grâce à peindre les animaux;
aussi choisissait-il de préférence ses sujets dans la Genèse
et les vieux prophètes.

LUIS TRISTAN.

———

S'il fallait choisir parmi les différents peintres sortis de l'École de Tolède, c'est à Luis Tristan que nous donnerions, sans hésiter, la préférence; et nous n'aurions, pour la justifier, qu'à citer l'exemple de Velazquez qui, après avoir quitté Herrera-le-Vieux pour Pacheco, quitta celui-ci pour Tristan, et changea sa première manière dure et sèche, pour adopter ce large et grand style qu'il ne quitta plus, dès qu'il vit les œuvres du maître tolédain. Cela seul est un suffisant éloge.

Luis Tristan est né, vers 1586, dans un village voisin de Tolède. On ne sait pas quels étaient ses parents. Il fut, comme Mayno et Orrente, élève du *Greco*, et son élève

chéri. C'est lui que le *Greco* citait avec orgueil, c'est à lui
qu'il cédait de préférence les travaux que d'autres occupations ou son âge avancé ne lui permettaient pas d'exécuter
lui-même. Mais Tristan montra, dès sa plus tendre jeunesse, un tact assez sûr, assez délicat, pour adopter les qualités de son maître, et pour éviter ses défauts. Il se trouva
chargé, de très-bonne heure, d'ouvrages importants, et
son début fut remarquable par plusieurs circonstances.
Les moines hiéronymites du couvent de la *Sisla*, qui est
hors des murs de Tolède, ayant demandé au *Greco* de leur
peindre une *Cène* pour le réfectoire de la maison, il s'ex-
cusa sur son grand âge d'entreprendre un si long travail,
et leur conseilla de choisir, parmi tous les autres peintres,
le jeune Tristan son élève. En effet, celui-ci termina avec
célérité un vaste tableau qui obtint les suffrages de la communauté tout entière. Mais, quand il fallut en acquitter
le prix, et que le peintre demanda 200 ducats, les moines
se récrièrent, considérant son extrême jeunesse, et envoyèrent chercher le *Greco* dans un carrosse pour qu'il
vînt taxer l'œuvre de l'élève qu'il avait désigné. Après l'a-
voir examiné attentivement, le *Greco* entra en fureur, et,
levant sa béquille, il se jeta sur Tristan, qu'il appelait po-
lisson, vaurien et déshonneur de la peinture. Les bons
pères, pour le calmer, lui représentèrent qu'il était bien
jeune, et que sans doute il ne savait pas ce qu'il avait demandé. « C'est bien cela que je lui reproche, s'écria le
» *Greco*; il ne sait pas ce qu'il a demandé; car, si vous ne
» lui donnez 500 ducats, qu'il roule sa toile, et l'apporte

» chez moi. » Après une telle réponse, les moines n'eurent plus qu'à payer, sans marchander davantage.

Ce fut vers l'année 1616, lorsqu'il avait environ trente
ans, que Luis Tristan peignit les célèbres tableaux du
maître-autel de la paroisse de Yepès, qui passent, dans
leur ensemble, pour son plus bel ouvrage. Ces tableaux
représentent *la Nativité*, *l'Adoration des Mages*, *le
Christ à la colonne*, *le Christ portant la croix*, *la Résurrection* et *l'Ascension*. La cathédrale et presque toutes
les églises ou chapelles de Tolède possèdent aussi des ouvrages de Tristan. Le musée de Madrid n'a rien de ce
maître; mais on pouvait voir, dans cette capitale, à l'é-
poque où parut le livre de Cean-Bermudez (1800), un
Moïse au rocher, un *Enfant Jésus au milieu des Docteurs*, et une *Trinité*, qui se trouvaient alors en la possession de don Nicolas de Vargas, de don Pedro Roca et de
Cean-Bermudez lui-même.

A une parfaite correction de dessin, à la clarté et à la
vigueur des conceptions, Tristan réunit un coloris plein de
charme, et surtout une admirable finesse de teintes. C'est
à cette qualité précieuse qu'il dut principalement la préférence que lui donna Velazquez sur tous les peintres espagnols ou italiens dont il avait à faire choix pour ses études.

Luis Tristan mourut à Tolède, non pas en 1649, comme
dit Palomino, mais en 1640, âgé d'environ cinquante-
quatre ans. C'est ce qu'affirme, en pleine connaissance de
cause, son ami don Lazaro Diaz del Valle. S'il fut le premier peintre de son École par le mérite, il en fut aussi le

dernier par la date. Le bourg de Madrid, devenu capitale
de la monarchie par un faux calcul de Philippe II, dut naturellement recueillir cet héritage de la vieille capitale des
Goths, et, prenant à Tolède jusqu'à son école de peinture
pour en former la sienne, ne lui laissa d'autre suprématie
que celle de sa cathédrale et de son archevêque-primat.

ÉCOLE DE SÉVILLE.

LUIS DE VARGAS.

———

L'École andalouse, qui comprend celles de Séville, de Grenade, de Cordoue et de Murcie, mais que d'habitude on appelle simplement École de Séville, est assurément la plus riche et la plus importante des quatre Écoles de l'Espagne, celle qui a produit le plus de peintres et les meilleurs, celle enfin qui peut lutter hardiment, par le nombre et le mérite des œuvres sorties de son sein, avec Rome, Florence, Venise, Anvers et Paris. Toutefois, ce n'est pas dans cet article, bien qu'il lui soit spécialement consacré, que peuvent se montrer toute sa grandeur et tout son éclat. Il faut se rappeler que, sur les douze *notices* particulières qui ont précédé les notices groupées par écoles, six appar-

tiennent à celle de Séville, et que nous avons déjà mentionné séparément Velazquez, Murillo, Alonzo Cano,
Zurbaran, Céspedès et Pacheco. Assez de lustre, assez de
gloire s'attache à ces grands noms, pour qu'on soit moins
exigeant à l'égard de ceux qui restent à citer.

Luis de Vargas, le plus ancien des grands peintres andaloux, eut l'honneur insigne d'apporter et d'établir le premier dans sa patrie la véritable manière de peindre à l'huile
et à fresque. Ce fut lui qui y substitua l'art de renaissance
à l'art gothique. Né à Séville, en 1502, et voué dès sa jeunesse à la peinture, il fit ses premières études, suivant l'u-
sage du temps, en peignant sur la serge; mais à peine eut-
il connaissance du style et des procédés nouveaux adoptés
par l'École de Raphaël, qu'il partit pour Rome, conduit
par la curiosité et par l'admiration. La grande ressemblance
qu'on observe entre sa manière et celle de Perin del Vaga
ne permet pas de douter qu'il n'ait choisi pour maître cet
excellent élève du *divin* chef de l'École romaine. Palomino
suppose qu'après un premier séjour de sept ans en Italie,
Vargas revint à Séville; mais qu'y trouvant Pedro Campaña et Antonio Florès (ce dernier n'a jamais existé), tous
deux plus habiles que lui, il retourna à Rome passer encore une période de sept ans, semblable ainsi, dit le bio-
graphe, à un nouveau Jacob faisant de la peinture sa Ra-
chel. Mais cette opinion, que Palomino n'avance d'ailleurs
qu'avec timidité, est formellement contredite par le témoignage de Pacheco, qui avait pu connaître, enfant,
Vargas vieillard, et qui affirme que ce maître consacra

vingt-huit années consécutives à ses études en Italie.

Ce qui rend cette opinion très-vraisemblable, c'est que
le premier ouvrage peint par Vargas à son retour est une
Nativité, placée dans la cathédrale près de la porte de San-
Miguel, et signée de ces mots : *Tunc discebam Luisius
de Vargas*. Or, les archives de la cathédrale constatent que
ce tableau fut peint en 1555, ce qui donne à son auteur
l'âge de cinquante-trois ans.

Une fois établi à Séville, il consacra tout à fait à sa patrie les précieuses connaissances et le talent accompli qu'il
rapportait de Rome. Malheureusement, la plupart de ses
travaux furent des peintures à fresque, que le temps et plus
encore l'incurie ont dégradées au point qu'il en reste à peine
quelques vestiges. Telle est, entre autres, une célèbre *voie
des Douleurs* (*calle de la Amargura*), qu'il peignit sur
les degrés de l'église *San-Pablo*, en 1563, et que le chapitre
lui paya 136,000 maravedis (un peu plus de 1,000 fr.) (1).
Telle est aussi une *Gloire du jugement dernier*, peinte
dans la cour de la *Casa de misericordia*. On aperçoit encore
distinctement la partie élevée de cette composition, où se
trouvent le Rédempteur, la Vierge et les Apôtres; mais la
partie basse, composée de divers groupes d'élus et de dam-
nés, est effacée complétement. Il ne reste également plus
que des traces imparfaites des apôtres, évangélistes et au-

(1) Trente ans plus tard, en 1594, le peintre portugais Vasco Pereyra,
établi à Séville, fut chargé par le chapitre de réparer cette fresque magnifique, objet de la dévotion générale. C'est là que s'arrêtaient, pour prier, les
gens condamnés à faire amende honorable; aussi la fresque avait pour nom
populaire *el Cristo de los azotados* (les Christ des fouettés).

tres saints que Vargas avait peints dans les niches arabes de
la grande tour de la cathédrale. Il n'acheva ce dernier travail que dans l'année même de sa mort arrivée en 1568.
Ses peintures à l'huile, assez nombreuses, ont été presque
toutes recueillies dans la cathédrale de Séville. On vante
principalement son tableau mystique de la *Génération
temporelle de Jésus*, auquel on a donné le nom italien de
la Gamba. Voici à quelle occasion : Un peintre fameux à
cette époque, Mateo Perez d'Alesio, qui venait d'exposer
un magnifique *saint Christophe*, voyant avec admiration la jambe d'Adam agenouillé au premier plan dans
le tableau de Vargas, lui dit, dans son enthousiasme ·
*Più vale la tua gamba che tutto il mio san Cristo-
foro.*

D'un caractère doux, bienveillant et charitable, souf-
frant avec patience les attaques et les injures de ses rivaux,
Luis de Vargas menait dans son intérieur la vie d'un ana-
chorète. A sa mort, on trouva, dans la chambre où il se re-
tirait pour ses dévotions, des cilices, des fouets, tous les
instruments de pénitence et de macération, même un cer-
cueil, où il se couchait des heures entières pour préparer
son âme à la mort. Cependant Vargas avait le caractère en-
joué et l'esprit disposé aux saillies. Un méchant peintre
lui ayant demandé son avis sur un Christ en croix qu'il
venait d'achever : « C'est bien cela, dit Vargas; il semble
» s'écrier : Pardonne-leur, mon Dieu, car ils ne savent ce
» qu'ils font. »

Pour faire apprécier le talent de ce vieux maître, nous

transcrirons ici l'opinion d'un juge éclairé, Cean-Bermudez :

« Il n'y a rien de plus exact que ses contours, de plus
» grandiose que ses formes, ni de mieux entendu que ses
» raccourcis, car, en ces parties, il surpassa tout ce que
» peignirent depuis les plus renommés de ses compa-
» triotes. Si les tableaux sur bois (*tablas*) de Vargas avaient
» autant d'air ambiant, autant de dégradation dans les lu-
» mières et les teintes, qu'ils ont d'éclat dans le coloris,
» de beau plissé dans les étoffes, de noblesse dans les ex-
» pressions et les attitudes, de grâce dans les têtes et les
» figures, de ponctuelle imitation de la nature dans les ob-
» jets accessoires, il aurait été le meilleur peintre de l'Es-
» pagne, car ses défauts étaient très-communs à cette
» époque, et les plus grands artistes n'en furent pas
» exempts. »

LAS ROELAS.

Voici encore un des plus heureux et des plus illustres propagateurs de l'art italien en Espagne, comme Vargas ou Joanès; voici encore un peintre devenu prêtre, comme Céspedès ou Alonzo Cano. Le licencié Juan de las Roelas, que l'on connaît, parmi les artistes espagnols, sous le nom de l'abbé Roelas (*el clérigo Roélas*), naquit à Séville, en 1558 ou 1560, d'une famille peut-être originaire de Flandre, mais établie dès longtemps en Andalousie, où elle occupait un rang distingué. On le croit fils de Pedro de las Roelas, mort amiral (*general de armada*) en 1566. Après avoir obtenu les licences, on ne sait dans quelle université, Roelas alla étudier la peinture en Italie. Son style démontre

sans réplique qu'il adopta l'École vénitienne; et s'il ne fut
point directement disciple de Titien, mort avant son arrivée
à Venise, il est du moins hors de doute qu'il prit les leçons
de ses meilleurs élèves, et adopta la manière de leur
maître commun.

. On trouve, dans les archives d'Olivarès, qu'en l'année 1603, le licencié Juan de las Roelas était prébendé
dans la chapelle de cette petite ville, qui n'était pas encore élevée au rang de collégiate; Roelas y fut plus tard
nommé chanoine. Ce fut à cette époque qu'il peignit pour
le licencié Alonzo Martin Tentor, trésorier de son chapitre, quatre tableaux, dont les sujets étaient pris dans *la
Vie de la Vierge*, les premiers qu'il exécuta depuis son
retour en Espagne. On trouve encore, dans les mêmes archives, que Roelas cessa de participer aux revenus du chapitre et de toucher sa prébende, depuis 1607 jusqu'à 1624.
C'est qu'en effet, pendant ces dix-sept ans, Roelas, tout occupé de ses travaux d'artiste, habita constamment Séville
et Madrid. On sait enfin qu'en 1616, il alla solliciter à la
cour la place de peintre du roi, vacante par la mort de
Fabricio Castello. La junte appelée *de obras y bosques* le
plaça le premier sur la liste des candidats présentée à Philippe III, avec cette note marginale : « Il y a un an qu'il
» est venu de Séville avec le désir d'être occupé dans cet
» emploi. Son père a servi Votre Majesté plusieurs années.
» Il est très-vertueux et bon peintre. » Cependant la
place fut donnée à un artiste inconnu maintenant, Bartolomé Gonzalez, qui n'était placé que le second sur la

liste, mais sans doute mieux appuyé par les recommandations de cour. Après avoir passé quelques années à Madrid, quoique sans le titre objet de son envie, Roelas revint à Séville, puis, en 1624, à Olivarès, où il reprit son
canonicat et sa rente, sans abandonner toutefois l'usage
de ses pinceaux. Il y mourut peu de temps après, le 23
avril 1625.

Bien que Pacheco reproche assez durement à Roelas d'a-
voir manqué de bienséance et de dignité, parce que, dans
un tableau de *sainte Anne instruisant sa fille*, il avait
figuré sur une table des confitures et d'autres objets domestiques, ou, parce que, dans une *Nativité*, il avait montré
un drap de lit près de l'Enfant-Dieu resté nu, il n'en est
pas moins certain, par le témoignage unanime des connaisseurs jugeant sans prévention et sans rivalité, qu'aucun
peintre andaloux, du moins à son époque, ne connut
mieux que Roelas les règles de la composition, celles du
dessin, la sage et noble observation de la nature, et que
nul enfin n'imita plus heureusement le coloris de la bonne
École vénitienne. Palomino, parlant d'un de ses tableaux,
pourtant de second ordre, qu'il voyait à Madrid, dans une
chapelle de *Nuestra Señora de las mercedes*, et représentant une *Conception de la Vierge* : « Si les figures,
» dit-il, sont petites en quantité, elles sont sans limites
» en perfection; » et Cean-Bermudez, faisant observer
que, pour connaitre le mérite de Roelas, il faut voir les
grandes œuvres qu'il a laissées aux églises de Séville,
ajoute, sans hésiter, qu'elles peuvent rivaliser avec celles

de Tintoret, des Palma, des meilleurs élèves des Carrache,
et que, si les habitants de Séville eussent mis autant de
soin que les Italiens à conserver ces œuvres, à les répandre
par la gravure, Roelas aurait été plus connu, plus célébré
que ses rivaux d'Italie.

Les principales compositions de Roelas, auxquelles Cean-
Bermudez fait allusion en parlant ainsi, sont les suivantes :
dans la cathédrale, le *saint Jacques Mata-moros* secou-
rant les Chrétiens à la bataille de Clavijo, ouvrage plein
de feu, de noblesse, de majesté, où l'on admire, dans les
Sarrazins fuyant sous les coups de l'apôtre, l'arrangement
des groupes, le naturel des attitudes, l'entente des raccourcis; sur le maître-autel de la chapelle des Flamands, dans
le collège de *Santo-Tomas*, le *Martyre de saint André*,
qui semble un magnifique original de Tintoret, par le coloris, par le caractère et la disposition des figures, enfin
même par le *faire* tout spécial des extrémités; dans l'église
de *San-Pedro*, la *Délivrance de saint Pierre*, où ne
frappe pas moins la céleste beauté de l'ange, que la simplicité de la composition et la vigueur du clair-obscur;
dans l'église de l'hospice *del Cardenal*, la *Mort de saint
Herménégilde*, remarquable par la belle et noble exposition du sujet, et par l'effet saisissant de la couleur, surtout
dans une *gloire*, dont les rayons descendent d'en haut pour
illuminer toute la scène; enfin, dans la paroisse de *Santa-
Lucia*, un *Martyre* de la sainte patronne, où se fait admirer le contraste entre l'angélique sérénité de son beau
visage et la rage de ses hideux bourreaux.

Mais l'œuvre de Roelas qui surpasse toutes les autres, est celle qu'il peignit pour le maître-autel de *San-Isidoro*, et qui représente la mort de cet ancien archevêque de Séville. Cette vaste composition, qui couvre le retable tout entier, se divise en deux parties bien distinctes. L'une, dans le ciel, occupe le haut du tableau. Jésus et sa mère apparaissent sur des trônes de nuages, portant des couronnes à la main, et entourés d'un cortége d'anges et de chérubins, dont les uns exécutent un chœur céleste, tandis que les autres répandent des fleurs sur la scène qui se passe au-dessous d'eux, et qui forme la seconde partie. Là, au centre du temple, sur le marbre qui le pave, gît le saint archevêque, la tête penchée, les mains jointes, les yeux au ciel, prêt à rendre son âme au Créateur. Des diacres le soutiennent avec respect, et le clergé l'entoure, plein d'une religieuse tristesse. Ce tableau, dont la composition a été tant de fois imitée par l'École de Séville, n'est pas seulement remarquable dans toutes ses parties, le beau caractère des têtes, les expressions puissantes, le coloris vigoureux, austère et parfaitement approprié au sujet ; il l'est surtout dans son ensemble, plein de grandeur, et où règne une majestueuse simplicité.

Roelas influa sur toute son École ; il compte, parmi ses meilleurs disciples, Francisco Zurbaran, qui changea plus tard de manière pour se frayer une route personnelle, et Francisco Varela, qui resta fidèle imitateur de son maître.

LES CASTILLO.

Trois peintres, tous trois de l'École andalouse et de la même famille, ont porté ce nom : Agustin del Castillo, Juan del Castillo, son frère, et Antonio del Castillo y Saavedra, fils d'Agustin.

Né à Séville, en 1565, Agustin del Castillo fut élève de Luis Fernandez. Dès qu'il fut un peu avancé dans son art, il alla s'établir à Cordoue, où il se maria, et où il mourut en 1626, à soixante et un ans. Il jouit dans cette ville d'une réputation grande et méritée ; mais, plus habile dans la peinture à fresque, et voué presque exclusivement à ce genre, il n'a pu transmettre à notre âge que d'informes vestiges des ouvrages importants que lui avaient commandés le couvent de *San-Pablo*, celui de *San-Francisco* et l'hôpital de la *Consolacion*. Le temps, et plus encore d'ignorantes retouches ont complétement détruit ces ouvrages, dont on peut à peine reconnaître les sujets. Il y a, dans la cathédrale de Cadix, une *Adoration des Mages*, à l'huile, signée de sa main, qui pourra conserver au moins le nom de cet artiste éminent.

Resté plus célèbre que son frère aîné, Juan del Castillo naquit également à Séville, dix-neuf ans plus tard qu'Agustin, en 1584. Il y étudia la peinture, non pas sous Luis de Vargas, comme dit Palomino, puisque ce vieux maître était mort seize ans avant la naissance de Castillo, mais sous le même professeur que son frère, Luis Fernandez. Il a laissé à Séville, entre autres dans le couvent de *Monte-Sion*, plusieurs compositions importantes, qui se recommandent spécialement par la parfaite correction du dessin. Mais le principal titre de Juan del Castillo à la célébrité, c'est qu'il fut le maître de trois grands peintres : de Moya, qui alla ensuite étudier à Londres sous Van-Dyck, d'Alonzo Cano et de Murillo, qui prit ses leçons, tout enfant, avant d'aller à Madrid recevoir celles de Velazquez.

Quand sa réputation fut établie à Séville, Juan del Castillo fit un voyage et un assez long séjour à Grenade. Ce fut alors qu'il décida l'ébéniste Miguel Cano, père d'Alonzo, à venir s'établir à Séville pour que son jeune fils y continuât ses études. Plus tard, Juan del Castillo se rendit à Cadix, où il mourut en 1640.

De ses trois illustres élèves, Alonzo Cano est celui qui

resta le plus fidèle à sa manière, tout en la portant à une perfection bien plus grande. Le meilleur moyen de faire apprécier les ouvrages de Juan del Castillo, comme l'éloge le plus vrai qu'on en puisse faire, c'est de dire qu'ils ressemblent beaucoup à ceux qu'aurait pu produire le pinceau d'Alonzo Cano dans une première manière, avant d'avoir acquis toute l'élévation de son style et toute la délicatesse de sa touche. C'est dire encore, malgré la restriction, que ce sont d'excellents ouvrages.

Antonio del Castillo y Saavedra, fils de l'aîné des deux frères dont il vient d'être parlé, naquit à Cordoue en 1603. Il étudia d'abord sous son père, qui l'amena promptement à son niveau. Mais, à la mort de celui-ci, Antonio se rendit à Séville, avec Josef de Sarabia, pour prendre les leçons de Francisco Zurbaran. Il revint ensuite dans sa patrie, ayant ajouté d'excellents principes à d'heureuses dispositions naturelles.

Antonio del Castillo s'appliqua principalement à la correction du dessin et à l'exacte imitation de la nature. Dans les beaux jours, il parcourait la campagne, dessinait les cabanes de laboureurs, les bœufs, les charrues, tous les instruments de l'agriculture, puis des points de vue copiés fidèlement, et de tout cela composait ensuite des tableaux pleins de charme et de vérité. Cette habitude de tout peindre d'après nature lui avait donné une grande habileté à saisir la ressemblance. Aussi ses portraits étaient-ils très-recherchés, et sa réputation en ce genre devint si grande, parmi les gentilshommes de Cordoue, qu'il était de bon ton, dans toutes les maisons nobles, d'avoir quelque portrait de la main de Castillo. Il s'occupait aussi fort souvent à modeler en terre des figures, des têtes, des ornements, que les orfèvres de la ville imitaient dans leurs ouvrages de ciselure.

Castillo se trouva bientôt le premier peintre de Cordoue, qui n'avait pas eu de grand artiste depuis la mort de Céspedès. Il avait près de soixante ans lorsqu'il lui arriva, avec un de ses disciples nommé don Juan de Alfaro y Gamez, une aventure plaisante et dont le souvenir est resté parmi les artistes espagnols. Cet Alfaro, après avoir pris ses leçons, avait été à Madrid étudier sous Velazquez, et, revenant à Cordoue avec le titre d'élève du premier peintre du roi, il y trouva, pour le mérite dont il se vantait, une crédulité égale à sa présomption. On lui confia l'exécution de plusieurs grandes toiles pour le couvent de *San-Francisco*; il les peignit comme il put en copiant des gravures italiennes, et au bas de chaque tableau, il écrivait fièrement en gros caractères : *Alfaro pinxit*. Castillo, piqué de s'être vu préférer un apprenti, sollicita la commande d'un tableau pour le cloître du même couvent, et, au lieu d'y mettre son nom, il le signa : *non pinxit Alfaro*. Cette satire spirituelle eut beaucoup de succès, et elle est restée proverbiale en Espagne.

Ce même Castillo, qui donnait ainsi une leçon à la jeunesse présomptueuse, en reçut à son tour, et dans sa vieillesse, une plus cruelle encore. Se croyant supérieur, non-seulement aux artistes de son pays, mais à tous ceux de

l'Andalousie, il eut l'idée, à soixante ans, de retourner à
Séville pour y jouir de sa gloire et savourer la joie du triomphe. Mais il lui arriva ce que Vasari rapporte du peintre
Francisco Francia, de Bologne, lequel mourut de chagrin
à l'arrivée de la *sainte Cécile* que Raphaël envoyait à
l'église de Monti, en reconnaissant toute la supériorité du
peintre romain. Bien accueilli par les professeurs de Séville,
qui lui montrèrent leurs œuvres à l'envi, Castillo put conserver quelques jours sa douce conviction, ne voyant rien
qui surpassât ses propres ouvrages. Mais enfin, on le conduisit devant ceux de Murillo, dans le petit cloître du couvent de *San-Francisco*. A la vue de ces chefs-d'œuvre,
dont il n'avait pas même soupçonné la grandeur et la
beauté, Castillo tomba dans ce découragement amer qui
coûta la vie au peintre bolonais. Il ne pouvait croire
que ce fût l'ouvrage de ce Murillo, de cet enfant qu'il avait
vu recevant de son oncle des leçons élémentaires. Dans
la cathédrale, devant le *saint Antoine de Padoue*,
son admiration redoubla, ainsi que sa jalousie, et il
s'écria, dans un transport d'enthousiasme et de dépit :
« C'en est fait de Castillo, il est mort (*ya murió Castillo*)! » En effet, reprenant aussitôt le chemin de Cordoue, il s'efforça de peindre, dans la manière de Murillo,
un *saint François*, qui passe même pour son meilleur
ouvrage ; mais il n'en sentit pas moins son infériorité, et
mourut, frappé par la tristesse, avant la fin de cette même
année, en 1667.

Antonio del Castillo y Saavedra a laissé, dans les

églises de Cordoue, plusieurs grandes toiles où brillent
de nombreuses beautés, mais auxquelles manquent la
fraîcheur et la suavité du coloris. On cite avec éloge ses tableaux de chevalet et ses dessins à la plume.

LES HERRERA.

———

Comme les Castillo, les Herrera sont au nombre de trois, tous trois aussi de la même famille et de la même école. Le plus célèbre est le père des deux autres, Francisco de Herrera, surnommé le Vieux (*Herrera el Viejo*). Il naquit à Séville, en 1576, et étudia, avec Pacheco, sous le même maître que les frères Castillo, sous Luis Fernandez. Il était né avec un caractère si sombre, si violent, si insociable, qu'il passa toute sa vie dans la solitude, qu'il fut abandonné de tous ses élèves et même de ses enfants. Mais cette âpreté d'humeur eut peut-être une heureuse influence sur son talent d'artiste, ou du moins sur la direction qu'il prit au sortir de l'école. Herrera est le premier

des peintres andaloux qui abandonna le style timide, et
toujours imitateur de l'École romaine, qu'avaient jusqu'à
lui conservé ses prédécesseurs, et qui adopta le genre plus
fougueux des Bolonais, ou plutôt qui se forma un nouveau
style, tout personnel, et mieux approprié au génie de sa
nation. C'est de lui que Velazquez prit ce style nouveau,
que son second maitre Pacheco ne put lui faire perdre, et
qu'il transmit ensuite à Murillo.

On peut dire que Herrera-le-Vieux faisait ses tableaux,
ainsi que tout ce qu'il faisait, avec une sorte de fureur.
Pour dessiner, il se servait de roseaux, comme les peintres
de décorations, et, pour peindre, de grosses brosses; armé
de la sorte, si l'on peut ainsi dire, il exécutait des œuvres
importantes avec une dextérité et une promptitude admirables. Célèbre, recherché et laborieux, il n'a pas moins brillé
par la fécondité que par la facilité de son pinceau. La tradition, non contestée à Séville, rapporte que, lorsqu'il
était chargé d'ouvrages, et sans élèves pour l'aider, ce qui
lui arrivait la plupart du temps, il chargeait une vieille
servante, le seul être qu'il eût pu garder dans sa maison,
d'ébaucher ses tableaux. Cette femme prenait les couleurs
avec des brosses d'étoupes, et les étendait sur la toile, à
peu près au hasard; avant qu'elles fussent sèches, Herrera
continuait le travail, et formait de ce chaos des draperies,
des membres, des figures.

Il s'occupa quelquefois aussi de graver sur bronze, et
peut-être essaya-t-il également de graver des monnaies;
mais, soit que l'autorité judiciaire eût commis une méprise,

soit que réellement l'accusation eût été fondée, il fut, à ce propos, poursuivi pour crime de fausse monnaie, et obligé de prendre asile dans le collège de *San-Hermene-gildo*, appartenant aux jésuites. Ce fut dans cette retraite que Herrera peignit, pour le maître-autel de leur église, le saint titulaire de ce collége. Ce tableau obtint un grand succès, et fut présenté à Philippe IV, lorsque, très-jeune encore et nouvellement couronné, il vint visiter Séville, en 1624. Le roi demanda quel en était l'auteur, et sut également le sujet de sa réclusion dans le collége des jésuites. Il fit venir Herrera, lui accorda sa grâce, et ajouta : « Celui qui a un tel talent ne doit pas en faire mauvais usage. »

Herrera retourna tout joyeux dans son atelier; mais une si dure leçon ne put ni corriger ni adoucir cette humeur fantasque, sauvage, avec laquelle il traitait ses élèves et ses enfants. Tous l'abandonnèrent peu à peu. Son fils aîné était mort jeune; son second fils lui vola tout l'argent qu'il possédait, et s'enfuit à Rome; sa fille prit le voile dans un couvent. Resté seul, Herrera acheva de peindre les quatre grandes toiles qui ornent le salon du palais archié-piscopal de Séville, qu'il avait commencées en 1647, et partit, en 1650, pour Madrid, où il passa les dernières années de sa vieillesse. Il y mourut, en 1656, âgé de quatre-vingts ans, et fut enterré dans la paroisse de *San-Ginès*.

On a conservé de Herrera quelques gravures à l'eau-forte, d'excellents dessins au crayon, et des peintures à fresque, entre autres la coupole de *San-Buenaventura*,

13

qui prouvent la sûreté et la variété de son talent. Si l'on
se borne à l'étudier dans ses tableaux à l'huile, on peut
dire qu'il n'a manqué à Herrera que de meilleurs maîtres
et des principes plus arrêtés, pour avoir été l'égal des
grands peintres qui, l'ayant immédiatement suivi, profi-
tèrent, pour le surpasser, des progrès mêmes que l'art lui
devait. Sa manière, comme nous l'avons dit, ressemble à
celle des Bolonais; ce sont de grandes masses de lumière
se détachant avec vigueur sur de grandes masses d'ombre,
à la façon de Guerchin, de Caravage et de Ribera. En
voyant de quelle façon expéditive il exécutait ses œuvres,
et quel aide lui prêtait sa servante, en voyant même la
plupart de ses tableaux, on pourrait croire que Herrera n'é-
tait qu'un peintre de pratique, mieux doué de la main que
de la tête, et bornant son mérite à rendre avec franchise,
avec énergie, des draperies et des visages. Mais quelques-
unes de ses œuvres, et spécialement sa vaste composition
du *Jugement dernier*, qu'il peignit pour la paroisse de
San-Bernardo à Séville, attestent chez lui la réunion de
toutes les qualités du grand artiste : connaissance de l'a-
natomie et des proportions du corps humain, correction
du dessin, vigueur du coloris, science de l'arrangement,
symétrie des groupes, contraste des figures, accord des
tons, harmonie des demi-teintes, et jusqu'à la profondeur
de l'expression, rien ne manque à cette composition magnifique, où l'on admire la *gloire* que forme le souverain
Juge, entouré des apôtres, la beauté mâle et svelte de
l'archange saint Michel, enfin, l'heureuse opposition entre

les réprouvés qui, vus par derrière, cachent leur tourment et leur confusion, et les élus, dont les visages radieux expriment la reconnaissance, l'amour et le bonheur.

Cean-Bermudez fait, au sujet de ce tableau, une réflexion fort juste : c'est que, si l'on a souvent accusé les peintres espagnols de n'avoir su rendre avec succès que des têtes et des draperies, cela vient de ce que, voués presque exclusivement à traiter les sujets religieux, et retenus par la décence qu'exige une pareille matière, ils n'ont pu faire un usage du nu aussi fréquent que s'ils eussent peint, par exemple, des sujets mythologiques. Mais, lorsque l'occasion s'en est offerte, ils ont toujours montré une grande connaissance de l'anatomie, et ont imité la nature dans ses plus difficiles aspects, avec un bonheur, une sûreté, que pouvaient seuls donner l'étude et le travail. Sans sortir de Séville, il suffirait de citer en preuves les grands ouvrages de Roelas, de Pacheco, de Zurbaran, de Murillo et enfin de Herrera-le-Vieux.

L'aîné des ses deux fils fut nommé Herrera-le-Blond (*Herrera el Rubio*). Il était né à Séville dans les premières années du XVII⁰ siècle, et, après avoir fait de fortes études sous son père, après avoir peint quelques charmants tableaux de genre à la flamande, où brillaient la grâce et l'invention, il mourut très-jeune, n'ayant donné que des espérances et ne laissant que des regrets.

Son frère cadet, appelé Francisco, comme leur père, et qu'on a surnommé Herrera-le-Jeune (*Herrera el Mozo*), pour le distinguer clairement du Vieux, naquit également

à Séville, en 1622, et étudia, comme l'aîné, sous la direction de son père. Il imitait déjà parfaitement son style,
lorsque, rebuté par les mauvais traitements qu'il endurait
dans la maison paternelle, il la quitta et s'enfuit à Rome.
L'École de cette ville, bien dégénérée depuis Raphaël, ne
visait plus qu'à un coloris maniéré. Herrera s'adonna à l'é-
tude de l'architecture et de la perspective, afin de peindre
à fresque. Il brilla toutefois, comme son frère aîné, dans
les tableaux de fleurs, de fruits, de mets divers et surtout
de poissons. Aussi fut-il appelé par les Italiens *lo Spagnuolo degli pesci.*

Il revint s'établir à Séville, dès qu'il eut appris la mort
de son père, et reçut diverses commandes des églises de
cette ville. Lorsqu'en 1660, les professeurs se réunirent
pour fonder une académie publique de peinture, dont
Murillo eut la présidence, Herrera en fut nommé vice-
président. Mais cet honneur, sans doute, ne suffisait pas à
son orgueil, qui ne pouvait s'accommoder d'aucun supérieur, fût-ce Murillo; il quitta donc son pays natal, et alla
résider à Madrid. La mort récente de Velazquez laissait le
champ libre à ses prétentions. Il peignit, en effet, avec succès, un tableau de *saint Héménégilde* pour le retable des
Carmes déchaussés, mais il se fit plus d'ennemis encore
que d'admirateurs, en disant publiquement de son ouvrage,
qu'un tel tableau devrait être placé au son des cloches et
de la musique. Après avoir été chargé de peindre à fresque la voûte du chœur de *San-Felipe-el-Real* et la coupole
de *Notre-Dame d'Atocha*, il fut nommé peintre du roi,

mais non cependant peintre de la chambre (*pintor de
cámara*), titre qu'il poursuivit, sans l'obtenir, jusqu'à sa
mort.

Digne fils d'Herrera-le-Vieux, c'est-à-dire jaloux et violent comme son père, Herrera-le-Jeune accusait ses rivaux
de nier son mérite, et se prétendait victime de l'envie. Dans
la coupole d'*Atocha*, qui représentait l'assomption de la
Vierge, il peignit un lézard rongeant sa signature ; ailleurs,
c'étaient des souris qui mangeaient le papier où se trouvait
son nom. Du reste, accusant les autres peintres sans pitié
ni convenance, et se permettant, même par écrit, de sanglantes personnalités. Sa manie satirique s'attaquait aux
plus hautes positions. On raconte qu'un grand personnage
de la cour l'avait chargé de lui désigner, dans une vente
publique, les meilleurs tableaux, et que, malgré le choix
du peintre, il en acheta d'autres fort inférieurs. Piqué de
cette offense à son bon goût, Herrera prit une toile, et représenta, au milieu de fruits exquis et de fleurs brillantes,
un singe tenant à la main un chardon qu'il venait de cueil-
lir. Il allait présenter cette peinture emblématique au grand
seigneur ignorant, lorsqu'un ami, le rencontrant dans la
rue, lui arracha le tableau et le mit en pièces.

Herrera mourut à Madrid en 1685. On convient qu'il
surpassa son père dans la peinture des fleurs, et qu'il
l'égala dans celle des petits tableaux de salle-à-manger
que les Espagnols appellent *bodegoncillos*. Mais il resta
loin de lui dans le style des grandes compositions, et plus
encore dans la couleur, que Herrera-le-Vieux avait si ferme

et si largement empâtée. Cependant Herrera-le-Jeune se recommande par un coloris agréable, où dominent généralement des demi-teintes rougeâtres, par un heureux emploi du clair-obscur et par une certaine vivacité d'arrangement qui peut, dans les tableaux de second ordre, tenir lieu de composition.

Ce nom de Herrera, qu'ont illustré également un grand poëte lyrique, Fernando de Herrera, et l'un des architectes de l'Escorial, qui aida Juan de Toledo dans cette œuvre immense, fut encore porté par plusieurs autres artistes. Dans le nombre, il faut citer Bartolomé de Herrera, frère de Herrera-le-Vieux, qui a laissé des souvenirs à Séville comme peintre de portraits; Alonzo de Herrera, natif de Ségovie, intime ami de Fernandez Navarrete *el Mudo*, lequel a peint pour la paroisse de Villacastin six grandes toiles, fort estimées dans son temps, mais qu'une prétendue restauration a depuis complétement détruites; Antonio de Herrera-Barnuevo, d'Alcala de Henarès, qui exerça la profession de sculpteur à Madrid, au commencement du XVIIᵉ siècle; et enfin son fils don Sébastian de Herrera-Barnuevo, né dans cette ville en 1619, qui fut employé par Philippe IV à plusieurs ouvrages importants, comme peintre, sculpteur et architecte, et qui eut le mérite d'imiter heureusement Alonzo Cano dans l'exercice de ces trois arts.

MOYA.

Pedro de Moya est un des artistes espagnols qui, voyageant hors de leur pays, y rapportèrent les leçons et l'exemple de l'art étranger. Mais, différent des Vargas et des Joanès, ce ne fut pas en Italie qu'il alla comme puiser à la source commune; ce fut en Flandres qu'il découvrit, en quelque sorte, une source nouvelle et non moins féconde.

Né à Grenade, en 1610, il étudia d'abord la peinture dans l'atelier de Juan del Castillo, avec Alonzo Cano son compatriote, et Murillo, qui n'était encore qu'un enfant. Bientôt la vivacité de son caractère, le goût des entreprises et l'envie de voir le monde, lui firent abandonner sa profession pour celle des armes. Il s'enrôla dans un des

tercios de l'armée espagnole, et partit pour les Pays-Bas.
Là, entouré des chefs-d'œuvre de l'art flamand, il sentit renaître sa première vocation, et, malgré les exigences du
service militaire, il trouva moyen de reprendre sérieusement ses travaux interrompus. Aux principes solides que
lui avait donnés son ancien maitre, il ajouta les qualités
d'une pratique intelligente et assidue.

Ce que Moya admirait par dessus tout, dans ce pays où
l'avait conduit une étourderie de jeune homme, c'étaient
les ouvrages de Van-Dyck; il était passionné pour son grand
style et son merveilleux coloris. Tout ce qu'il trouva de
Van-Dyck, il le copia avec amour et respect; puis enfin, apprenant que ce maître était à Londres, il quitta sa compagnie, l'armée, le continent, et passa en Angleterre. Touché
de cette action, et reconnaissant d'ailleurs le mérite du
jeune Espagnol, Van-Dyck le reçut parmi ses élèves. Mais
Moya ne put jouir longtemps des précieuses leçons d'un tel
maître; au bout de six mois, et dans l'année 1641, Van-Dyck
mourut. Désolé de cette perte, Moya quitta Londres sur-
le-champ, et regagna Séville. Son retour fit une grande
sensation; l'on admira les ouvrages qu'il rapportait, et qui
donnaient une idée suffisante de la manière de Van-Dyck,
encore inconnu en Espagne. Leur vue fit surtout une im-
pression profonde sur le jeune Murillo, comme nous l'a-
vons rapporté dans sa notice biographique, et le décidèrent
à entreprendre le voyage de Madrid, d'où il revint pour
occuper le premier rang parmi les peintres de sa patrie,
peut-être du monde.

Moya ne fit que traverser Séville; il retourna à Grenade, et y résida jusqu'à sa mort, arrivée en 1666. Ses ouvrages sont fort rares, même dans la ville où il naquit et mourut. Ceux que l'on a conservés dans la cathédrale et dans les couvents des Augustins et des Trinitaires, offrent un agréable mélange du style de Van-Dyck et de la touche andalouse, qui se rapproche, d'ailleurs, singulièrement de celle du peintre d'Anvers.

JUAN DE SEVILLA.

———

Parmi les meilleurs peintres de l'École andalouse, celui
que l'année de sa naissance et le rang de l'âge placent immédiatement après Moya, c'est un autre enfant de Grenade, et un autre disciple de l'art flamand. Juan de Sevilla Romero y Escalante, né dans la patrie d'Alonzo
Cano, en 1627, reçut d'abord quelques leçons d'un certain Andrès Alonzo Argüello, peintre médiocre, établi à
Grenade. Plus tard, il se perfectionna sous Pedro de
Moya, qui lui apprit le style et la couleur de Van-
Dyck; mais la mort de ce maître le surprit au milieu de
ses progrès, et il restait sans enseignement, sans direction, lorsque heureusement quelques esquisses originales

de Rubens tombèrent entre ses mains. Il les étudia, les copia à plusieurs reprises, et, pénétrant le secret du *faire* de ce maître, parvint à s'emparer de sa manière.

Il obtint un grand succès de cette heureuse imitation des Flamands, unie au style de l'École andalouse. Bien qu'il y eût alors à Grenade plusieurs peintres distingués, Juan de Sevilla fut bientôt préféré à tous ses rivaux, et chargé de travaux publics et privés. Il obtint presque toujours l'avantage dans les concours ouverts pour les ornements des églises et des rues lors des processions de la Fête-Dieu, et peignit, en outre, un grand nombre d'ouvrages plus sérieux et plus durables pour les temples et les couvents de son pays. Il ne quitta jamais Grenade, et y mourut le 23 août 1695.

Juan de Sevilla ne fut original ni par le style des compositions, car il imita les peintres andalous, antérieurs ou contemporains, ni par les procédés d'exécution, puisqu'il les emprunta aux Flamands. Mais ses œuvres, bien que sentant un peu la copie, sont toujours agréables, souvent belles, et méritent d'être recherchées. En le perdant, Grenade perdit le dernier artiste éminent qui ait vécu dans ses murs ; d'une humeur austère et sauvage, très-jaloux, d'ailleurs, de sa femme doña Teresa de Rueda, Juan de Sevilla ne voulut jamais avoir d'élèves. L'École de Grenade périt avec lui.

VALDÈS · LEAL.

———

Don Juan de Valdès-Leal nous ramène à Séville. Il était
né à Cordoue, en 1630, de parents originaires des Asturies, qui, voyant son goût pour la peinture, le placèrent
dans l'atelier d'Antonio del Castillo. Fort jeune encore,
Valdès-Leal épousa doña Isabel Carrasquilla, qui était ce
que nous appelons aujourd'hui peintre amateur. Peu de
temps après leur mariage, ils allèrent s'établir à Séville,
cité que sa population, ses richesses, son grand commerce avec les Indes, enfin son goût pour les arts et les
lettres rendaient alors la plus importante de toute l'Espagne. Valdès-Leal y arriva lorsque les peintres et les
sculpteurs, d'accord avec *l'asistente* et les *veinticuatros*

(officiers municipaux), se réunissaient pour créer, à frais communs, cette académie de dessin dont Murillo fut le principal fondateur et le président, ayant pour vice-président Herrera-le-Jeune. Valdès-Leal en fut nommé majordome. Il résigna ces fonctions au bout d'une année, les reprit en 1663, les quitta de nouveau deux mois après, fut ensuite nommé président, et garda cette place honorifique jusqu'au mois d'octobre 1666, époque où il en fit, par écrit, l'abandon formel. Ces renoncements d'emploi, ces espèces de destitutions eurent toujours pour cause son esprit hautain, dominateur, acariâtre, qui ne lui permit pas de se concilier beaucoup d'amis. Après avoir fait, en 1672, un voyage à Cordoue sa patrie, où il laissa quelques toiles et où il donna des leçons à Palomino; après un second voyage à Madrid, où il se borna à visiter les galeries du palais de l'Escorial, Valdès-Leal revint à Séville, où bientôt la mort de Murillo lui laissa le premier rang. Huit ans après, en 1690, il éprouva lui-même une attaque de paralysie, qui le rendit incapable de tout travail, et mourut le 14 octobre de l'année suivante.

Protégé par l'archevêque don Ambrosio Spinola, Valdès-Leal fit des travaux pour le palais de ce prélat et pour la plupart des églises de Séville. Il fut également chargé de plusieurs gravures à l'eau-forte qu'il exécuta avec succès. Sa manière est celle des artistes superficiels, qui, doués de qualités positives, mais plus par la nature que par l'étude et la réflexion, semblent prendre à tâche de faire vite plutôt que bien. Ses tableaux ne s'élèvent guère au-dessus du genre de l'esquisse; et l'on voit, par quelques-unes de ses toiles, que, lorsqu'il voulait y mettre plus de soin, plus de fini, il tombait aussitôt dans l'afféterie. Cette habitude, ou, si l'on veut, cette nécessité d'exécuter à la hâte, fait que ses figures ont toujours des attitudes forcées et violentes, qui paraissent, au premier coup d'œil, accuser des fautes de dessin, et ne lui laissent guère que le mérite d'un coloris énergique et brillant. Plein d'admiration pour lui-même, et fier de cette facilité malheureuse qui condamne les artistes à la médiocrité, Valdès-Léal se moquait de très-bonne foi des peintres qui mettaient une sage lenteur dans leurs travaux. Murillo lui-même ne fut pas à l'abri de ses sarcasmes, de ses grossièretés; mais il n'opposa jamais que son inaltérable douceur aux querelles que lui suscitait à chaque instant la haineuse rivalité de Valdès-Leal. On raconte, à ce propos, que celui-ci ayant exposé dans le chœur de l'hôpital de *la Caridad* un tableau qui représentait des corps morts et presque corrompus : « Compère, lui dit Murillo, il faut voir ceci en se » tenant le nez à deux mains. » Flatté de ce compliment (l'orgueil est facile à tromper), Valdès-Leal s'affligea moins des éloges que tout le monde donnait aux chefs-d'œuvre que le grand peintre avait placés dans la même église. Malgré ses défauts, et parce qu'il brilla par deux incontestables qualités, la fécondité de l'invention et la puissance du coloris, Valdès-Leal peut être regardé comme le dernier peintre original dont puisse s'honorer l'École de Séville.

Il eut pour élève son fils don Lucas et sa fille doña
Maria. Celle-ci a laissé des portraits estimés. Lucas de
Valdès, né à Séville, en 1661, devint un peintre distingué,
surtout pour les fresques, et l'un des meilleurs graveurs
de son pays. Il eut à son tour un fils, don Juan de Valdès,
qui continua à exercer l'art de la gravure.

NIÑO DE GUEVARA.

———

Ce fut un évêque de Malaga, Fray Antonio Henriquez, qui fit peintre don Juan Niño de Guevara. Ayant été nommé vice-roi et capitaine général de l'Aragon, ce prélat prit pour capitaine de ses gardes don Luis Niño de Guevara, qui avait épousé une de ses parentes, doña Mariana Henriquez. Il se chargea également de l'éducation de leur jeune fils don Juan, né à Madrid le 8 février 1632. Après lui avoir fait étudier la grammaire et les humanités, il le mit entre les mains du capitaine don Miguel Manrique, lequel, originaire de Flandre, avait étudié la peinture sous Rubens, et était venu se fixer à Malaga pour y exercer sa profession. En 1645, et n'ayant encore que

treize ans, le jeune Niño de Guevara fut emmené à Madrid par son protecteur, qui venait d'être appelé pour la
seconde fois à la capitainerie-générale de la couronne d'A-
ragon. L'évêque de Malaga le laissa dans cette ville aux
soins du marquis de Montebelo, amateur distingué, qui
lui donna quelques leçons, et, pour achever son éducation
d'artiste, le mit dans l'atelier d'Alonzo Cano, qui habitait
alors la capitale. Sous ce maître, les progrès de Niño de
Guevara furent rapides, et lorsqu'il perdit son protecteur,
en 1648, il put aller se fixer à Malaga, pour vivre de son
pinceau, et faire vivre ses parents, restés pauvres.

Marié à doña Manuela de Leon y Hermosilla, et bientôt
fort occupé dans son art, car il faisait à la fois des tableaux
religieux et des portraits où il imitait Van-Dyck, Niño de
Guevara apprit, en 1652, que son maître Alonzo Cano venait d'arriver à Grenade, doté d'un canonicat. Il partit
aussitôt pour lui rendre visite, et reçut ensuite celle de
Cano, qui vint passer quelque temps à Malaga, près de son
élève, et qui lui fit même les dessins des tableaux que
celui-ci peignit pour le cloître des Augustins de Grenade.
Niño de Guevara mourut le 8 décembre 1698, laissant la
réputation d'un peintre éminent, instruit et de vie exem-
plaire.

Quelques-uns de ses ouvrages lui furent commandés par
des couvents de Grenade, de Cordoue et de Séville; le plus
grand nombre, par la cathédrale et les autres églises de
Malaga, où ils sont restés. Niño de Guevara n'est point un
peintre original dans la haute acception de ce mot. Tantôt

14

il a imité les Flamands, et surtout Rubens, en suivant la
méthode de son premier maître; tantôt il a imité son second maître Alonzo Cano, qui l'a rattaché à l'École d'Andalousie. Souvent, comme Juan de Sevilla, il a mêlé les deux
imitations, mais avec assez d'intelligence et de bonheur
pour se faire de ce mélange une espèce de style particulier.

LES ANTOLINEZ.

————

Des deux peintres qui ont porté ce nom, un seul peut-être, le neveu, mériterait de figurer dans ces notices; mais il est difficile de séparer leur histoire, et l'on doit précisément les mentionner tous deux pour éviter qu'ils ne soient confondus.

Don Josef Antolinez, né à Séville en 1639, vint à Madrid fort jeune, et ne connaissant encore que les premiers éléments de l'art qu'il voulait exercer. Il fut admis dans l'école de Francisco Rizi, dont il devint bientôt l'un des meilleurs élèves; il se distinguait surtout par le coloris, et dans la peinture des paysages. Son goût pour l'escrime lui attira une mort prématurée. A la suite d'un assaut violent,

où un spadassin plus habile s'était joué de lui, il fut attaqué d'une fièvre maligne qui l'emporta en peu de jours,
n'ayant encore que vingt-sept ans. C'était un jeune homme
plein de jactance et de malignité, qui poursuivait de ses
sarcasmes les autres artistes, n'épargnant pas même son
maître, qu'il appelait peintre de paravents, parce que celui-ci peignait les décorations du théâtre du *Buenretiro.*
Rizi châtia avec esprit l'impertinence de son élève. Dans
un moment où son emploi de décorateur du théâtre l'o-
bligeait à un travail pressé, il fit ordonner à Antolinez,
par un *alcalde de corte*, de venir l'aider à peindre, sous
peine de cent ducats. Antolinez dut céder à l'ordre du ma-
gistrat; mais il se fatigua vainement tout un jour devant
la toile que lui avait donnée son maître, et ne fit qu'un
informe barbouillage. « Vous voyez, lui dit Rizi, ce que
c'est que de peindre des paravents. —Garçon, ajouta-t-il,
lave cette toile dans le mortier. » Antolinez s'éloigna tout
confus, sinon corrigé.

Son neveu, don Francisco Antolinez y Sarabia, également né à Séville, on ne sait en quelle année, y étudia
d'abord le droit; mais, tout en suivant les cours de l'université, il fréquenta l'atelier de Murillo et l'académie publique fondée en 1660. Ses progrès dans cet art, qu'il cultivait comme par passe-temps, furent poussés si loin, que,
dans le genre adopté par lui, dans les tableaux de chevalet,
il approcha de son illustre maître, et que souvent ses ouvrages furent attribués à Murillo lui-même. Son coloris
surtout autorisait cette honorable méprise, et certes, An-

tolinez eût pu devenir l'un des meilleurs peintres de son pays, s'il se fût décidé à l'être complétement; mais, par une étrange bizarrerie de caractère, il dédaignait l'art qui devait l'illustrer, il repoussait le nom de peintre comme une injure, et, fier du nom de lettré (*letrado*, homme de robe), ne prétendait qu'aux succès de la magistrature.

En 1672, il vint rejoindre à Madrid son oncle don Josef Antolinez, et resta dans sa compagnie jusqu'en 1676, époque où mourut celui-ci. Il se mit alors à solliciter des emplois auxquels son titre de licencié en droit lui permettait de prétendre. Il fut, en effet, nommé *alcalde mayor* dans plusieurs villes et bourgs des provinces. Mais son caractère était si fantasque, si extravagant, qu'à peine installé dans un siége, il en était chassé par ses supérieurs, s'il n'était même obligé de fuir le courroux de ses administrés. Enfin, fatigué de voyages et de sollicitations, repoussé d'ailleurs par la chambre du conseil, il revint à Séville pour y exercer la profession d'avocat. Antolinez ne réussit guère mieux à plaider qu'à juger, et le besoin le fit de nouveau recourir à la peinture. Néanmoins, toujours poursuivi par la mauvaise honte, c'était en secret qu'il faisait ses tableaux, et en secret qu'il les vendait, ou du moins sans jamais consentir à s'en avouer l'auteur. Étant devenu veuf, il endossa l'habit clérical, et retourna à Madrid pour se faire admettre dans les Ordres. Mais on ne voulut pas même de lui pour prêtre, et il mourut, en 1700, comme il avait vécu, solliciteur malheureux.

On ne peut trop déplorer l'étrange erreur d'esprit qui

jeta Antolinez hors de la carrière où l'appelaient ses goûts,
ses instincts, où l'appelait la nature, qui l'avait fait peintre. Il a laissé d'assez nombreux ouvrages ; mais cette manie
de travailler en cachette ne lui permit point de développer
à l'aise son talent, qu'auraient mûri d'ailleurs la critique et
l'émulation. Ses tableaux sont tous de petite dimension ; à
peine les plus grands ont-ils deux pieds de haut. Ce sont,
d'ordinaire, des séries de quatre, six, huit ou douze cadres
égaux, ayant pour sujets des histoires du Christ, de la Vierge
ou des Prophètes. Dans les plus travaillés brille un talent
véritable de composition et de dessin ; dans tous, un coloris
plein de grâce et de fraîcheur. On prendrait aisément les
tableaux d'Antolinez pour des paysages historiques ou des
esquisses terminées de Murillo. C'est à la fois la plus
exacte idée qu'on en puisse donner, et le plus grand éloge
qu'on en puisse faire.

MAZO-MARTINEZ. — PAREJA. —

CARREÑO.

———

Soit comme élèves, soit comme imitateurs de Velazquez, ces trois peintres appartiennent à l'École d'Andalousie, qu'ils ont continuée à Madrid, à la suite de leur commun maître, et la grande analogie de manière qu'ils ont contractée dans la même École doit les faire réunir dans le même article.

Juan-Bautista del Mazo-Martinez était né à Madrid un peu avant 1620. Il entra fort jeune dans l'atelier de Velazquez, dont il devint, non pas le meilleur élève, puisque Murillo le fut aussi, mais le plus fidèle imitateur. Jamais peut-être on n'a porté plus loin que lui l'art de copier. Palomino raconte avoir vu dans les mains de ses héritiers des

copies de Tintoret, de Titien, de Véronèse, qu'il avait faites
dans sa jeunesse, et qui furent envoyées en Italie, où, sans
aucun doute, elles auront été admises pour des originaux.
C'était surtout à copier les œuvres de son maître que réus-
sissait Mazo-Martinez. Les plus habiles s'y méprenaient;
c'est assez dire qu'aujourd'hui les méprises du même genre
ne sont pas moins communes. Au reste, Mazo-Martinez ne
fut pas seulement copiste; comme son illustre maître, dont
il adopta le style et les procédés, il excella dans le portrait,
et n'eut pas moins de succès dans la peinture du paysage
animé, des chasses, des vues de villes ou de promenades.
Ses groupes de figurines y sont pleins de vie et de vérité.
On cite principalement, comme ses meilleurs ouvrages en
ce genre, les vues de Pampelune et de Saragosse, qui sont
probablement encore dans le palais de Madrid.

Velazquez avait été gendre de son maître Pacheco; il
donna à son tour la main de sa fille unique à son élève Mazo-
Martinez. Celui-ci, à la mort de son beau-père, reçut de
Philippe IV, par lettres patentes du 19 avril 1661, la survivance de l'emploi si disputé de *pintor de cámara*. Il
mourut le 10 février 1687, après avoir épousé en secondes
noces doña Ana de la Vega, qui lui survécut, et laissant de
sa première femme deux fils, don Gaspar et don Baltazar,
qui obtinrent des emplois dans le palais.

Lorsque Velazquez prenait les leçons de Pacheco, il
avait pour valet d'atelier un jeune mulâtre, né à Séville,
en 1606, de parents esclaves, comme il y en avait alors
beaucoup dans cette ville, et esclave lui-même. Il se nom-

mait Juan de Pareja. Ses fonctions consistaient à broyer
les couleurs, à enduire et apprêter les toiles, à nettoyer les
pinceaux, à garnir la palette, toutes choses dont il s'acquit-
tait fort habilement. Pareja suivit son maître à Madrid,
lorsque Velazquez y fut appelé par le Comte-Duc, en 1623.
Il l'accompagna également dans les deux voyages que fit
Velazquez en Italie, l'un sur le conseil de Rubens, l'autre
par ordre de Philippe IV. Lorsque Velazquez, étant à
Rome, demanda à peindre ce portrait d'Innocent X devenu si célèbre, il commença d'abord par copier la figure
de son mulâtre, qu'il envoya ensuite à ses amis portant
son propre portrait. Cette peinture d'essai fut accueillie
avec un tel enthousiasme, elle réunissait si bien toutes les
qualités du genre, qu'on lui donna une place d'honneur
dans la Rotonde, un jour d'exposition à la fête de Saint-
Joseph, et que son auteur fut admis, sans autre preuve,
à l'académie de Rome.

Élevé dans l'atelier, au milieu des travaux de son maître, et surprenant chaque jour quelque secret de l'art qui
s'exerçait sous ses yeux, Pareja avait dès longtemps senti
naître sa vocation. Mais à quoi pouvait prétendre le pauvre
mulâtre? Son maître pensait, comme les anciens Grecs,
que les beaux-arts sont trop nobles pour être exercés par
des mains esclaves, et il avait défendu à Pareja toute
étude, tout travail qui ferait de lui plus qu'un serviteur
de la peinture. Mais les lois de la nature furent encore
une fois plus fortes que celles de la société. Emporté par
sa passion, qu'accroissaient les obstacles, Pareja se mit à

travailler, avec autant d'ardeur que de mystère. Le jour, il
regardait son maître peindre, il écoutait les leçons données
à ses élèves; puis, aux heures du sommeil, il mettait ces
leçons en pratique, copiant avec le crayon et le pinceau
tous les ouvrages qui passaient dans l'atelier. Des études
ainsi faites ne pouvaient conduire à de bien rapides progrès; il fallut à Pareja beaucoup de temps, et la plus opiniâtre persévérance pour arriver à la pleine connaissance
de l'art. Enfin, à son second retour d'Italie, en 1651,
lorsqu'il avait déjà quarante-cinq ans, il se crut assez
habile pour découvrir et se faire pardonner par son maître
un secret si longtemps gardé. Voici quel ingénieux moyen
il employa : Philippe IV, comme on l'a vu dans la biographie de Velazquez, avait coutume de visiter familièrement son peintre, et s'amusait à considérer jusqu'aux
ébauches qui se trouvaient éparses dans son atelier. Pareja,
ayant terminé avec le plus grand soin un tableau de
petite dimension, le glissa parmi d'autres toiles tournées
contre le mur. A sa première visite, et suivant son usage,
Philippe IV se fit montrer tout ce que l'atelier renfermait.
Quand Pareja lui présenta son tableau, Philippe, surpris,
demanda qui avait peint ce bel ouvrage, qu'il n'avait pas
vu commencer. L'esclave alors, se jetant à ses pieds, avoua
qu'il en était l'auteur, et lui ayant en peu de mots raconté
son histoire, supplia le roi d'intercéder auprès de son
maître. Encore plus étonné de cette étrange révélation,
Philippe se tourna vers Velazquez : « Vous n'avez rien à
répondre, lui dit-il, et prenez seulement garde que

l'homme qui possède un tel talent ne peut rester esclave. »
Velazquez s'empressa de relever Pareja, toujours agenouillé, et lui promettant la liberté, qu'il lui rendit en
effet par un acte authentique d'affranchissement, il
l'admit dès ce jour parmi ses élèves et dans sa société.
Assurément, c'est une histoire singulière et touchante que
celle de cet esclave gagnant sa liberté par la puissance du
travail et du talent, et l'obtenant de l'intercession d'un
roi. Au reste, Pareja s'en montra digne, non moins par sa
conduite humble et reconnaissante que par son mérite
éminent. Il voulut continuer à servir librement Velazquez,
et, même après la mort de ce grand peintre, il servit sa
fille, mariée à Mazo-Martinez, jusqu'à sa propre mort,
arrivée en 1670.

Comme Mazo-Martinez, Pareja sut imiter si parfaitement son maître, surtout dans les portraits, que l'on confond aisément leurs ouvrages. Ce sont les mêmes teintes,
la même pâte, les mêmes effets, ou plutôt ce sont la même
vérité et la même vie. Le musée de Madrid possède un
important tableau de Pareja, qui fut longtemps dans le
palais d'Aranjuez, la *Vocation de saint Mathieu*. Il représente Jésus disant au publicain : « Lève-toi, et suis-
moi. » Ce tableau offre une bigarrure assez commune à
cette époque, et dont les Vénitiens avaient donné l'exemple. Tandis que les disciples du Christ sont vêtus de la robe
juive, les collecteurs d'impôts portent les chausses et le
pourpoint des alguazils espagnols. Mais il y a dans l'arrangement simple et naturel des personnages, dans l'exacti-

tude des formes, surtout dans la puissance et la vérité des
tons lumineux, de si éminentes qualités, qu'on pourrait
hardiment attribuer l'ouvrage à Velazquez lui-même. On
croit que Pareja s'est peint sous les traits d'un humble
serviteur aux cheveux crépus, aux lèvres épaisses, au teint
basané, qu'il a mis dans un coin du tableau. Pareja est
appelé communément *l'esclave de Velazquez*.

Il pourra paraître singulier que je rattache à l'École d'Andalousie, et que je compte parmi les élèves de Velazquez
un peintre né dans le nord de l'Espagne, et à qui Velazquez ne donna jamais de leçons. Cependant, l'influence de
l'École et du maître est si sensible, la filiation de l'artiste
si directe, si manifeste, que je crois impossible de donner
à celui-ci une place plus convenable et mieux méritée.

Don Juan Carreño de Miranda était né dans la petite
ville d'Avilès, principauté des Asturies, le 25 mars 1614,
de don Juan Carreño de Miranda et de doña Catalina
Fernandez-Bermudez. Son père étant venu à Madrid en
1623, pour suivre un procès et présenter au gouvernement
des projets de finances, il se fit accompagner par son jeune
fils, lequel, mettant à profit l'occasion, apprit à dessiner
dans l'école de Pedro de Las Cuevas, puis à peindre dans
celle de Bartolomé Roman. Ses progrès rapides l'élevèrent
promptement au-dessus de ses maîtres, et, à vingt ans, il
était chargé de peindre plusieurs tableaux dans le cloître du
collége de *Doña Maria de Aragon*, et dans la chapelle du
couvent *del Rosario*. Avec l'âge, avec l'expérience, son talent grandit, se fortifia, et Carreño devint l'un des meil-

leurs peintres de son époque. En 1657, la ville d'Avilès le
nomma son *juge* pour l'état noble, charge qu'il refusa parce
qu'il habitait la capitale, et en 1652, Madrid le nomma son
fidèle pour le même état. Il fut contraint d'accepter ; mais
Velazquez le voyant un jour très-occupé de ces fonctions, et
prenant en pitié un artiste à qui l'on arrachait ainsi son bien
le plus précieux, le temps, lui dit qu'il avait besoin de l'employer pour le service du roi. En effet, il lui commanda
quelques peintures à fresque dans les salons du palais.

Carreño reçut de Philippe IV, en 1669, le titre de peintre du roi, et Charles II le nomma, en 1671, son peintre
de la chambre. Entre lui et ce pauvre prince, demi-im-
bécile, et alors enfant, s'établit une sorte d'amitié, semblable à celle qui avait uni Velazquez et Philippe IV.
Charles se plaisait aussi dans la compagnie de son peintre,
le recevait et le visitait familièrement. On raconte qu'un
jour, tandis que Carreño faisait son portrait, il lui demanda
tout à coup quel *habit* il portait, c'est-à-dire de quel ordre il était revêtu. Le peintre répondit qu'il se contentait
de l'honneur d'être au service de sa Majesté. Au sortir de
la séance, l'amiral de Castille se hâta de lui envoyer une
riche médaille de Saint-Jacques, mais Carreño la refusa
poliment ; et voyant que ses confrères le blâmaient, disant
qu'il devait au moins l'accepter comme un honneur fait à
la peinture ; « La peinture, répondit Carreño, n'a pas besoin
de recevoir des honneurs ; c'est elle qui les donne. »

Carreño n'en garda pas moins les bonnes grâces du roi,
dont il fit plusieurs portraits, entre autres celui qui fut

envoyé en France, lorsqu'on négociait son premier mariage avec Louise d'Orléans. Il peignit aussi la reine
régente, le second don Juan d'Autriche, le favori Valen-
zuela, le patriarche Benavidès, le cardinal-nonce Millini,
enfin l'ambassadeur russe qui vint à Madrid en 1682.

Carreño mourut dans cette ville, au mois de septembre
1685, âgé de soixante-douze ans; il fut enterré dans un
caveau du couvent de *San-Gil*. Il laissait une veuve, doña
Maria de Medina, à qui Charles II conserva sa faveur, et
plusieurs élèves distingués, tels que Mateo Cerezo, Juan
Martin Cabezalero, Josef Donoso, Ignacio Ruiz de la
Iglesia, Josef de Ledesma, Bartolome Vicente, Pedro
Ruiz-Gonzalez et Luis de Sotomayor. Il fut regretté
par tous les hommes de sa profession, pour lesquels il s'é-
tait toujours montré un maître plein de douceur et un protecteur plein de générosité. Palomino, qui fut son ami, cite
à ce propos une petite anecdote qui mérite d'être rapportée.
Quelqu'un avait commandé un *Martyre de saint André*
à un pauvre peintre d'Alcala de Henarès, nommé Gregorio Utande. Quand l'ouvrage fut fini, Utande en demanda
cent ducats; mais le prix paraissant excessif à l'acheteur, on
convint de s'en rapporter à des arbitres. Comme il n'était
pas bien sûr du mérite de son œuvre, le peintre la présenta
à Carreño, le priant d'y faire quelques retouches, et, pour
se le rendre favorable, il lui apporta en cadeau une petite
cruche de miel. Carreño, avec sa bonté ordinaire, se chargea
du travail, et peignit entièrement le tableau qui avait grand
besoin de cette retouche universelle. L'expert choisi, recon-

naissant son pinceau, estima l'ouvrage deux cents ducats.
Utande reçut la somme, et Carreño ne garda que la cruche de miel, qui depuis a donné son nom au tableau. On
l'appelle *el cuadro de la Cantarilla.*

Imitateur intelligent de Velazquez, à la manière duquel
il semble avoir voulu mêler celle de Van-Dyck, Carreño
ne s'est point borné à peindre des portraits. Tolède, Pampelune, Plasencia, une foule d'autres villes, et presque toutes
les églises de Madrid, ont conservé de lui des tableaux de
haut style, parmi lesquels on cite de préférence une très-
belle *Madeleine dans le Désert,* la *Fondation de l'ordre de la Trinité,* le *Songe du pape Honorius III,* le
Miracle de saint Isidore, etc.

MENESÈS-OSORIO,

VILLAVICENZIO. — GOMEZ. — TOBAR.

———

Après avoir réuni dans un même article les élèves immédiats de Velazquez, demeurés ses imitateurs, il est juste de
réunir également les élèves et les imitateurs de Murillo.

Parmi eux, Menesès-Osorio tient le premier rang. Il est
parvenu mieux que personne à saisir le coloris de son
maître, ce coloris inimitable, si doux, si suave, si vaporeux,
qui caresse l'œil comme le plus moelleux velours caresse le
toucher. On ne sait ni le lieu ni l'époque précise de la
naissance de Menesès-Osorio. Seulement il était, fort jeune,
dans l'atelier de Murillo, lié de la plus intime amitié avec
son condisciple Juan Garzon, au point qu'ils firent plusieurs ouvrages de compagnie. Il résida toujours à Séville,

où il mourut dans les premières années du XVIII° siècle,
après avoir été l'un des professeurs les plus fervents de l'a-
cadémie de peinture, et majordome de cet établissement
pendant les années 1668 et 1669. Parmi ses ouvrages, tellement semblables à ceux de Murillo, j'entends ceux
du second ordre, qu'ils peuvent être aisément confondus,
on distingue une *Conception*, un *saint Elie dans le désert*, et un *saint Philippe Néri* adorant la Vierge. Ce fut
lui qui termina le célèbre tableau du maître-autel des Capucins, à Cadix, que Murillo laissa inachevé par sa mort.

Don Pedro Nuñez de Villavicencio, né à Séville,
en 1635, d'une famille noble et riche, et lui-même chevalier de Saint-Jean, apprit à peindre en amateur et par
passe-temps, auprès de Murillo, qui l'aimait avec ten-
dresse. Mais il prit peu à peu un goût si vif à cet art d'a-
grément, qu'il en fit son occupation ordinaire, et passa
en artiste le reste de sa vie. Pendant quelques voyages
lointains entrepris dans sa jeunesse, Villavicencio reçut, à
Malte, les leçons de Mathias Preti, autre chevalier de
Saint-Jean, disciple de Guerchin, et devenu professeur estimé. De retour à Séville, il aida par ses travaux et ses dons
à la création de l'Académie de peinture, et ne quitta plus
Murillo, pour lequel il avait un attachement tout filial.
Ce fut lui qui le soigna sans relâche dans sa dernière maladie, qui assista comme témoin à son testament, et qui
reçut enfin son dernier soupir. Après la mort de Murillo,
Villavicencio se rendit à Madrid, où il fut chargé, par
Charles II ou par son Ordre, de plusieurs emplois de dis-

tinction. Il revint mourir à Séville en 1700. Comme Menesès-Osorio, Villavicencio imita le coloris de son glorieux
maître, mais principalement dans sa manière froide. Aussi
réussit-il surtout à peindre les portraits et les petits mendiants.

Par une coïncidence remarquable, Murillo eut, comme
Velazquez, son esclave devenu peintre. Celui-ci, également
mulâtre, se nommait Sebastian Gomez. De même que
Pareja, mais avec plus de liberté, car Murillo du moins
ne contrariait pas ses goûts, il apprit à peindre en voyant
peindre son maître, et en travaillant avec application dans
les courts instants de loisir que lui laissaient ses devoirs de
serviteur. Il acquit un talent fort distingué, une bonne
couleur, une pâte vigoureuse et même une suffisante exactitude de dessin. On cite, parmi ses ouvrages, une fort
belle *Vierge*, qui était sous le portique de l'église des Mer-
cenaires-Déchaussés, à Séville; un *Christ à la colonne*, un
saint Pierre, un *saint Joseph* et une *sainte Anne*, dans
le couvent des Capucins. Les détails de sa vie sont inconnus; on croit seulement qu'il survécut à son maître,
et qu'il mourut à Séville.

Il ne faut pas confondre ce Sebastian Gomez, plus connu
sous le nom du *Mulâtre de Murillo*, avec un autre Sebastian Gomez, de Grenade, élève assez distingué d'Alonzo
Cano, ni avec Juan Gomez, ou Martin Gomez, de Cuenca,
tous deux peintres à l'époque de Philippe II, et employés
par ce monarque aux travaux de l'Escorial.

L'on vient de voir que Murillo avait eu dans Sebastian

Gomez un autre Pareja. Il eut aussi dans Tobar ce que Velazquez eut dans Carreño, un élève éloigné, un imitateur, auquel il ne donna d'autre leçon que la vue de ses ouvrages. Don Alonzo Miguel de Tobar naquit, en 1678, quatre ans avant la mort de Murillo, au bourg de la Higuera, près d'Aracena. A l'âge des études, il fut amené à Séville, où il apprit la peinture sous Juan Antonio Fajardo, professeur de médiocre talent. Il arriva promptement au niveau de son maître, et ne trouvant personne qui pût le conduire plus loin, il se mit à copier des tableaux de Murillo, dont le nombre était alors immense à Séville. Tobar poussa l'habileté de copiste pour les œuvres de ce maître au même point que Mazo-Martinez pour celles de Velazquez. On ne reconnaissait pas sans peine l'original de la copie, et beaucoup de tableaux, surtout dans les galeries étrangères, passent aujourd'hui pour des *Murillo*, qui ne sont que des *Tobar*. J'en ai, par exemple, reconnu quelques-uns à Londres, pour avoir vu les modèles en Espagne. A l'époque de Tobar, lorsque la race des grands maîtres venait de s'éteindre, son habileté suffisait pour le mettre en crédit. Il put donc épouser une riche veuve, doña Francisca Teresa de Cabezas, puis être nommé familier du Saint-Office, puis enfin, lorsque la cour du petit-fils de Louis XIV vint s'établir à Séville, recevoir le titre de *pintor de cámara*. Philippe V, qui lui conféra ce titre par lettres-patentes du 14 avril 1729, ramena Tobar à Madrid. L'artiste y séjourna tout le reste de sa vie. Il mourut, en 1758, après avoir travaillé jusqu'à sa dernière heure avec toute l'ardeur de la jeunesse, et ne prenant d'autres plaisirs que les occupations de son atelier.

Pour être juste envers Tobar, on doit dire qu'il ne fut pas seulement un copiste admirable. Il a donné la preuve d'un talent original et complet, d'abord dans plusieurs portraits fort estimés, ensuite dans quelques ouvrages de haut style qui ne le sont pas moins. On cite surtout un tableau à figures de grandeur naturelle, qui occupe une des chapelles de la cathérale de Séville, et qui, sous le nom de *Consolation (Consuelo)*, représente la Vierge, assise sur un trône, avec son fils dans ses bras, ayant à ses côtés saint François et saint Antoine, et devant laquelle prie, au premier plan, un prêtre en surplis. Ce tableau, au dire de Céan-Bermudez, est le meilleur qui ait été peint en Espagne dans la première moitié du XVIIIe siècle, on pourrait peut-être dire, depuis la mort de Murillo.

PALOMINO.

———

Le nom de Palomino se trouve souvent prononcé dans le cours de ces *notices ;* c'était, jusqu'à présent, comme historien des peintres de son pays; maintenant, ce sera comme peintre lui-même. Semblable à Léonard de Vinci d'une part, à Vasari de l'autre, il a voulu rassembler les préceptes de l'art qu'il cultivait, et raconter les vies des hommes qui l'avaient glorieusement cultivé jusqu'à lui. En un mot, il a continué, pour l'Espagne, l'œuvre des Cespedès et des Pacheco, sous une forme plus didactique, avec de plus riches matériaux, et composant de parties mieux proportionnées un ensemble plus complet.

Don Acisclo Antonio Palomino de Castro y Velasco,

fils de don Barnabé Palomino et de doña Maria Andrea Lo-
zano, était né, en 1653, dans la petite ville de Bujalance.
Ses parents vinrent s'établir à Cordoue, lorsqu'il était encore fort jeune, pour lui donner une éducation convenable.
Il fit ses études classiques, y ajouta même la théologie et
la jurisprudence; mais dans tous ses moments perdus, il
s'amusait, ou plutôt s'occupait sérieusement à copier des
estampes. En 1672, le peintre Valdès-Leal vint de Séville
à Cordoue passer quelque temps dans cette dernière ville
où il était né. Le jeune Palomino eut l'occasion de lui
montrer ses essais. Valdès-Leal l'encouragea, lui donna
quelques leçons générales, indiqua une direction à ses
études solitaires, et le laissa ayant fait les premiers pas
dans la peinture. Palomino continua, au départ de son
maitre, étudiant à la fois les lettres et l'art, et marchant
d'un pas égal dans les deux carrières. Trois ans après, l'é-
vêque de Cordoue lui avait conféré les ordres mineurs, et
le peintre Juan de Alfaro, arrivant de Madrid, le trouvait
en état d'aller prendre place parmi les artistes de la capitale.
Ce ne fut toutefois qu'en 1678, lors d'un nouveau voyage
d'Alfaro à Cordoue, que, muni de lettres de recommanda-
tion de ce peintre qui le chargeait d'achever des ouvrages
laissés par lui en ébauche, Palomino se rendit à Madrid.

Là, il ajouta à ses diverses connaissances celle des ma-
thématiques, qu'il étudia sous le père Jacob Kresa. Estimé
de Carreño, lié d'amitié intime avec Claudio Coello, dont
il sera question dans un autre article, marié à doña Catalina Barbara Perez, fille d'un envoyé près les Cantons

Suisses, et nommé peintre du roi en 1688, Palomino prit
rang dès lors parmi les premiers artistes de son pays, et
fut chargé, tout le reste de sa vie, d'ouvrages considérables.
Témoin de la réception de Luca Giordano à Madrid, en
1692, il eut à déplorer la mort de son ami Coello, que
l'arrivée de cet artiste étranger fit périr de chagrin. Un
peu plus tard, lorsque, chargé de peindre les voûtes
de l'Escorial, Giordano, fort peu théologien, ne savait
comment s'y prendre pour exécuter les sujets que commandaient les moines, le roi désigna Palomino pour
qu'il montrât à l'Italien l'accord possible entre les textes
et l'art. Palomino remplit si bien cette mission délicate,
que Giordano, enchanté, baisait ses esquisses, en disant :
« Celles-là, oui, les voilà toutes peintes. »

En 1697, Palomino se rendit à Valence, où il peignit à
fresque le presbytère et la coupole de *San Juan del Mer-
cado*, ouvrage qui lui fit grand honneur comme érudit et
comme artiste. Il peignit également à Valence, en 1701,
la voûte de la chapelle de *Nuestra Señora de los Des-
amparados*. En 1705, il fut appelé à Salamanque pour
peindre à fresque l'abside du chœur du monastère de *San-
Esteban* ; il y représenta, sous une suite d'allégories,
l'église militante et triomphante. En 1712, il alla peindre
à Grenade la coupole de la Chartreuse, où il représenta,
au-dessous d'une *gloire*, saint Bruno portant le monde
sur ses épaules. Palomino, à qui l'on avait commandé, en
1690, les arcs-de-triomphe dressés à Madrid pour l'entrée
de Marie-Anne de Neubourg, femme de Charles II, fut

chargé, en 1714, d'orner de peintures allégoriques le catafalque de la reine Marie-Louise de Savoie, femme de
Philippe V. Les dernières années de sa vie furent consacrées aux travaux littéraires qu'il avait dès longtemps
commencés. Il n'en fut distrait qu'en 1723, pour aller
peindre la coupole de la chartreuse *del Paular*. Le dernier
volume de son ouvrage parut en 1724. L'année suivante,
sa femme mourut, et Palomino, déjà malade, se fit aussitôt recevoir prêtre. Mais il expira lui-même le 13 août 1726,
et fut enterré, partageant le même tombeau que sa femme,
dans l'église du couvent de *San-Francisco*, à Madrid.

Les nombreux ouvrages de peinture, soit à fresque, soit
à l'huile, laissés par Palomino, peuvent être mis sur la
première ligne de ceux qu'a produits cette époque de décadence et d'abandon. L'on y trouve un dessin correct, un
coloris d'accord avec les sujets, et des vêtements propres
aux personnages, dont l'arrangement soigné tend à relever
autant que possible les figures, communes et sans noblesse. On y trouve surtout la trace des connaissances
étrangères à l'art, que possédait Palomino. Sa peinture est
érudite, comme elle l'est toujours dans les écoles en décadence, tandis que, dans les écoles qui naissent ou grandis-
sent, elle se montre plutôt ignorante et naïve.

Palomino était venu à l'une de ces époques, semblables
au temps des commentaires dans la littérature, où l'on rai-
sonne beaucoup sur l'art, mais où l'on cesse d'exécuter, où
l'on apprend la théorie pour laisser la pratique, où l'on
sait enfin merveilleusement pourquoi et comment il y eut

de grands maitres, mais où l'on a perdu le secret de le
devenir. C'est ce qui le fit écrivain. Sous le titre obscur et
prétentieux de *Museo pictórico y escala óptica*, il a
publié trois gros volumes in-4°, dont les deux premiers
contiennent des leçons de peinture, c'est-à-dire l'histoire,
les procédés et l'enseignement dès diverses parties de l'art,
et le troisième, portant le titre spécial de *Parnaso español pintoresco laureado*, les biographies des peintres
espagnols, depuis le vieil Antonio del Rincon, mort en
1500, jusqu'à ses amis et contemporains. Cette dernière partie de son œuvre est très-précieuse, d'abord
parce qu'elle fut la première publication spéciale de cette
espèce en Espagne, ensuite parce qu'il y a recueilli des
renseignements intéressants, épars dans d'autres travaux
la plupart manuscrits, et qui seraient, sans lui, oubliés ou
perdus. Ce n'est, toutefois, qu'une compilation assez peu
judicieuse des traditions admises de son temps. A côté
d'événements vrais et vraisemblables, figurent au même
titre ces contes et ces historiettes qui courent les ateliers.
Beaucoup d'erreurs et d'anachronismes se glissent également dans ses récits, écrits avec un certain mélange de
naïveté propre à l'auteur et de prétention propre à l'époque. Enfin la partie critique de son œuvre se borne à des
éloges à peu près uniformes. Il est heureux que Cean-Bermudez, tout en profitant du travail de son devancier, ait
eu la consciencieuse patience de remonter aux sources originales et jusqu'aux actes de l'état civil, pour corriger,
compléter et refaire cet ouvrage sur un plan nouveau.

ÉCOLE DE MADRID.

BERRUGUETE.

Il faut faire remonter l'École de Madrid jusqu'à Berruguete, qui ne peut se rattacher à nulle autre. On peut
dire, il est vrai, qu'en quelque sorte, le peintre a précédé
la ville, car, à son époque, Madrid n'existait pas encore,
au moins comme capitale de la monarchie espagnole. Mais
cette capitale, cette *corte*, jusque-là errante, nomade, et
que le prince menait avec lui comme sa cour, ayant été
peu de temps après fixée à Madrid, il est juste de rattacher à l'École qui prit le nom de cette ville les travaux qui
ont précédé son érection en métropole.

Si Alonzo Berruguete, qui cultiva la peinture, la sculpture et l'architecture, eût porté dans le premier de ces

trois arts les éminentes qualités qu'il déploya principalement dans le second; s'il eût été grand peintre comme il
fut en général grand artiste, nous aurions dès longtemps
raconté sa vie, car nul plus que lui ne méritait l'honneur
d'une notice particulière. C'est, en effet, à Berruguete
qu'appartient la gloire insigne d'avoir, le premier, répandu
dans sa patrie les grandes notions de l'art moderne, qu'il
avait été puiser en Italie. Né vers 1480, dans le bourg de
Paredès de Nava, il reçut les premières leçons de son père
Pedro Berruguete, marié à Elvira Gonzalez, lequel était
peintre de Philippe Ier, mais peintre encore dans le style
gothique. A la mort de son père, Alonzo partit pour l'Italie, jeune encore, puisque, d'après Vasari, il se trouvait
à Florence dès l'année 1503. Ce fut alors qu'il copia ce
fameux carton qu'avait dessiné Michel-Ange, lorsqu'il
concourut avec Léonard de Vinci pour représenter la
guerre de Pise dans la grande salle du conseil de cette
ville, ouvrage admirable, qu'étudièrent successivement tous
les grands artistes de l'époque, y compris Raphaël. En
1504, Berruguete suivit à Rome son maître Michel-Ange,
qu'y avait appelé le pape Jules II pour lui confier les travaux du Vatican, et le jeune Espagnol fut admis à seconder l'illustre Italien dans la plupart de ces travaux. Ce fut
de Michel-Ange, en étudiant à ses côtés, que Berruguete
apprit les règles et la pratique des trois arts qu'il cultiva
simultanément. Après plusieurs années d'études, passées à
Rome et à Florence, après s'être lié d'amitié avec presque
tous les grands artistes du temps, spécialement avec Au-

drea del Sarto et Baccio Bandinelli, Berruguete revint
enfin dans sa patrie, en 1520, riche d'un talent consommé.

Il s'arrêta d'abord à Saragosse, où il exécuta, dans l'é-
glise de *Santa-Engracia*, un retable et le sépulcre du
vice-chancelier d'Aragon, don Antonio Agustin. Arrivé
à la cour, il fut bientôt distingué par Charles-Quint, qui
le nomma son peintre et son sculpteur *de cámara*, et,
pour comble d'honneur, le fit plus tard son valet de chambre. Dès ce moment, Berruguete fut chargé des plus importants travaux, soit dans le vieil alcazar de Madrid, soit
dans le nouveau palais de Grenade. Deux prélats, qui fon-
daient chacun un collége à Salamanque, l'archevêque de
Tolède, don Alonzo de Fonseca, et l'évêque de Cuenca,
don Diego Ramirez de Villaescusa, l'occupèrent ensuite dans
les travaux d'art nécessaires à leurs fondations. Ayant
épousé, à Valladolid, doña Juana Pereda, de Rioseco,
il se fixa dans cette ville, où il exécuta de nombreux ouvrages. En 1539, il fut chargé par le chapitre de Tolède
de sculpter, en compagnie de Felipe Vigarni ou Philippe
de Bourgogne, les soixante siéges du chœur de la cathédrale, et celui de l'archevêque-primat. Berruguete fit seul
ce dernier, où il représenta en marbre la transfiguration du
Seigneur. Tous ces travaux, et plusieurs autres commandés
par des particuliers, lui donnèrent non-seulement une réputation supérieure à celle de tous les artistes qui l'avaient
précédé, mais une fortune considérable. Il acheta de Philippe II, en 1559, la seigneurie et les *alcabalas* (droit sur

toutes les ventes) du bourg de la Ventosa, près de Valladolid. Cette propriété est restée dans sa famille jusqu'à la
fin du siècle dernier. Berruguete mourut, en 1561, travaillant, malgré son grand âge, au mausolée du cardinal
don Juan de Tavera, qui est dans l'hôpital de *San-Juan-
Bautista*, hors des portes de Tolède.

Berruguete n'a guère été peintre que dans les retables
d'église, où les trois arts sont nécessairement réunis, et
dont il exécutait à lui seul toutes les parties. Sa peinture
est froide et sèche, mais terminée et expressive. Du reste,
la savante correction de son dessin, et sa connaissance ap-
profondie des procédés de la peinture à l'huile, encore
peu répandue en Espagne, lui donnèrent une influence
considérable; elles le placent, dans son pays, au premier
rang des maîtres de l'art. C'est surtout dans la sculpture
qu'il mérite pleinement cet éloge ; c'est là que brillent la
grandeur des formes, la noblesse des caractères, la science
anatomique et la vigueur du modelé d'un digne élève de
Michel-Ange. Son architecture a les défauts et les qualités
que cet art avait alors en Espagne : petitesse et confusion
dans l'ensemble, grâce et délicatesse dans les détails.

Son fils unique, Alonzo Berruguete y Pereda, qu'on appelle Berruguete-le-Jeune (*el mozo*), l'aida, comme sculpteur, dans les travaux qu'il exécuta sur la fin de sa vie, et
termina le sépulcre du cardinal Tavera.

BECERRA.

Le plus illustre continuateur de Berruguete, dans ce grand œuvre de l'enseignement des trois arts libéraux en Espagne, c'est incontestablement Becerra, comme lui, comme son maître, peintre, sculpteur, architecte. Gaspar Becerra était né quarante ans plus tard, en 1520, dans la ville de Baeza, fils d'Antonio Becerra et de Leonor Padilla. Il comprit, par l'exemple de Berruguete, qu'il fallait aller puiser les leçons de l'a· ᵤx mêmes sources, et il se rendit en Italie, où il fut dis᷄ ᵖᵢ ᵒn de Raphaël, comme l'affirme Palomino, puisque Raphaël était mort un an avant sa naissance, mais peut-être de Michel-Ange, et certaine-ment de leurs élèves. Il étudia principalement sous la di-

rection de Vasari, qu'il aida à peindre la salle de la chan-
cellerie à Rome, et qui fait de lui la plus honorable mention. Vasari raconte, entre autres choses, qu'une *tavola*
(tableau sur bois) de Becerra, représentant la *Nativité de
la Vierge*, eut l'honneur d'être placée à côté d'un cadre
de Daniel de Volterre, dans l'église de la Trinité-du-Mont.
Ce fut aussi Becerra qui fit les dessins d'un livre d'anatomie, publié à Rome, en 1554, par le docteur Juan de
Valverde, livre destiné à la fois aux peintres et aux chi-
rurgiens, et qui exécuta deux statues anatomiques, fort estimées dans les écoles.

Après avoir épousé à Rome, le 16 juillet 1556, sa compatriote Paula Velazquez, Becerra revint en Espagne. Philippe II fit pour lui ce qu'avait fait Charles-Quint pour Berruguete. Il le chargea de divers travaux dans l'alcazar de
Madrid et dans le palais du Pardo; puis, pour lui témoi-
gner sa royale satisfaction, il le nomma son sculpteur, en
1562, et, en 1563, son peintre. L'on a conservé la cédule
de cette dernière nomination, que je vais traduire, à titre
de document curieux :

« Considérant la suffisance et habilité de vous, Gaspar
» Becerra, notre grâce et volonté est de vous recevoir,
» comme nous vous recevons par la présent°, pour notre
» peintre, afin que vous ayez à nous servir, et que vous
» nous serviez, et que vous vous occupiez en toutes les
» choses de votre profession qui, par nous ou par nos
» ministres en notre nom, vous seraient commandées et
» ordonnées; et que, pour le travail que vous aurez à faire

» en conséquence, vous ayez et receviez de nous à raison
» de 600 ducats de salaire par chaque année; en outre,
» qu'on ait à vous donner, à nos frais, toutes les couleurs
» et autres matériaux quelconques qui seraient nécessaires
» pour les œuvres que vous feriez; de même, les ouvriers
» et aides nécessaires, lesquels ouvriers vous aurez à ad-
» mettre de l'habileté que vous verrez convenir, suivant
» la qualité de l'œuvre que vous ferez; et les journées de
» gages qu'ils auront à gagner leur seront comptées et
» payées par nos officiers des œuvres (bâtiments) où vous
» seriez actuellement occupé, car vous ne devez y mettre
» rien de plus que le travail et l'industrie de votre per-
» sonne. Mais nous voulons et ordonnons que, pour les
» journées qui seront à payer aux ouvriers qui vous aide-
» ront dans les ouvrages que vous ferez, vous vous soyez
» d'abord entendu et concerté avec nosdits officiers,
» afin qu'on voie d'avance, selon la qualité du temps,
» ce qu'il sera juste qu'on leur donne de gages. Desquels
» 600 ducats, vous aurez à jouir et jouirez depuis le
» 9 septembre de l'année passée 1562, époque où vous êtes
» parti de votre maison pour nous suivre, et doréna-
» vant tout le temps que vous nous servirez comme il
» a été dit, sous l'obligation que vous vous transporterez
» et résiderez dans les endroits où il vous sera commandé
» de faire de telles œuvres, sans que, pour raison du
» déplacement ou des déplacements que vous auriez à
» faire pour aller d'un lieu à un autre, on ait à vous
» payer d'autre salaire, ni frais aucun, mais seulement

» lesdits 600 ducats à l'année. En conséquence, etc. »

Pour remplir l'emploi auquel l'appelait cette cédule
royale, Becerra peignit plusieurs fresques dans les grandes
salles de l'alcazar de Madrid, sur des sujets mythologiques ou allégoriques, et des arabesques dans les petits appartements. Tous ces travaux ont péri dans l'incendie qui
dévora ce vieux palais le 24 décembre 1735; mais une
fresque de Becerra, conservée dans une ancienne pièce du
palais du Pardo, et représentant l'histoire de Méduse,
Persée et Andromède, atteste encore à quel degré de perfection il avait atteint dans l'arrangement d'un sujet, l'expression des têtes et le dessin de toutes les parties.

Toutefois, Becerra, comme Berruguete, fut plus grand
sculpteur que grand peintre. Cean-Bermudez n'hésite point
à dire qu'il surpasse en ce genre tous les artistes espagnols qui
l'avaient précédé, et qu'il ne fut égalé par aucun de ceux
qui le suivirent. Le morceau qui passe pour son chef-d'œuvre est une statue de Notre-Dame-de-la-Solitude (*Nues-
tra-Señora-de-la-Soledad*) qui lui fut commandée par
la reine doña Isabel de la Paz, et qu'on plaça dans la chapelle
du couvent des pères Minimes, à Madrid. On raconte, au
sujet de cette statue, plusieurs histoires miraculeuses que
le moine Fray Antonio de Arcos a recueillies dans un livre
publié tout exprès en 1640. Mais, laissant de côté les prodiges religieux pour s'en tenir à ceux de l'art, on ne peut nier
que cette statue, où sont merveilleusement exprimées la ten-
dresse, la douleur, la résignation, ne soit un chef-d'œuvre
digne des plus grandes époques et des plus grands noms.

Après avoir travaillé à Grenade, où il peignit une célèbre *Mise au Tombeau*, et dans quelques villes des Castilles, Becerra termina en 1569 le grand retable de la cathédrale d'Astorga. Cet ouvrage avait coûté 30,000 ducats, et cependant le chapitre en fut si satisfait qu'il donna de plus à l'artiste 3,000 ducats *de gants* (de gratification), et une charge de greffier (*escribano*), que Becerra vendit encore 8,000 ducats. Il venait d'atteindre à la gloire et à la fortune, lorsqu'il mourut à Madrid, en 1570, n'ayant pas plus de cinquante ans. Il fut enterré dans une chapelle du couvent de *la Victoria*, qu'il avait achetée pour en faire son tombeau.

Le plus éminent des élèves de Becerra fut Miguel Barroso, né à Consuegra en 1538, homme d'une grande science, car il savait le latin, le grec et quelques langues vivantes. Philippe II le nomma son peintre en 1589, avec 100 ducats par an, et l'occupa aux travaux de l'Escorial, où Barroso mourut le 29 septembre 1590.

LES CASTELLO ET GRANELO.

A l'époque où Becerra mourut, un artiste italien venait
d'arriver en Espagne pour aider à l'œuvre entreprise par
les deux illustres élèves de Michel-Ange ; c'était Giam-Battista Castello, appelé le *Bergamasque*, parce qu'il était
né à Bergame. Philippe II le prit à son service, comme
peintre et architecte, par cédule du 5 septembre 1567, lui
attribuant un salaire de 3,000 réaux par an, avec des conditions semblables à celles qu'on a vu imposer à Becerra.
Le Bergamasque travailla de compagnie avec celui-ci aux
fresques de l'alcazar de Madrid, et il allait entreprendre
d'autres travaux, où il devait employer différents artistes
appelés par lui d'Italie, lorsque la mort le surprit en 1569.

Ce fut lui, d'après le P. Sigüenza, qui donna le plan du grand escalier de l'Escorial, l'une des plus belles parties de ce royal monastère.

C'est dans la notice qui sera consacrée aux étrangers peintres en Espagne qu'auraient dû se trouver ces courtes indications sur le premier des Castello; mais il était impossible de le s éparer de ses fils, tous deux peintres, et tous deux, comme élevés en Espagne, appartenant à l'école espagnole. L'aîné se nomma Nicolas Granelo, et je n'ai pu trouver dans aucun de ses biographes la raison qui lui fit prendre ou donner un autre nom que celui de son père. Le plus jeune fut appelé Fabricio Castello.

A la mort du Bergamasque, Nicolas Granelo, chargé, presque enfant, de soutenir sa mère et son jeune frère Fabricio, auquel il transmit les leçons que lui avait données son père, recevait de la munificence du roi cinq réaux par jour (vingt-cinq sous). Ce modique salaire fut porté à quinze ducats par mois, lorsqu'en 1571 Philippe II le nomma son peintre, puis à vingt ducats en 1577. Vers cette époque, Granelo fut chargé, de concert avec Francesco d'Urbino, de peindre à fresque la voûte du *Zaguan*, ou pièce intermédiaire entre les deux salles du chapitre, à l'Escorial. Cette peinture, qu'il exécuta dans le genre qu'on nommait alors *grotesques* (1), et que nous appelons *ara-*

(1) Voici l'origine de ce mot : Lorsqu'en faisant des excavations dans l'église de Saint-Pierre-aux-Liens, à Rome, sous Léon X, on découvrit les ruines du palais de Titus, les ornements en peinture qui furent trouvés intacts furent nommés, parce qu'on les tirait des grottes (*grate*), *grateschi* ou *groteschi*. « C'étaient, dit le P. Sigüenza, divers animaux, des oiseaux

bisques, lui fit grand honneur et le mit en évidence. Le
roi le chargea, en 1584, avec son jeune frère Fabricio et
deux autres artistes, de peindre, également à fresque, dans
la salle des batailles, à l'Escorial, le combat de la Higue-
ruela (que gagna Jean II, ou plutôt son général don Al-
varo de Luna, contre les Mores de Grenade), et la bataille
de Saint-Quentin. Le premier de ces ouvrages est devenu
un précieux document archéologique, car les armes, les armures, les bannières, les instruments de musique, l'ordre
des cavaliers et des fantassins, tous les objets enfin de l'art
militaire au commencement du XVᵉ siècle, ont été copiés, par Granelo et ses compagnons, d'une ancienne toile,
de cent trente pieds de long, trouvée dans de vieux coffres
à l'alcazar de Ségovie, et sur laquelle les peintres de ce
temps avaient figuré la même bataille.

Ces ouvrages terminés, Granelo et son frère furent man-
dés au château d'Alba de Tormès, où ils peignirent, à fresque, dans l'*armeria* (salle d'armes), trois des batailles ga-
gnées par le célèbre duc d'Albe, don Fernando Alvarès de
Toledo. Granelo mourut à Madrid en 1593, et sa veuve,
Geronima de la Parra, reçut du roi un secours de 300 ducats
pour élever quatre enfants qui lui restaient. Outre les peintures à fresque dont il fut chargé, Granelo peignit à l'huile

---

» étranges, des morceaux d'étoffes, des fragments d'architecture, frontons,
» corniches, des figures d'anges ou de démons, des médailles et cent autres
» singeries. « Un élève de Raphaël, Jean d'Udine, ayant trouvé moyen d'imiter
le stuc avec du marbre pilé, mêlé de chaux et de térébenthine blanche, mit à
la mode ce genre de fresques, dont Raphaël fit usage dans les loges et le
galeries du Vatican.

plusieurs portraits fort remarquables, que l'exactitude du dessin linéaire plus que la vigueur du modelé, le fini et la sécheresse des détails, rendent semblables aux anciens portraits flamands.

Son frère Fabricio, dont l'histoire se trouve étroitement unie à la sienne, lui survécut vingt-quatre ans. Il travailla aux fresques du Pardo, et l'on trouve la mention d'un payement de 268 ducats qui lui fut fait en 1611, pour avoir coloré quarante-huit bustes de saints ou saintes exécutés en bronze par Juan de Arfe, pour le reliquaire de l'Escorial.

Le fils de celui-ci, Felix Castello, né à Madrid en 1602, apprit de son père les éléments de l'art, et se perfectionna ensuite sous Vincenzo Carducci. Il mourut également à Madrid en 1656, laissant la réputation d'un peintre fort distingué. Plusieurs bons tableaux de sa main sont restés dans le couvent des capucins *de la Paciencia* et dans celui de *Santa-Bárbara* à Madrid. On conservait aussi, dans la salle des rois, au palais du Buenretiro, une *Attaque de forteresse* et un *Passage de rivière* par des troupes espagnoles, qui prouvaient la variété de son talent. Ce dernier tableau est maintenant au musée de Madrid, où il occupe un rang très-honorable au milieu des chefs-d'œuvre qui l'entourent.

PANTOJA DE LA CRUZ.

-- ----

L'on a vu, dans les deux derniers articles, et précédemment dans les notices consacrées à Sanchez Coello et à Navarrete *le muet*, quels furent les artistes favoris de Philippe II, ceux qui marchèrent, pendant la seconde moitié du XVI⁰ siècle, à la tête de l'école de Madrid. A cette liste il faut ajouter le nom de Juan Pantoja de la Cruz. La vie de ce peintre, écoulée paisiblement dans son atelier, peut être contée en quelques mots. Il naquit à Madrid en 1551, fut élève de Sanchez Coello, obtint par son mérite éminent d'être nommé peintre et valet de chambre du roi, et mourut à Madrid en 1610, âgé de cinquante-neuf ans.

Les œuvres de Pantoja de la Cruz méritent un plus

long détail que sa vie. Il a fait, pour les églises de Madrid,
de Tolède, de Valladolid, de Ségovie, de Madrigal, et
même de Séville, un assez grand nombre de tableaux religieux, qui suffiraient à lui donner un rang fort élevé dans
la peinture de haut style. Toutefois, c'est plutôt comme
peintre de portraits qu'il est célèbre, et qu'il mérite de
l'être. Presque tous ceux de la famille royale qui furent
faits sous le règne de Philippe II sont de sa main. Il a
peint ce monarque à l'Escorial, au Buenretiro, au Pardo,
à Madrid. A la mort de Philippe II, en 1598, Philippe III
conserva à Pantoja de la Cruz son titre et ses fonctions.
L'artiste peignit immédiatement le nouveau roi à cheval,
et son tableau fut envoyé à Florence, où il servit de modèle au sculpteur Bologna, pour la statue équestre et en
bronze de Philippe III, qui fut placée dans les jardins de la
Casa de campo. Ce fut à la même époque que Pantoja
peignit les deux curieux tableaux qui sont actuellement au
musée de Madrid. L'un représente la *Naissance de la
Vierge*, l'autre la *Naissance du Christ*; dans l'un et
dans l'autre, sous les traits des bergers ou des serviteurs,
l'artiste a représenté Philippe III, sa femme Marguerite
d'Autriche, et leurs proches parents.

Pantoja de la Cruz conserve dans sa manière la timidité
de pinceau propre aux peintres espagnols de son temps,
encore trop voisins de l'imitation italienne pour avoir conquis toute cette liberté, toute cette fougue indépendante
qu'ensuite ils portèrent peut-être trop loin, Pantoja de la
Cruz imita et égala son maître Sanchez Coello pour

l'exactitude du dessin, la simplicité des poses et la noblesse
des expressions. Il passa tous ses devanciers dans la délicatesse du fini, terminant avec soin jusqu'aux moindres détails, mais sans lourdeur dans le coloris, et sans nuire, ce
qui est rare, au bon effet de l'ensemble.

LES CAXÈS.

Comme le père des Castello, Patricio Caxès, ou plutôt Caxesi (d'autres disent Caxete), né en Italie, dans la ville d'Arezzo, et exerçant à Rome sa profession avec honneur, fut appelé en Espagne par Philippe II. Don Luis de Requesens, ambassadeur de ce prince auprès du Saint-Siége, et chargé par lui de réunir quelques artistes italiens pour concourir aux décorations des monuments qu'il faisait élever dans sa nouvelle capitale, lui envoya, en 1567, Patricio Caxès et Romulo Cincinato. Le premier, auquel on assigna vingt ducats de salaire par mois, fut occupé à peindre des fresques dans l'alcazar de Madrid et dans le palais du Pardo. Il commença, peu de temps après, la tra-

duction en espagnol du livre de Vignola sur les cinq ordres d'architecture. Cet ouvrage, toutefois, ne fut imprimé
qu'en 1593. Patricio Caxès avait gravé lui-même au burin
le frontispice et les planches d'architecture qu'il contient.
Il mourut au mois d'août 1612, dans un âge avancé, après
avoir servi Philippe II et Philippe III pendant quarante-
quatre ans, ce qui ne l'empêcha pas de mourir misérable ;
mais le roi, sachant qu'il laissait une veuve et huit enfants,
fit donner à celle-ci un magnifique secours de *deux réaux*
(dix sous) *par jour, pendant une année.* Voilà ce que les
biographes citent comme un trait de générosité royale.

L'un des huit enfants de l'artiste italien, qui avait épousé
en Espagne Casilda de Fuentès, fut Eugenio Caxès, né à
Madrid en 1577. Il n'eut pour maître que son père, qu'il
aida, très-jeune encore, dans l'exécution des peintures du
Pardo, et qu'il ne tarda pas à surpasser. Il épousa, en 1598,
la fille d'un certain Juan Manzano, maître charpentier, occupé aux travaux de l'Escorial, et qui s'était tué en tombant
d'un échafaud. Le roi donna mille réaux de dot à la
pauvre fille, et nomma Caxès son peintre, au mois
d'août 1612, avec 50,000 maravédis (environ 400 fr.) de salaire annuel, outre le prix de ses ouvrages. L'artiste mourut
en 1642, âgé de soixante-cinq ans.

Les principales peintures à fresque qu'exécuta Caxès sont
la coupole de la salle d'audience, au palais du Pardo, ou
il représenta le jugement de Salomon, *dividatur infans*,
une chapelle de la Vierge dans la cathédrale de Tolède,
et l'histoire d'Agamemnon, dans une salle de l'alcazar de

Madrid. Il peignit le retable du couvent de la *Merced*, à
Madrid, et, en compagnie de Vincenzo Carducci, celui du
monastère de Guadalupe. Enfin, Caxès a laissé un grand
nombre de tableaux à l'huile, qui ornent encore aujour-
d'hui les églises de Madrid. Quelques-uns ont péri dans
l'incendie de la paroisse de *Santa-Cruz*, en 1718. On cite,
parmi ceux qui restent, une *Nativité*, une *Adoration des
rois*, et plus encore, un *saint Joachim* et une *sainte
Anne* menant par la main la Vierge enfant, dont deux
anges portent la robe. Recommandable par la correction
du dessin, par les teintes fines et agréables de son coloris,
par une sage et franche imitation de la nature, Eugenio
Caxès passe pour un des meilleurs peintres que compta
l'École de Madrid. Il a laissé plusieurs bons élèves, entre
autres Luiz Fernandez, Juan de Arnau et le licencié Pedro de
Valpuesta. Il soutint vigoureusement les priviléges des artistes, et, de concert avec son ami Vincenzo Carducci, gagna,
en 1633, un procès contre les agents du fisc, qui voulaient
soumettre au droit d'*alcabalas* les productions des arts.

LES CARDUCCI.

L'aîné des deux frères du nom de Carducci, dont les Espagnols ont fait Carducho, vint d'Italie en Espagne, comme le premier des Castello et le premier des Caxès. Né à Florence, en 1560, Bartolomé Carducci avait étudié d'abord la sculpture et l'architecture dans sa ville natale, sous Bartolomé Ammanati. Plus tard, il étudia la peinture à Rome sous Federico Zuccheri, et ce maître l'emmena en Espagne lorsqu'il y fut appelé, en 1585, pour concourir aux travaux de l'Escorial. L'élève donna bientôt d'assez grandes preuves d'habileté pour que Philippe II lui assignât, comme à Eugenio Caxès, un salaire fixe de 50,000 maravédis, outre le prix de ses ouvrages.

Cette faveur, ou plutôt la reconnaissance qu'il en eut, fixa en Espagne Carducci, qui ne voulut point retourner en Italie avec Zuccheri, et qui refusa également les offres avantageuses que lui faisait Henri IV pour l'attirer en France. Il accompagna Philippe III à Valladolid, lorsque la cour alla s'établir dans cette ville en 1601, et il mourut à Madrid, en 1608, après avoir exécuté des ouvrages considérables, la plupart à fresque, dans le couvent de l'Escorial, dans le palais du Pardo, dans l'alcazar de Madrid, à Valladolid et à Ségovie. Généreux et désintéressé, Carducci laissa une veuve, doña Geronima Capello, avec quatre filles, dans un état si misérable, qu'elles durent solliciter les secours du roi, qui leur accorda, pour huit ans, une pension temporaire de 30,000 maravedis.

On a rendu à Bartolomé Carducci cette justice que, de tous les peintres venus d'Italie, aucun peut-être n'avait été plus utile que lui au progrès des beaux-arts en Espagne. Ce n'est point, toutefois, par l'éclat de ses ouvrages, d'une médiocre exécution, cachés d'ailleurs dans les habitations royales, et dont plusieurs ont péri; c'est bien plutôt par la sagesse de son enseignement et de ses maximes, par la bonne école qu'il forma, et qu'illustra, en la continuant, son frère Vincenzo Carducci. Bartolomé recommandait surtout l'étude de l'antique, la scrupuleuse exactitude du dessin, la gravité et le naturel dans la composition, la noblesse des expressions et des poses, et l'harmonie plutôt que l'éclat du coloris. C'était un homme de beau caractère, prudent, modéré, que l'envie ne tourmentait point, et qui

17

cherchait à corriger dans ses élèves cette basse et funeste
passion. Un jour qu'il admirait hautement le tableau d'un
autre peintre : « Ne voyez-vous pas, lui dit un de ses
» élèves, ce pied mal dessiné et mis hors de sa place ? —
» Non, je ne l'avais point vu, répondit le maître; car ces
» mains, cette poitrine, cette tête, me l'avaient caché par
» leur difficulté et leur perfection. » Voilà sans doute une
leçon bien donnée à ceux qui ne cherchent que les défauts
dans les œuvres d'autrui. Bartolomé Carducci ne voulait
pas seulement contenter ceux qui lui commandaient des
travaux, il voulait aussi se contenter lui-même, et, pour
cela, retouchait fréquemment des tableaux qui semblaient achevés. Son jeune frère lui faisant un jour remarquer que ce qu'il avait gagné à ces retouches ne valait pas
le temps qu'il y avait donné, Carducci lui répondit avec
une justesse parfaite, que le progrès, que la supériorité
dans les arts, consistent en des points d'appréciation fort
difficiles, et qui n'apparaissent qu'aux yeux des connaisseurs ; mais que ceux-là forment l'opinion.

Vincenzo Carducci n'avait point encore passé la première enfance, lorsque, dans l'année 1585, il fut amené
en Espagne par son frère aîné ; il avoue lui-même, dans
ses *Dialogues*, qu'il ne lui était resté aucun souvenir de sa
patrie, et comme il avait tout appris en Espagne, même à
parler, il se tenait pour *enfant de Madrid*. C'est par ce
motif que sa biographie se trouve parmi celles des peintres
espagnols, et non dans le chapitre consacré aux étrangers
peintres en Espagne. Les leçons et l'exemple de son frère,

et, plus encore peut-être, la vue des grands modèles réunis
à l'Escorial, formèrent son éducation d'artiste, qui fut ra-
pide et brillante. Conduit à Valladolid, lorsque son frère
y suivit la cour en 1601, il y fit ses débuts en peignant
des batailles pour le cabinet de toilette de la reine, et des
vues perspectives pour la salle de comédie, dans le palais.
Au retour à Madrid, en 1606, Philippe III l'appela parmi
les peintres choisis pour exécuter les décorations inté-
rieures du Pardo. Le lot de Carducci fut la coupole de la
chapelle, où il peignit à fresque une vaste histoire allégo-
rique du Saint-Sacrement. En 1609, après la mort de son
frère, il fut nommé peintre du roi, avec la survivance aux
appointements et aux travaux de Bartolomé.

Peu de temps après, Vincenzo Carducci fut chargé de
peindre à fresque, avec son ami Eugenio Caxès, la chapelle de *Nuestra-Señora-del-Sagrario*, dans la cathédrale de Tolède; il y représenta le *Martyre de saint André*,
détérioré depuis, et retouché par don Mariano Maella. Ce fut
après l'achèvement de ce travail, que Carducci reçut une
des plus vastes commandes dont l'histoire de l'art fasse
mention. La Chartreuse *del Paular* lui confia toute la décoration de son grand cloître. Par un contrat passé, le 29
août 1626, devant l'*escribano* Pedro de Aleas Matienzo,
entre le prieur de la chartreuse et Carducci, il fut convenu
que ce dernier livrerait, en quatre ans, cinquante-cinq tableaux, quatorze par année, tous et tout entiers de sa main,
dont le prix serait fixé à dire d'experts, et pour lesquels il
recevrait 1,500 ducats à compte chaque année. Ce singulier

contrat fut exécuté ponctuellement. Quatre ans après, le cloître de la Chartreuse *del Paular* possédait les cinquante-cinq
tableaux commandés à Carducci, savoir : d'un côté, vingt-
sept tableaux représentant les divers événements de la *Vie
de saint Bruno*, depuis sa conversion jusqu'à son enterrement; du côté opposé, vingt-sept autres tableaux des mar-
tyres ou des miracles de moines appartenant à l'Ordre; en
face, une espèce de trophée qui réunissait les armes du roi et
celles de l'institut des chartreux. Dans tous ces tableaux, les
figures sont de grandeur naturelle, et plusieurs d'entre eux
renferment un second sujet, traité en plus petite dimension
sur un plan plus éloigné. Cean-Bermudez, qui raconte
avoir passé quinze jours à la chartreuse *del Paular*, pour
examiner à loisir l'œuvre de Carducci, affirme que, dans
cette longue série de toiles uniformes, où la monotonie
semblait inévitable, on doit admirer, au contraire, une
grande fécondité d'invention, un ingénieux arrangement
des actions et des groupes, non moins que la science de
l'anatomie et l'harmonie des couleurs, si recommandée à
Carducci par son frère aîné. Le peintre s'est représenté,
dans le tableau n° 35, sous la figure d'un moine qui est au
chevet du père Odon de Novara, étendu sur son lit de
mort.

L'on a rapporté précédemment, dans la notice consacrée
à Fray Juan Sanchez Cotan (École de Tolède), la visite
qu'alla lui faire Carducci dans la chartreuse de Grenade,
et de quelle manière étrange celui-ci le reconnut au milieu de la communauté rassemblée, par le rapport qu'il

découvrit entre les traits de son visage et le style de sa peinture. Carducci alla visiter également Francisco Ribalta, à Valence, et, soit hommage, soit plagiat, il imita, au retour, dans la *Cène* qu'il peignit pour le couvent de *la Carbonera* de Madrid, celle qu'avait peinte Ribalta pour le collége *del Patriarca* de Valence.

Vincenzo Carducci mourut à soixante ans, en 1638, et fut enterré dans la chapelle du troisième ordre de saint François. Le grand Lope de Vega fit à son éloge un sonnet, dont la traduction, trop emphatique en prose, et surtout en notre langue, ne donnerait qu'une imparfaite idée (1). Carducci avait rempli, sous toutes les faces possibles, son devoir d'artiste. Il laissait de nombreux élèves, Felix Castello, Francisco Fernandez, Pedro de Obregon, Bartolomé Roman, Francisco Collantés et Francisco Rizi, qui fut le plus célèbre. Il avait écrit, et publié en 1633,

(1) Voici l'original :

Si Aténas tus pinceles conociera,
¡Qué poca gloria diera á Apolodoro,
Ni en pario mármol ilustrara el oro
El nombre á Zeuxis, que á tus obras diera !

Parrhasio á la palestra se rindiera,
Como en el grave estilo Metrodoro ;
Ni pluma se atreviera á tu decoro,
Solo pintarte tu pincel pudiera.

Bien pueden tus colores alabarse,
Y el arte de tu ingenio peregrino,
Cuanto puede imitar docta cultura ;

Que si el cielo quisiera retratarse,
Solo fiara á tu pincel divino
La inmensa perfeccion de su hermosura.

des *Dialogues* sur la théorie de la peinture, qui sont, au dire des juges les plus éclairés, le meilleur livre écrit en espagnol sur ce sujet. Enfin, l'on vient de voir, dans le précédent article, que, de concert avec son ami Eugenio Caxès, il avait vigoureusement soutenu la dignité et les intérêts de l'art contre les prétentions du fisc. Quant à ses ouvrages, ils ne sont pas moins nombreux que recommandables, et prouvent qu'il eut la main aussi laborieuse que l'imagination féconde. Outre les cinquante-cinq tableaux exécutés pour les chartreux *del Paular*, Cean-Bermudez compte et nomme par leurs sujets, dans les églises de Madrid, de Valladolid, de Salamanque, de Tolède, etc., jusqu'à soixante-quatorze compositions importantes signées de Carducci, outre une foule de petits ouvrages. On cite principalement un grand tableau de *saint François*, qui occupait le maître-autel du couvent des capucins à Salamanque, et un *saint Jean préchant dans le Désert*, qui était à l'entrée du couvent de *San-Francisco*, à Madrid. Le dernier tableau auquel travailla Carducci se trouve à Alcala de Henarès : c'est un *saint Jérôme*, au bas duquel on lit cette inscription : *Vincencius Carducho hic vitam non opus finiit* 1638.

PEREDA.

———

Antonio Pereda, né à Valladolid, en 1599, fut privé de
son père presque en naissant, et resta aux soins de sa mère,
doña Maria Salgado. Voyant ses précoces dispositions à la
peinture, un de ses oncles l'envoya, en 1606, à Madrid, où
il fut placé, n'ayant encore que sept ans, dans l'école de
Pedro de Las Cuevas. Là, un auditeur au conseil de Castille, nommé don Francisco de Tejada, qui fut témoin de
son application et de ses progrès, le prit dans sa maison,
se chargea de l'habiller, de le nourrir, sans lui demander
aucun service de domesticité, et le laissant tout entier à
ses études. Mais, au bout de quelques années, comme il
parlait avec enthousiasme de son jeune protégé devant

Giam-Battista Crescenci, devenu en Espagne marquis de la Torre, celui-ci pria le conseiller de Castille de lui céder l'enfant, promettant d'achever son éducation d'artiste. Le marquis, artiste lui-même, avait la haute main au palais ; il put livrer les meilleurs tableaux des collections royales à Pereda, qui fit en les copiant d'utiles études, et qui adopta la manière et le coloris des Vénitiens.

Dès l'âge de dix-huit ans, Pereda exposa en public une *Conception*, c'est-à-dire une Vierge portée par des anges sur un trône de nuages, sujet difficile, dont Murillo n'avait pas encore fait connaître la dernière perfection possible. Ce tableau fit grand bruit ; on l'attribua aux premiers maîtres du temps, et personne ne voulait croire qu'il fût l'ouvrage d'un débutant imberbe. Le marquis, protecteur du jeune peintre, envoya le tableau à son frère le cardinal Crescenci, et le succès fut aussi grand à Rome qu'à Madrid. Pereda se trouvait dès lors *classé*, comme on dit de nos jours. Lorsque le comte-duc d'Olivarès fit orner le palais du Buenretiro, il comprit, parmi les peintres, le jeune Pereda, qui peignit la *Levée du siége de Gênes* par le marquis de Santa-Cruz, où les figures, de grandeur naturelle, sont presque toutes des portraits de personnages connus. Ce tableau, fort remarquable, lui fut payé 500 ducats ; ce fut le second début d'une carrière brillante et laborieuse.

Pereda, qui mourut à Madrid en 1669, âgé de soixante-dix ans, avait épousé une dame d'assez haute naissance, doña Maria Perez de Bustamante, de laquelle il eut un

fils, don Joaquin, qui fut huissier de la chambre du roi.
On raconte que cette dame, désireuse d'imiter en toute
chose ses amies de haut ton, voulait que son mari mit une
duègne dans son antichambre; c'était la mode chez les
grands. Pereda peignit, en effet, sur le paravent, une
duègne avec ses lunettes, faisant de la couture. L'illusion
était parfaite, et nul n'entrait dans l'antichambre sans en
être dupe. C'était, au reste, le conseil que Cervantés donnait aux dames de son temps, d'avoir plutôt, pour se garder,
une duègne en peinture qu'en chair et en os.

Palomino, qui s'est trompé en attribuant à Pereda des
ouvrages indignes de lui, affirme que ce peintre ne savait
ni lire ni écrire, et que ses élèves mettaient pour lui les
signatures qui se trouvent au bas de ses tableaux. Cette
assertion paraît incroyable, car Pereda, élevé dans la maison d'un conseiller de Castille, n'aurait pu passer sans
honte dans celle du marquis de la Torre, s'il eût manqué
de ces premiers rudiments de toute éducation. Il n'aurait
pu fréquenter davantage les palais de plusieurs grands seigneurs, entre autres de l'amiral de Castille, où il était
honorablement reçu. Enfin, comment concilier une si complète ignorance avec le goût des livres, que Palomino lui-
même lui reconnaît, et la possession d'une riche bibliothèque qu'il laissa en mourant? Ce serait, vraiment, trop
de contradictions.

On trouve, dans les ouvrages de Pereda, toutes les grandes qualités de l'École vénitienne : le soin, la patience,
une savante correction de dessin, un coloris plein de frai-

cheur et de bon goût, les teintes les plus fines et les plus
suaves. Parmi ses meilleures compositions, l'on a toujours
distingué une allégorie intitulée les *Dépouilles de la
mort, ou désillusion de la vie*, faite pour l'amiral de Castille, une *mort·de saint Joseph*, qui était chez les carmé-
lites déchaussées de Cuenca, un *Sauveur* et une *Incarnation*, au couvent de *las Capuchinas* de Madrid, et une
Descente de Croix, peinte pour le couvent d'Atocha. Ce
dernier ouvrage est maintenant à Paris, dans la galerie de
M. Aguado. Il suffit pour faire apprécier dignement un
grand peintre, dont le nom était à peine arrivé jusqu'à
nous.

Parmi les élèves de ce maître, il faut citer un certain
Alonzo del Arco, que l'on appelait, parce qu'il était sourd,
el sordillo de Pereda. Né à Madrid en 1625, et mort dans
la même ville en 1700, il a laissé un grand nombre de tableaux et de portraits, que l'on ne saurait confondre avec
ceux de Pereda, car ils pèchent tous par l'incorrection du
dessin, mais qui se recommandent du moins par une couleur agréable et un habile maniement du pinceau.

COLLANTÉS.

L'année 1599, qui vit naître Velazquez à Séville et Pereda à Valladolid, vit naître également Francisco Collantés à Madrid. Ce dernier, élève de Vincenzo Carducci, est
principalement célèbre comme peintre de paysages, et cela
devait être dans un pays, dans une école où les paysagis-
tes sont rares. Ses tableaux en ce genre, ainsi que ses *bodegoncillos* (de salle à manger), touchés avec goût et délicatesse, sont recherchés des connaisseurs et appréciés de tout
le monde. Mais Collantés a peint autre chose que des fruits,
des fleurs ou des points de vue, et c'est sans doute parce
qu'il était à peu près seul dans cette carrière qu'il l'a suivie de préférence à celle où se sont jetés tous ses compatrio-

tes, la peinture sacrée ; mais il a prouvé, par quelques essais, restés des coups de maître, qu'il pouvait ne pas craindre la rivalité.

On cite, en ce genre, son tableau de *l'Apostolat*, qui
était dans la salle capitulaire de *San-Cayetano*. Mais on
peut citer de préférence une autre toile de moyenne dimension qui fut faite pour le Buenretiro, et qui se trouve
maintenant au musée de Madrid, où j'ai pu admirer
cette belle page, si belle qu'elle doit compter à son auteur
pour un livre entier : c'est la *Vision d'Ézéchiel* sur la
résurrection de la chair. Le prophète, seul être vivant, appuyé sur le fût d'une colonne brisée, au milieu des ruines
de Ninive, évoque la race humaine, tout entière ensevelie
dans la tombe, à la fin des temps. Les pierres se soulè-
vent, la terre s'entr'ouvre, et des masses d'hommes, jetant
leurs linceuls, accourent à son appel, effrayés de revoir le
jour et non moins effrayés du compte qu'ils ont à rendre.
Il y a dans l'ordonnance de cette vaste scène, dans les mille
détails de cette foule pâle et décharnée, où se trouvent
toutes les nuances, toutes les gradations possibles entre l'état
de pur squelette et celui d'homme ayant chair et vie ; il y
a, dis-je, une grande science du dessin anatomique, une
admirable variété de poses et d'actions, une énergie singulière dans les caractères des figures. Pour sa manière simple, grave et expressive, on ne peut mieux comparer Col-
lantéa qu'à notre Lesueur. Mais l'Espagnol lui est peut-être
supérieur, au moins dans ce tableau, par l'éclat de la lumière et la vigueur du coloris.

Collantés a dessiné une très-bonne estampe, gravée par Pedro Perret, qui sert de frontispice au livre intitulé *Origine et dignité de la chasse*, publié en 1634, par Juan Mateos, *ballestero* (gardien des armes) de Philippe IV. Il mourut à Madrid en 1656.

LES RIZI.

L'histoire des Rizi ressemble beaucoup à celle des Castello et des Caxès : un père italien, des fils espagnols, tous artistes.

On sait peu de chose d'Antonio Rizi (ou plutôt Rizzi, nom dont l'orthographe et la prononciation se sont altérées en Espagne). Il était né à Bologne, y fit ses études et vint à Madrid, en compagnie de son compatriote Federico Zuccheri. On croit qu'ils peignirent ensemble les premières fresques du cloître des Évangélistes à l'Escorial, lesquelles furent effacées parce qu'elles ne plurent pas à Philippe II. Peu de temps après son arrivée en Espagne, Rizi épousa à Madrid, le 18 septembre 1588, doña Gabriela de Chavès, qui lui donna deux fils, Juan et Francisco. Il dut mourir aussitôt après la naissance du dernier, puisque ni l'un ni l'autre ne prirent de lui leurs premières leçons. L'on ne connaît d'Antonio Rizi qu'un seul ouvrage conservé en lieu public; c'est un *saint Augustin* qui était dans la chapelle des religieuses de *Santo-Domingo-el-Real.*

Juan Rizi, le fils aîné d'Antonio, né à Madrid en 1595, étudia sous le moine dominicain Fray Juan Bautista Mayno, maître de dessin de Philippe IV, et duquel il a été question dans la notice consacrée à l'École de Tolède. L'élève du moine se fit moine lui-même; en 1626, il entra au célèbre monastère que possédaient les bénédictins à Montserrate, dans la Catalogne. Après l'année de noviciat, Fray Juan alla étudier la philosophie à Salamanque, et, comme il ne pouvait être admis dans le couvent de son ordre sans payer une avance de cent ducats, qu'il ne possédait point, il demanda à l'abbé deux jours de répit. Pendant ce court espace, il peignit un *Christ crucifié*, duquel il tira plus que la somme nécessaire.

Rentré dans son couvent de Catalogne, Fray Juan Rizi fut chargé de plusieurs emplois monastiques, et nommé finalement abbé du monastère de Medina del Campo. C'était une abbaye mitrée. Plusieurs autres maisons de son ordre se disputèrent l'honneur et le profit de recevoir un hôte qui payait largement en ouvrages de son pinceau l'hospitalité qu'on lui donnait. Dans l'année 1653, il alla s'établir au couvent de *San-Millan de la Cogolla de Yuso*, où il peignit, non-seulement le grand retable, mais encore une trentaine d'autres tableaux. Le couvent de *San-Juan Bautista*, de Burgos, eut aussi sa visite et ses dons. Pendant le séjour qu'il fit dans cette ancienne capitale de la Castille, patrie du Cid Ruy Diaz de Vivar, il orna de quelques tableaux les chapelles de sa belle cathédrale gothique. Fray Juan Rizi vint ensuite habiter le couvent de *San-Martin*, à Madrid, où il peignit tous les tableaux du grand cloître. « Il n'y a pas une tête, dit à ce sujet le » P. Sarmiento, qui ne soit le portrait de quelque moine, » frère-lai ou servant de la maison. Celui du P. Rizi est » un moine à barbe noire qui soutient saint Benoît mou- » rant. » Ces ouvrages établirent sa réputation dans la capitale. La duchesse de Béjar voulut prendre de lui des leçons de dessin, et il lui dédia un livre qu'il avait écrit sur la peinture, livre que Palomino dit avoir vu, mais qui ne fut probablement jamais imprimé. Quoique parvenu alors à un grand âge, Rizi voulut aller visiter Rome. Il y fut admis dans la congrégation des pères du Mont-Cassin, et continua ses travaux d'artiste avec assez de succès pour attirer les regards des maîtres et du pape lui-même, qui désira le connaître, et qui lui conféra un évêché en Italie. Rizi ne put prendre possession de son diocèse ; il mourut au Mont-Cassin, en 1675, âgé de quatre-vingts ans.

On s'accorde à trouver dans ses tableaux une composition sage, des attitudes naturelles, un dessin correct, un clair-obscur puissant ; mais ils sont exécutés dans un style peu fini, et comme du premier jet.

Le frère cadet de Fray Juan, Francisco Rizi, était né

treize ans plus tard que l'aîné, en 1608, et il entra de
bonne heure à l'école de Vincenzo Carducci. Francisco
était doué de cette facilité malheureuse qui produit, dans
les arts, les mêmes effets que la grande mémoire, dans les
sciences ou les lettres, et qui, semblant épargner l'application et le travail, condamne toujours à la médiocrité,
souvent au pernicieux exemple, ceux qui ont reçu ce don
funeste. Vivant à une époque où la décadence s'annonçait
par la bizarrerie et les variations du goût, dans une cour
où l'on fêtait les poëtes improvisateurs, Rizi devait réussir
avec son talent souple, élégant, maniéré, bon pour des
œuvres éphémères comme le caprice qui les dicte. Aussi
fut-il nommé *pintor de cámara* de Philippe IV, le 7
juin 1656, alors que le grand Velazquez vivait encore. Il
conserva cet emploi sous Charles II, le partageant avec
Carreño. En 1653, Rizi avait été nommé peintre de la cathédrale de Tolède, et, pendant longues années, il fut
chargé de diriger les décorations du théâtre *del Buenretiro*.
Il se trouvait ainsi à la tête de l'art, tout à la fois à la cour,
à l'église et au théâtre; il avait de plus l'enseignement de
son atelier, où se pressaient de nombreux élèves. Son
exemple et sa doctrine devaient donc avoir une influence
considérable; malheureusement elle fut pernicieuse, et
l'on peut attribuer à Rizi une part énorme dans la décadence dont tous les arts furent frappés en Espagne vers la
fin du XVIIe siècle.

Ses décors du Buenretiro, où il prodiguait les plans d'é-
difices les plus capricieux, les ornements les plus ridicules,

18

introduisirent dans l'architecture comme une mode de
corruption et de mauvais goût, qui, du théâtre de la cour,
se répandit dans le pays entier. Sa manière et ses leçons
ne furent pas moins nuisibles à la peinture. Dans les nombreux ouvrages qu'il exécuta à l'Escorial, à Tolède, et surtout à Madrid, où toutes les églises en possèdent quelques-
uns, on trouve toujours une singulière fécondité d'invention, mais sans force ni profondeur, des tons agréables,
des touches faciles et hardies, à côté de faux brillants,
d'attitudes violentes et d'étourderies impardonnables. Ne
voyant dans l'art qu'un métier pour vivre et s'enrichir,
Rizi préférait hautement la facilité à la correction ; il exécutait ses tableaux du premier coup, sans préparation, sans
étude préliminaire, et se faisait gloire de n'en retoucher
jamais ni le dessin ni la couleur. Aussi, avec des qualités
précieuses, il n'a été qu'un peintre à la mode, et son nom
ne figure, dans l'histoire de l'art, que pour en marquer la
décadence. Nouvelle preuve qu'à côté des dons naturels,
sans lesquels l'artiste ne peut être, deux qualités lui sont
encore indispensables, la réflexion et la dignité.

Francisco Rizi mourut presque octogénaire, le 2
août 1685. Il esquissait encore, à l'Escorial, un grand tableau de retable qu'acheva son disciple Claudio Coello. On
cite, parmi ses ouvrages les moins défectueux, une *Annonciation*, une *Nativité*, une *Circoncision*, une *Épiphanie*,
qui ornent la cathédrale de Plasencia.

L'un de ses meilleurs élèves est le licencié don Diego
Gonzalez de la Vega.

CAMILO.

Fils de Domingo Camilo, originaire de Florence, et de doña Clara Perez, de Villafranca del Vierzo, Francisco Camilo naquit à Madrid, dans les premières années du XVIIe siècle. Son père étant mort, sa mère épousa en secondes noces Pedro de Las Cuevas, peintre médiocre, mais bon professeur, qui l'aima comme un fils, et l'éleva avec le plus grand soin. A dix-huit ans, Camilo fut chargé de peindre le retable de la maison professe des Jésuites, à Madrid; il y représenta saint François Borgia, un ostensoir à la main et le monde sous ses pieds. A vingt-cinq ans, il fut choisi par le comte-duc d'Olivarès pour exécuter une partie des portraits des rois d'Espagne

qui ornaient la salle de spectacle du Buenretiro. Il peignit
encore à fresque, dans une galerie du même palais, quatorze sujets empruntés aux métamorphoses d'Ovide. Pendant tout le reste d'une vie paisible, qu'il termina à Madrid,
en 1671, Camilo enrichit de plusieurs bons ouvrages les
églises de cette capitale et d'autres villes. Il a laissé, en
outre, un grand nombre de petits tableaux de chevalet,
recherchés des amateurs, et que recommandent un dessin
correct, sinon de haut style, ainsi qu'un coloris frais et
agréable. De toutes ses compositions, celle qui passe pour
la meilleure est une *Communion de sainte Marie l'Égyptienne*, qui était sur l'autel des Capucins à Alcala de Henarès.

Parmi les élèves de Camilo, il est juste de citer Francisco Ignacio qui a parfaitement imité sa manière.

JUSEPE MARTINEZ.

La vie de ce peintre est aussi simple et aussi courte que celle qui précède. Il naquit à Saragosse en 1612. Comme il n'y avait point d'école en cette ville, son père l'envoya étudier la peinture à Rome. Jusepe Martinez en revint artiste habile ; mais, bien que pouvant prétendre à des succès plus éclatants, il ne voulut jamais quitter le pays où il était né. Vainement Philippe IV, dans le voyage qu'il fit à Saragosse en 1642, lui conféra le titre de peintre du roi, sur les bons renseignements que lui donna Velazquez des mérites de l'artiste aragonais ; vainement le prince don Juan d'Autriche le nomma, un peu plus tard, son peintre particulier ; Jusepe Martinez ne voulut point aller à Madrid, et passa le

reste de sa vie à Saragosse, où il était, à la vérité, le premier dans son art. Il y mourut, en 1682, âgé de soixante-
dix ans.

Les ouvrages de Jusepe Martinez sont moins estimés
pour le style, qui n'est pas élevé, et pour le dessin, qui
n'est pas très-pur, que pour le coloris, agréable et puissant.
Ses meilleures compositions sont dans la cathédrale de la
Seu et le couvent de la *Manteria*, à Saragosse. Il a laissé manuscrit un ouvrage assez considérable, intitulé : *Discours
pratiques sur le très-noble art de la peinture, ses rudiments, moyens et fins*, etc. Cean-Bermudez avoue que,
dans son *Dictionnaire*, il a fait souvent usage du traité de
Martinez, où brillent une saine critique et des connaissances étendues.

L'on ne sépare pas du nom de Martinez son prénom Jusepe, pour le distinguer d'une foule d'autres artistes portant le même nom que lui, le plus commun qu'il y ait en
Espagne. Parmi eux, il faut mentionner Fray Antonio
Martinez, fils de Jusepe, lequel, né à Saragosse en 1639,
entra dans la chartreuse d'*Aula-Dei*, après avoir étudié la
peinture sous son père et à Rome, et laissa dans le cloître
de cette chartreuse, où il mourut en 1690, une série de
tableaux représentant, comme celle de Lesueur, la vie de
saint Bruno. Il faut mentionner aussi Domingo Martinez, de
Séville, mort en 1750, qui fit, après Murillo, des efforts au
moins recommandables pour soutenir l'art en décadence.
Il a laissé un assez grand nombre d'ouvrages estimés de son
vivant, mais peints avec afféterie, et copiés ou imités, la

plupart, de gravures italiennes. Il faut citer encore un Ambrosio Martinez, élève d'Alonzo Cano, à Grenade; un Crisostomo Martinez, peintre et graveur à Valence, vers 1680; un Josef Martinez, disciple de l'École florentine, qui habitait Valladolid à la fin du XVI siècle; un Gregorio Martinez, de la même ville et du même temps; un Sebastian Martinez, né à Jaen, en 1602, élève, à Cordoue, d'un élève de Céspedès, devenu, à Madrid, peintre du roi sous Philippe IV, et qui a laissé nombre de jolis tableaux de chevalet; un Tomas Martinez, qui apprit à peindre, à Séville, d'un disciple de Murillo; un Francisco Martinez de Cazorla et un Juan Martinez de Gradilla, tous deux également de Séville, le premier, élève de Valdès-Léal, le second, de Zurbaran, et plusieurs autres encore. Les sculpteurs du nom de Martinez ne sont guère moins nombreux que les peintres. Le plus célèbre d'entre eux est sans contredit Juan Martinez-Montanès, artiste d'un mérite éminent, dont Séville a conservé dans ses églises une foule d'excellentes productions.

LEONARDO.

Il y eut en Espagne deux peintres de ce nom ; le second seul appartient à l'École de Madrid. L'autre, plus ancien, nommé Fray Agustin Leonardo, avait probablement pris naissance dans le royaume de Valence, au déclin du XVIᵉ siècle. Il était, en 1620, moine au couvent de *Nuestra-Señora del Puig*, à trois lieues de Valence. On conservait, dans la sacristie de ce couvent, quatre grands tableaux de sa main, la *Découverte de Notre-Dame du Puig*, le *Siége de Valence* par Jacques II (Jaime el conquistador), la *Prise de cette ville*, et une *Bataille livrée aux Mores*, dans laquelle saint Georges combat pour les chrétiens. Ces ouvrages, et quelques au-

tres, faits à Madrid et à Séville, offrent des qualités dans
la composition, le dessin et la perspective; mais la couleur
en est sèche et dure. Les portraits de Fray Agustin étaient
estimés.

Le second Leonardo, ayant pour prénom Jusepe, était
de Calatrava, où il naquit en 1616. Il étudia à Madrid
sous Pedro de Las Cuevas, et acquit assez de réputation
pour être nommé peintre du roi. Il venait d'atteindre la
force de l'âge et du talent, lorsqu'un breuvage pris étour-
diment, et que d'autres disent préparé par une jalousie
criminelle, lui fit perdre la raison. Leonardo vécut encore
quelques années dans ce misérable état. Il mourut à Saragosse en 1656.

Ses ouvrages les plus connus, entre autres une *prise de
Breda*, avaient été faits pour le palais du Buenretiro. On
conserve, au musée de Madrid, une *Marche de soldats*
conduits par le duc de Feria, qui renferme toutes les qualités de la grande peinture, composition pleine d'art et de
feu, dessin correct, couleur vigoureuse, mâles expressions
de tête, et qui se trouve encadrée dans un excellent
paysage. La vue de ce bel ouvrage rend bien regrettable la
mort prématurée de son auteur.

MONTERO.

———

On a peu de renseignements sur Juan Montero de
Rojas, dont le nom est resté à peu près inconnu parmi
nous. Né à Madrid en 1613, il fut, comme Leonardo et
Camilo, élève de Pedro de Las Cuevas; il se rendit ensuite à Rome, où il étudia de préférence le Caravage; de
retour à Madrid, il s'y fixa, sans obtenir de la cour ni titre
ni faveur, et y mourut en 1683. Les ouvrages, en petit
nombre il est vrai, qu'il a laissés, tels qu'une *Assomption*,
le *Songe de Joseph*, le *Passage de la Mer Rouge*, *Noé
et ses fils*, auraient dû lui obtenir, des contemporains et
de la postérité, une réputation plus grande. S'ils ne portaient sa signature, on les attribuerait sans hésiter à quel-

que maître italien de premier ordre, des Écoles de Venise
ou de Bologne, et l'on ne ferait injure à nul d'entre eux,
si haut qu'il soit placé, en ajoutant au long catalogue de
ses œuvres la liste bien courte des œuvres de Montero.

Il ne faut pas confondre Juan Montero de Rojas avec
don Lorenzo Montero, né à Séville en 1656, mort à Madrid en 1710. Celui-ci n'a guère fait à l'huile que quelques
portraits, entre autres celui de Philippe V. Mais il réussis-
sait à peindre à la détrempe des paysages et des vues d'architecture. Il fut chargé longtemps des décorations au
théâtre du Buenretiro.

ARIAS.

——— —— —

Encore un élève de Pedro de Las Cuevas. A quatorze
ans, Antonio Arias Fernandez fut chargé d'exécuter les
peintures du grand retable dans le couvent des Carmes-Dé-
chaussés de Tolède. Ce travail le plaça tout d'abord au
rang des premiers peintres de la capitale, et peu d'années
après, le comte-duc d'Olivarès lui donna sa part à faire
dans la série des portraits de rois qui ornaient la salle appelée *des Comédies*, dans l'ancien palais. Un tel début
promettait à Arias une belle existence d'artiste; mais,
tandis que Rizi brillait et s'enrichissait à la cour, Arias fut
oublié, et, malgré les qualités éminentes qui distinguent
la plupart de ses ouvrages, bien qu'il eût des connaissances

variées et étendues au delà de son art, bien que sa vie,
enfin, fût sobre et laborieuse, il tomba, devenu vieux,
dans une telle détresse, qu'il alla terminer misérablement
sur le grabat d'un hôpital une vie commencée si tôt et si
bien. Il mourut effectivement, en 1684, dans l'hospice général de Madrid. Parmi les grandes compositions qu'il a
laissées dans quelques églises, on cite un *Christ mort*
soutenu par la Vierge et saint Jean, qui se trouve à Léon
dans le couvent des religieuses de Carvajal; il est daté
de 1658, et Cean-Bermudez, en le citant, l'appelle
tableau de grand mérite, éloge dont il n'est pas prodigue.

SOLIS.

———

Don Francisco de Solis, qui porte un nom illustré en
Espagne par l'historien de la *Conquéte du Mexique*, auteur aussi de plusieurs charmantes comédies, mérite peut-
être moins une place dans ces biographies par la valeur
de ses œuvres, que par la manière noble et généreuse dont
il exerça son art. Né à Madrid en 1629, il apprit à dessiner
de son père Juan de Solis, qui, lui-même, avait reçu les
leçons d'Alonzo de Herrera, à Ségovie. Ce devait être une
simple étude d'agrément pour Francisco de Solis que sa
famille, riche et noble, destinait aux fonctions ecclésias-
tiques; mais son goût devint si vif, qu'il fit de la peinture
sa profession.

A dix-huit ans, il avait achevé un tableau destiné aux capucins de Villarubia de los Ojos, qui fut exposé publiquement dans une fête à Madrid, et qui eut tant de succès, que Philippe IV exigea qu'il y mit son nom et son âge. Ce début brillant livrait à Solis tous les avantages de la vogue ; mais, plutôt que d'augmenter sa fortune, il aima mieux la consacrer au bien de l'art et des artistes. Pendant nombre d'années, il eut dans sa maison une véritable académie de peinture, pourvue même de modèles vivants, qu'il ouvrait gratuitement aux jeunes gens laborieux et pauvres. Il occupa aussi une partie de son temps à écrire les vies des peintres, sculpteurs et architectes espagnols, et grava à l'eau-forte les portraits des plus célèbres d'entre eux. Malheureusement, cet ouvrage, qu'il ne fit pas publier de son vivant, disparut à sa mort, arrivée le 25 septembre 1684. Il fut enterré à l'église des Minimes, dans une sépulture appartenant à la famille de sa femme, doña Lucia Barragan.

Solis laissait, en mourant, une riche bibliothèque, une collection d'armures (*armeria*), et un cabinet de dessins et de gravures, que Palomino dit avoir été estimé 6,000 ducats. Le nombre, en effet, devait en être très-grand, car Cean-Bermudez affirme qu'une notable quantité de ceux qu'on trouve entre les mains des amateurs portent la signature de Solis. Ses ouvrages de peinture, qui sont dans les églises de Madrid, de Valladolid et de quelques villes encore, se recommandent moins par la correction

et la vigueur que par la fraîcheur du coloris et la
finesse des demi-teintes. Comme beaucoup de peintres
de son temps, il voyait dans ces agréments l'art tout
entier ; mais il faut convenir qu'il a su les porter à un degré
que peu d'autres ont atteint.

ESCALANTE.

———

Francisco Rizi, qui eut des élèves plus appliqués et plus consciencieux que lui-même, compta parmi les siens Juan Antonio Escalante, né à Cordoue, en 1630, d'Alonzo de Fonseca et de doña Francisca Escalante. Comme Velazquez, Escalante prit le nom de sa mère. C'était un usage reçu en Andalousie, mais qui a cessé.

En qualité de peintre du roi, son maître Rizi put l'introduire dans les galeries du palais, et livrer à ses études les chefs-d'œuvre dont elles étaient remplies. Parmi les maîtres, Escalante fit choix du Tintoret pour modèle, copia ses ouvrages, et mit tous ses efforts à imiter, non-seulement le coloris du Vénitien, mais le style

19

de ses compositions, qu'il étudiait jusque dans les gravures.
A vingt-quatre ans, Escalante peignit, pour le cloître des
Carmes-Chaussés de Madrid, une série de tableaux représentant la *Vie de saint Gérard*; il fit ensuite plusieurs
ouvrages importants pour le couvent de la *Merced calzada*, entre autres une *Rédemption de captifs*, où il se
peignit lui-même. Après avoir aidé son maître Rizi à
peindre le *monument* de la cathédrale de Tolède, il
mourut à Madrid en 1670, n'ayant pas plus de quarante
ans. Bien que la manière d'Escalante ne soit qu'une imitation imparfaite de Tintoret, qu'il n'égale ni dans l'harmonie du coloris ni dans la noblesse des expressions, cependant ses ouvrages sont dignes d'estime, et lui assignent
un rang honorable parmi les artistes de second ordre.

CEREZO ET CABEZALERO.

Tous deux élèves du même maître, nés presque ensemble et morts au même âge, ces deux peintres doivent être réunis dans la même notice.

Juan Martin Cabezalero était né, en 1633, au bourg d'Almaden, célèbre par ses mines de mercure. Il vint à Madrid étudier la peinture sous don Juan Carreño. D'un caractère grave et appliqué, il fit des progrès plus sûrs que rapides, et son talent grandissait toujours, lorsque la mort le surprit en 1673, n'ayant pas encore atteint quarante ans. On fondait sur son avenir de grandes espérances. Les ouvrages qu'il a laissés, peints dans un style sage, correct et gracieux, suffisent toutefois pour conserver le nom de Ca-

bezalero. Il est juste de citer, entre autres, quatre importants tableaux qu'il fit pour le couvent de *San-Francisco*,
de Madrid : un *Ecce Homo*, une *Voie des Douleurs*,
une *Mise en croix* et un *Calvaire*.

Son condisciple, Mateo Cerezo, plus précoce et plus fécond, est également plus connu que lui. Né à Burgos
en 1635, celui-ci apprit de son père les éléments de l'art;
puis il vint, à quinze ans, grossir l'école de Carreño, dont
il fut promptement le plus brillant élève. Non content des
leçons du maître, Cerezo copiait les originaux des galeries royales, peignait d'après nature, faisait les portraits
de ses amis; il ne négligea enfin aucun des moyens qui
mènent au succès, à la perfection. Au bout de cinq ans
d'études, on le citait comme l'égal de son maître, et il
put exercer sa profession avec éclat. Malheureusement sa
vie fut courte; il mourut aussi à quarante ans, en 1675.
Ses ouvrages, fort nombreux, sont restés en grande partie
dans les églises de Madrid et de Valladolid. Le plus célèbre
est un grand tableau fait pour le réfectoire des PP. Reco-
lets, qui représente la *Cène du Christ avec les disciples
d'Emmaüs*. Palomino le vante peut-être avec un peu
d'exagération, lorsqu'il dit que ce tableau surpasse tout
éloge (*excede toda ponderacion*); mais il ne faudrait pas
non plus se borner à dire, comme certain charlatan italien : « Pour être l'œuvre d'un Espagnol, ce n'est pas mal
(*Per essere d'un Spagnuolo, non è cattivo*). » C'est une
composition simple, bien entendue, d'un coloris agréable
et vrai, qui reproduit le sujet avec intelligence et vigueur.

Cette *Cène* est le dernier ouvrage de Cerezo ; elle prouve ce qu'on pouvait attendre de lui s'il eût passé l'âge avant lequel le talent n'atteint guère sa force et sa maturité. Le musée de Madrid a de Cerezo un *saint Jérôme en médi-tation*, très-remarquable par l'expression de piété fervente et par la couleur aux teintes dorées.

GARCIA·HIDALGO.

Après ces deux élèves de Carreño, il est juste de citer encore l'un des peintres les plus distingués qui passèrent dans l'école de ce maître, don Josef Garcia-Hidalgo. L'on ne sait ni dans quel lieu ni dans quelle année il naquit. Les premières leçons lui furent données à Murcie par Villacis et Gilarte, puis il alla à Rome, où il étudia sous Pierre de Cortone, Salvator Rosa et Carle Maratte. Il revint en Espagne, se fixa quelque temps à Valence, où on l'appelait *le Castillan* (el Castellano), et vint à Madrid, en 1674, se mettre sous la direction de Carreño. Chargé de commandes importantes, entre autres des vingt-quatre tableaux formant l'histoire de saint Augustin, pour le cloître

du couvent de *San-Felipe-el-Real*, Garcia-Hidalgo acquit une réputation méritée, que Palomino, son ennemi,
n'a pas voulu consacrer dans son livre. Le nom de Garcia-
Hidalgo n'y est pas même prononcé. Ce peintre a dessiné,
gravé et publié, en 1691, un petit cahier (*una cartilla*)
des principes du dessin où se trouvent réunis de bonnes
leçons et de bons exemples.

CLAUDIO COELLO.

———

Claudio Coello (qu'il ne faut pas confondre avec Alonzo Sanchez-Coello, le peintre favori de Philippe II, dont nous avons précédemment tracé l'histoire), tient à peu près, dans l'École espagnole, la place qu'occupe Pierre de Cortone ou Carle Maratte dans l'École italienne. Lui aussi, artiste digne de ce nom, chercha à lutter contre la décadence, qui déjà l'entourait de ses ruines, en réunissant dans sa manière les styles des grands peintres qui l'avaient précédé; lui aussi fut, dans sa patrie, le dernier de ceux qu'on appelle les *maîtres anciens*.

Son père, Faustino Coello, Portugais d'origine et tourneur en bronze de son métier, était venu s'établir à Madrid;

c'est dans cette ville que naquit Claudio, l'on ne sait précisément en quelle année, mais à coup sûr vers le mi-
lieu du XVIIe siècle. Pour qu'il pût l'aider dans le travail
de la ciselure, son père lui fit apprendre le dessin à l'école
de Francisco Rizi. Ce maître, voyant les heureuses dispositions du jeune apprenti, engagea son père à lui laisser
étudier la peinture, et Claudio, mettant à son travail l'application la plus assidue, ainsi que l'intelligence la plus
précoce, parvint en peu d'années à surpasser tous ses con-
disciples. Il était encore dans l'atelier de Rizi, qu'il peignit le maître-autel du couvent de *San-Placido*, un *saint
Roch* pour la paroisse de *San-Andrès*, enfin le retable
principal de l'église de *Santa-Cruz*. Son maître fut si
content de ce dernier ouvrage, qu'il consentit à s'en dire
l'auteur pour qu'on le payât un plus haut prix.

Lié bientôt d'une étroite amitié avec don Juan Carreño,
peintre de Charles II, Coello put pénétrer dans les résiden-
ces royales, et étudier à son aise les œuvres des maîtres.
Comme presque tous les Espagnols, il préféra pour modèles les grands coloristes, Titien, Rubens, Van-Dyck.
A l'arrivée de Josef Donoso, qui revenait de Rome, où
il avait étudié la peinture à fresque, Coello fut chargé
d'exécuter avec lui des travaux importants dans la cathédrale de Tolède, dans la chartreuse *del Paular*, dans
les églises de *San-Isidro-el-Real*, de *la Trinidad*, de *San-
Bazilio*, et dans l'alcazar de Madrid. Il peignit encore, de
compagnie avec Donoso, les arcs de triomphe qui furent
dressés à Madrid pour l'entrée de Marie-Louise d'Orléans,

première femme de Charles II ; puis il alla exécuter à Saragosse, en 1683, diverses peintures à fresque dans le couvent des Augustins, appelé de *la Manteria*. De retour à Madrid en 1684, il fut nommé peintre du roi, puis, en 1686, *pintor de cámara* à la mort d'Herrera le jeune, et enfin, lorsque Carreño mourut, il lui succéda dans tous ses titres, même celui de valet de chambre, ayant obtenu de plus une pension de 300 ducats pour son jeune fils Bernardino, et une autre sur la cassette particulière, qui fut continuée à sa veuve doña Bernarda de la Torre.

La mort de Francisco Rizi lui ôta son dernier émule. Elle lui fournit également l'occasion de produire son plus grand ouvrage, celui qui doit désormais conserver et honorer son nom. Pour en comprendre le sujet, il faut savoir que, depuis l'année 1592, on conservait à l'Escorial une hostie (*forma*) provenant de je ne sais quelle église de Hollande, où, disait-on, des disciples fanatiques de Zuingle l'avaient profanée par un indigne sacrilége. Charles II imagina, en 1684, d'ôter cette hostie d'un reliquaire où elle gisait cachée, pour la mettre en évidence sur l'autel de la sacristie. C'est ainsi qu'il voulut remercier le ciel de la délivrance de Vienne menacée par les armées ottomanes. Mais le retable de cet autel n'était pas assez riche pour une telle destination ; le roi chargea Rizi d'en élever un nouveau, tout en bronze et en marbre, et de peindre le tableau qui devait servir de voile à l'ostensoir. Rizi fit exécuter le retable, mais il mourut ne laissant du tableau qu'un dessin. Coello reçut du roi la mission de l'achever. N'approuvant

pas le point de vue qu'avait adopté Rizi, Coello dut chan-
ger toute l'ordonnance de la composition. Sur une toile
d'environ six mètres de hauteur et seulement trois de lar-
geur, il avait à représenter la procession royale qui porta
l'hostie à sa nouvelle place, en choisissant l'instant où le
prêtre donne la bénédiction aux assistants agenouillés. Il
fallait une grande adresse pour ajuster un tel sujet aux
proportions de la toile, et pour éviter la monotonie des
attitudes. Ces difficultés furent vaincues par Coello avec un
extrême bonheur, et les portraits du roi, du prieur, du
premier ministre duc de Medinaceli et d'une cinquantaine
d'autres personnages, se trouvèrent merveilleusement en-
cadrés dans cette vaste scène, surmontée d'une dévote allégorie. Ce tableau, que l'on appelle *el cuadro de la Forma*,
coûta à Coello plus de trois années d'un travail assidu;
il n'en fut détourné que pour peindre quelques fresques
dans les chambres de la reine, où il représenta l'histoire
de Psyché.

Après avoir terminé cet immense ouvrage, qui lui valut
d'unanimes éloges, après avoir achevé quelques petits travaux pour la seconde femme de Charles II, Marie-Anne
de Neubourg, Coello succéda à son maître Rizi dans l'emploi de peintre de la cathédrale de Tolède. C'était en
1691. Il réunissait alors toutes les hautes positions de l'art,
et personne ne lui disputait la suprématie, qu'il devait
à son mérite plus qu'à la faveur. Cette situation honorable et brillante ne dura pas longtemps. Au mois de
mai de l'année suivante, 1692, on appela en Espagne

Luca Giordano, pour lui donner à peindre le grand escalier et les absides de l'église à l'Escorial. Coello était sensible, jaloux peut-être, et portait à l'extrême cette susceptibilité fière que les Espagnols appellent *pundonor*. En se voyant préférer un étranger, à lui qui venait d'orner d'une belle œuvre ce même Escorial, il jura de ne plus prendre les pinceaux. Depuis lors, en effet, il se contenta d'achever un *Martyre de saint Étienne* qu'il avait commencé pour les Dominicains de Salamanque. Mais le chagrin mena Coello plus loin que l'abandon de son art; il altéra sa santé, et frappa son esprit d'une sombre mélancolie. Inconsolable de ce qu'il appelait un outrage, Coello mourut moins d'un an après l'arrivée de Giordano, le 20 avril 1693. On l'enterra dans la paroisse de *San-Andrès*, à Madrid.

Il n'a manqué à Claudio Coello que de naître à une époque antérieure, pour avoir été l'égal des grands peintres auxquels il survivait. L'esprit, les connaissances, la passion de son art, ne lui manquèrent pas plus que les dons naturels, la sûreté du coup d'œil et le sens du coloris. Malheureusement, au temps où il vécut, la décadence était partout; le mauvais goût dans les lettres et les arts marchait de pair avec l'avilissement de la monarchie et de la nation. Au lieu de l'occuper, au sortir de l'atelier, à des travaux graves et sérieux, on lui fit barbouiller à la détrempe des sacristies et des boudoirs. De plus fortes natures se fussent gâtées à ce métier. Et cependant, les connaisseurs les plus difficiles maintiennent Coello dans un rang honorable, et

l'appellent le dernier peintre de l'Espagne. Comme on
avait dit d'Annibal Carrache qu'il réunissait en lui les diverses qualités de ses prédécesseurs, on a dit de Coello qu'il
joignait au dessin d'Alonzo Cano le coloris de Murillo et
l'effet de Velazquez. C'était vrai pour l'un comme pour
l'autre, et au même degré. Du reste, Coello ne s'abusa
point sur la déplorable tendance de son époque, et, tout
en luttant contre le mal, il le vit sans remède. Un de ses
amis, don Cristoval Ontañon, disait, en lui annonçant la
prochaine arrivée de Giordano : « Celui-là vient vous apprendre à gagner beaucoup d'argent. » — « Oui, répondit
Coello; mais il vient aussi nous absoudre de bien des
fautes, et nous ôter bien des scrupules. » C'était prédire
la ruine de l'art.

Claudio Coello a laissé deux élèves de quelque mérite,
Sebastian Muñoz et don Teodoro Ardemans. Son grand et
magnifique tableau de la *Forma* est comme enseveli, avec
tant d'autres, dans les catacombes de l'Escorial; mais le
musée de Madrid possède deux *sujets mystiques* qui,
sans avoir la même importance, recommandent suffisamment son nom et sa mémoire.

LES MENENDEZ.

Entre Coello et l'époque actuelle, on ne peut guère citer, parmi les continuateurs déchus de l'École de Madrid, que les trois frères don Luis, don Alexandro et don Antonio Gonzalez-Velazquez, de qui les meilleurs ouvrages ont été quelques fresques avec des décorations du théâtre *del Buenretiro*, et la famille des Menendez. Ces derniers sont appelés ordinairement Melendez, nom rendu célèbre par le poëte lyrique; mais le vrai nom de cette famille de peintres était Menendez.

Deux frères, don Miguel Jacinto et don Francisco Antonio, nés à Oviedo, capitale des Asturies, l'aîné en 1679, le cadet en 1682, vinrent étudier à Madrid. L'aîné parvint à être nommé peintre du roi par Philippe V, en 1712, et il a laissé quelques ouvrages passables dans les églises de Madrid, entre autres deux tableaux représentant la *Vie de saint Élie*, dans le couvent des Carmes-Chaussés.

Don Francisco Antonio, ayant à peine reçu quelques principes aux côtés de son frère, partit, en 1699, pour l'Italie, où il visita Gênes, Milan, Venise, Rome et Naples. Là, il se trouva sans argent, sans protecteur, et obligé, pour vivre, de s'enrôler comme soldat dans un corps d'infanterie espagnole. Néanmoins, malgré les devoirs de caserne, il trouva le temps de reprendre ses études, de suivre les cours des Académies, et de fréquenter les artistes. Menendez se maria aussi à Naples; mais, lorsque les Espagnols perdirent ce royaume, il ramena sa famille en Espagne, et vint, en 1717, s'établir à Madrid. On reconnut bientôt le grand talent qu'il avait acquis dans la miniature; il fit les portraits du roi et des infants, fut nommé leur peintre, et n'eut plus qu'à enrichir de ses ouvrages les bijoux de la cour ou ceux qu'on donnait en présent aux ambassadeurs étrangers. En 1726, il présenta au roi un mémoire sur la nécessité d'établir en Espagne, à Madrid, une Académie de peinture sur le modèle de celles d'Italie. Son idée fructifia, bien que lentement. A force d'insistance, il obtint, en 1744, l'établissement d'une junte préparatoire pour l'étude gratuite du dessin, dont il fut nommé directeur; mais il était mort en 1752, lorsqu'on créa l'Académie de Saint-Ferdinand.

Sa fille, doña Ana Menendez, et son plus jeune fils, don

Josef Agustin, tous deux ses élèves, exercèrent également l'état de peintres en miniature, l'une à Madrid, l'autre à Cadix.

Son fils aîné, don Luis Menendez, né à Naples en 1716, et, comme les autres, élèves de son père, alla se perfectionner à Rome, étudia les maitres, et rapporta d'assez bons ouvrages pour être nommé, par Charles III, *pintor de cámara*. Luis Menendez fut aussi miniaturiste, et il a peint, dans ce genre, une très-bonne *Sainte-Famille* pour l'oratoire du prince des Asturies; mais il a surtout réussi dans les *bodegones*, c'est-à-dire les fleurs, les fruits et les tableaux de salle à manger. Il y en avait quarante-quatre de sa main dans l'antichambre du roi à Aranjuez; les meilleurs ont été recueillis par le musée de Madrid. Don Luis Menendez mourut à Madrid en 1780.

GOYA.

En cette même année 1780, et à la mort de ce dernier des Menendez, l'emploi, devenu presque nominal, de *pintor de cámara*, ce titre jadis si disputé et honoré par de si grands génies, fut donné à Francisco Goya y Lucientès. Homme singulier, talent capricieux, mais véritable artiste, Goya est, à défaut d'école, la seule individualité puissante que l'Espagne ait donnée aux arts depuis ses anciens maîtres jusqu'à nos jours. Goya était né en 1746, au village de Fuendetodos, dans le royaume d'Aragon. Il reçut les premières leçons à Saragosse, d'un certain don José Luzan, qui lui apprenait le dessin en lui faisant copier des gravures. Après quatre ans de ce vain exercice, Goya se

20

mit à peindre tout seul, et chercha comme il put les règles
et les procédés d'un art dont il n'y avait plus de maîtres
autour de lui. Plus tard, il se rendit à Rome, mais sans se
mettre sous la direction d'aucun professeur, et se bornant
aux études que peut faire devant les anciennes toiles un
promeneur intelligent. De retour en Espagne, et fixé à Madrid, il suivit la même méthode. Il ne prit de leçon que
des morts, et fut à lui-même son maître unique. De cette
éducation bizarre sortit un talent incorrect, sauvage, dépourvu de méthode et de style, mais plein de séve, d'audace et d'originalité. Devenu peintre particulier de Charles IV, mais conservant à la cour la plus fière indépendance, aimé et recherché de tous, Goya est venu finir à
Bordeaux, en 1832, une existence aussi singulière que ses
études et que son talent. Il avait atteint l'âge de quatre-
vingt-six ans.

Dans le vestibule de la grande galerie du musée de Madrid, où l'on a réuni quelques maigres ébauches des artistes contemporains, pour en faire comme les *bagatelles
de la porte*, se trouvent les portraits de Charles IV et de
Maria-Luisa, à cheval, peints par Goya. Ce sont des ouvrages fort imparfaits sans doute, où les fautes de dessin,
surtout dans la charpente des chevaux, sont nombreuses et
grossières; mais les têtes et les bustes offrent de si singulières beautés, et je dirais si imprévues; il y a, dans cet ensemble, défectueux lorsqu'on l'analyse, un effet si vigoureux, la pâte en est si ferme, la couleur si vraie, le pinceau si audacieux et si puissant, qu'on ne peut manquer

d'admirer ces qualités rares, tout en déplorant les défauts essentiels qu'elles ne peuvent entièrement racheter. Goya est le dernier héritier, mais à un degré très-distant, du grand Velazquez. C'est la même manière, plus lâche, plus fougueuse, plus déréglée. Ne s'abusant point sur la portée de son talent, Goya ne s'est jamais essayé dans les choses de haut style; ses compositions se bornent à des processions de village, à des chantres au lutrin, à des scènes de courses de taureaux, à des farces de polissons, enfin à des sortes de caricatures peintes. Dans ce genre, il est plein d'esprit, de malice, et l'exécution est toujours supérieure au sujet. J'ai vu des pochades de cette espèce qu'il avait barbouillées à l'âge de quatre-vingts ans, et presque aveugle, non point avec le pinceau, car il ne pouvait plus le manier, mais avec la pointe du couteau flexible qui sert à étendre les couleurs sur la palette; il y avait encore dans ces ébauches une verve et un éclat singuliers.

Outre ses peintures, dispersées en Espagne, et dont quelques-unes ont pénétré en France, il a laissé une série de gravures à l'eau-forte qu'on appelle plus spécialement *l'œuvre de Goya*. Elles sont au nombre de quatre-vingts, et l'on croit que plusieurs autres n'ont pas été rassemblées dans ce recueil. Ce sont, comme la plupart de ses tableaux, des caricatures sur les usages, les mœurs, les personnages de son pays et de son temps. Il y en a de fort malignes, et qui s'attaquent, par des allusions assez claires, aux gens de la cour de Charles IV, surtout à la reine Maria-Luisa

et au favori Godoy. Ces caricatures sont de charmants
caprices, rendus avec une vigueur peu commune, qui
rappellent Hogarth par *l'humour* et Rembrandt par l'exécution.

ÉTRANGERS

PEINTRES EN ESPAGNE.

PEDRO CAMPAÑA.

Le vieux peintre que les Espagnols appellent *el Maese*
Pedro Campaña, et que nous nommons Pierre de Champagne, était né à Bruxelles en 1503. Il y étudia d'abord
selon le style allemand et la manière d'Albert Durer; puis
il passa en Italie, étant déjà homme fait. Par une erreur
qu'il a fréquemment commise, Palomino fait de Campaña
un élève de Raphaël; Raphaël était mort en 1520, et
Campaña, avant d'arriver à Rome, peignait à Bologne,
en 1530, un arc de triomphe pour le couronnement de
Charles-Quint. Campaña put étudier sous les disciples immédiats de Raphaël, et sous Michel-Ange personnellement,
comme l'indique assez d'ailleurs le nouveau style qu'il

adopta. D'après Palomino et Pacheco, Campaña aurait passé vingt années à Rome. Cela non plus n'est pas possible; car sa fameuse *Descente de croix* (et ce n'est pas le premier ouvrage qu'il fit à Séville) porte la date de 1548).

Quel qu'ait été le temps consacré à ses études en Italie, ce fut en quittant Rome que Campaña se rendit à Séville, où il séjourna longues années, et fit ses plus importants travaux. Sa manière est un mélange du grand style italien et d'une espèce de souvenir de sa première éducation allemande. Campaña ressemble à celui qui apprend une langue étrangère, et conserve, en la parlant, un peu de son accent natal. Du reste, tous ses ouvrages, peints sur bois, se recommandent par une grande science de composition, une correction irréprochable, la connaissance de l'anatomie, la vigueur du clair-obscur, beaucoup de noblesse dans les attitudes, et d'expression dans les physionomies. Ses principaux ouvrages, demeurés à Séville, sont, dans la cathédrale, une excellente *Purification de Notre-Dame*, de son meilleur coloris, une *Résurrection* et plusieurs saints; dans la paroisse du faubourg de Triana, le retable, en quinze parties, représentant la *Vie de sainte Anne*; enfin, dans l'église de *Santa-Cruz*, la *Descente de croix*, magnifique chef-d'œuvre comparable aux plus célèbres compositions de l'Italie. Murillo, qui fut enterré dans la chapelle même où se trouve ce tableau, avait, dit-on, l'habitude de rester souvent en contemplation devant l'œuvre de Campaña. Un jour qu'il l'admirait encore après l'heure où se fermaient les portes de l'église, un sacristain lui fit remarquer qu'il était temps de partir : « J'attendais, » répondit Murillo, sortant de son extase, j'attendais que » ces saints personnages eussent achevé de descendre le » corps du Seigneur. »

Parvenu à un âge très-avancé, Campaña retourna dans son pays, et mourut à Bruxelles, en 1580, âgé de soixante-dix-sept ans. Son portrait, comme représentant l'un des plus illustres enfants de cette cité, fut placé dans les salles de l'Hôtel-de-Ville.

ANTONIO MORO.

L'histoire d'Antonio Moro ressemble beaucoup à celle de
Pedro Campaña. Il naquit à Utrecht en 1512, y étudia d'a-
bord sous Jean Schorel, puis alla se perfectionner en Italie.
Le cardinal Granvelle, en ministre courtisan, l'emmena à
Madrid dans l'année 1552, et lui fit commencer, par le
portrait de l'infant, fils de Charles-Quint, depuis Philippe II, la lucrative profession de peintre de la cour. Il
fut envoyé à Lisbonne pour y peindre divers membres de
la famille royale, puis à Londres pour y faire le portrait
de la reine Marie, première femme de Philippe II. A Londres comme à Lisbonne, il fut fêté, recherché, et sa réputation, d'ailleurs bien méritée, devint si grande, qu'il

ne faisait pas un seul portrait pour un prix moindre de
cent ducats, somme alors considérable. Après que la paix
eut été conclue entre l'Espagne et la France, Antonio
Moro revint à Madrid, et la faveur dont il jouissait auprès
du roi fut telle, qu'elle excita la jalousie des courtisans. A
tort ou à raison, Moro craignit les effets de l'envie qu'il
avait éveillée, et, s'échappant de la cour, regagna Bruxelles. Il y obtint les bonnes grâces du duc d'Albe, autre souverain des Pays-Bas, et mourut à Anvers, en 1588, chez
une de ses filles, richement mariée, qui jouissait d'une
grosse pension sur la douane de cette ville, que lui avait
donnée le duc d'Albe.

Antonio Moro a laissé peu de compositions. L'on citait
comme son meilleur ouvrage un tableau sur bois représentant le *Christ ressuscité* entre saint Pierre et saint Paul,
qui se trouvait alors à Paris. Mais c'est dans le portrait
qu'a excellé Moro. La ressemblance était si parfaite, qu'elle
excitait partout l'enthousiasme, et l'exécution, dont nous
pouvons encore juger, n'était pas moins admirable. Dans le
style du temps, l'on ne saurait trouver à la fois plus de vigueur, de finesse et d'exquise perfection. Nous pouvons
seulement lui reprocher aujourd'hui un peu de la sécheresse qui dépare presque tous les tableaux sur bois, et
l'absence de ce modelé merveilleux, de cette vie, enfin,
qu'ont trouvée depuis Van-Dyck et Velazquez.

Il avait laissé en Espagne une quantité considérable de
portraits, dont la plus grande partie décorait l'ancien palais du Pardo. L'incendie qui dévora cette résidence royale,

en 1608, détruisit ses meilleures œuvres. Dans la seule salle appelée *de los retratos,* on comptait de la main d'Antonio Moro quatorze portraits des principaux personnages du temps, parmi lesquels le sien propre, et six autres dans une salle attenante. Ce désastre a rendu les ouvrages de Moro très-rares et très-précieux.

LES DEUX CORNELIO SCHUTT.

Philippe IV avait pris à son service un ingénieur flamand nommé Pierre Schutt. Le frère et le fils de cet ingénieur, nommés tous deux Cornelio, et nés à Anvers on
ne sait en quelles années, vinrent le rejoindre à Madrid.

L'oncle, que l'on appelle Cornelio Schutt, *el mayor*,
était élève distingué de Rubens; Van-Dyck a mis son portrait parmi ceux des meilleurs peintres de l'époque. On ne
connaît pas plus l'année de sa mort que celle de sa naissance; mais il ne dut pas vivre longtemps après son arrivée à Madrid, ou du moins y séjourner longtemps, car
il n'a laissé dans cette capitale qu'une seule œuvre importante, un grand tableau qui représente *saint François*

Xavier baptisant des Indiens, et qui était dans l'escalier d'honneur du collége impérial. Les ouvrages de Schutt l'ancien sont peu corrects, le coloris en est sombre et maniéré; mais ils brillent par la composition, ingénieuse, élevée, et conforme à son esprit poétique, car il a laissé des préceptes en vers. Il a fait aussi plusieurs gravures à l'eau-forte d'un effet assez pittoresque.

Cornelio Schutt le neveu, plus connu que son oncle et plus digne de l'être, alla s'établir à Séville avec son père, Pierre Schutt l'ingénieur. Il fut un des principaux fondateurs de l'Académie des beaux-arts érigée dans cette ville en 1660. Élu fiscal de cette corporation, puis deux fois consul, il en fut nommé président en 1670, et, de nouveau, en 1674. Nul professeur ne contribua plus libéralement que Schutt, de sa bourse et de son temps, à l'entretien et à l'éclat de l'académie. Maintes fois, outre sa contribution mensuelle, il envoya au majordome des crayons, des toiles, de l'huile, des couleurs; maintes fois il paya le salaire des modèles vivants. Presque toutes ses journées étaient consacrées à l'enseignement gratuit; il corrigeait ses élèves avec douceur, excitait leur émulation par des prix, les dirigeait par ses conseils et son exemple. Aussi, dans les assemblées des fondateurs, sa voix était décisive sur toutes les questions.

Schutt mourut à Séville en 1676. Comme son oncle à Madrid, il n'a laissé dans cette ville qu'un seul ouvrage public, une *Conception* de grandeur naturelle, qui forme le retable d'une petite chapelle pratiquée dans l'épaisseur de la porte de Carmona. Mais les amateurs ont toujours, et justement, recherché ses œuvres, qui réunissent à beaucoup de sagesse dans l'arrangement et d'exactitude dans le dessin, un coloris gracieux, très-approchant de celui de Murillo, dont Cornelio Schutt fut un des plus intelligents imitateurs. La même ressemblance se retrouve dans ses dessins à l'encre de la Chine; on les attribue d'ordinaire à Murillo.

LUCA GIORDANO.

En Espagne comme en Italie, Luca Giordano eut le funeste honneur de marquer l'extrême limite entre l'art, dont il fut le dernier représentant, et la décadence, que son exemple précipita. Après lui, plus d'écoles, plus de traditions, plus de maîtres ni d'élèves; et, dans tout le dix-huitième siècle, à peine quelques rares individualités s'efforcent-elles de renouer la chaîne rompue qui rattache aux grandes époques de la peinture la seconde renaissance essayée de notre temps.

Connu en Espagne sous le nom de Lucas Jordan, Luca Giordano était né à Naples en 1632. Mais Palomino affirme, sans fournir cependant de preuve suffisante, que

son père, Antonio Jordan, était originaire du royaume de
Jaen, où ce nom de famille est assez commun. En ce cas,
il serait allé, comme tant d'autres Espagnols, s'établir à
Naples, qui appartenait encore à l'Espagne. Cet Antonio
Jordan, l'un des peintres à la douzaine qui ramassaient les
miettes des maitres, et leur rendaient les mêmes services
que les *praticiens* aux sculpteurs, demeurait porte à porte
avec Ribera, l'Espagnolet, alors le plus célèbre des artistes
napolitains. Le petit Luca, montrant, dès le premier âge,
un penchant décidé pour la peinture, passait sa vie dans
l'atelier de Ribera, d'où ne pouvaient même l'arracher les
instances de ses camarades, qui l'appelaient à leurs jeux. A
sept ans, il peignait de petits ouvrages assez bons pour être
cités avec admiration dans la ville entière. Le vice-roi, qui
fréquentait familièrement l'atelier de Ribera, lui recommanda cet enfant prodigieux, et, pendant neuf ans d'études
appliquées, Luca fit de tels progrès, que ses ouvrages, dit-
on, étaient confondus avec ceux du maître : chose, à vrai
dire, étrange et peu croyable, ou qui, pour faire l'éloge de
l'élève, ne fait pas celui de ses juges.

A seize ans, Luca Giordano prit fantaisie de connaître
les œuvres et la manière des autres professeurs de l'Italie.
Il s'enfuit secrètement, gagna Rome, et, se faisant admettre
dans l'atelier de Pierre de Cortone, il devint plutôt son
aide que son disciple, car il l'assista dans l'exécution de
plusieurs travaux. Cependant, son père, qui le cherchait de
tous côtés, parvint à le rencontrer un jour dessinant dans
le Vatican. Rassuré sur le sort et les projets de son fils, il

21

l'emmena sur-le-champ, et lui fit successivement parcourir Florence, Bologne, Parme et Venise. Dans ces villes,
Luca Giordano étudia tous les maîtres, tous les styles, devint un imitateur universel, bien qu'il montrât quelque
préférence pour Paul Véronèse, et, tandis qu'il fortifiait
son talent par des études si variées, il enrichissait son père,
qui vendait à fort bon prix les copies des vieux peintres
que Luca faisait avec une rare perfection. Affriandé par ce
double avantage, le père ne cessait d'exciter le fils au travail, et le tenant sous une perpétuelle surveillance, il lui
répétait du matin au soir : *Luca, fa presto.* Ce mot, devenu proverbial parmi les artistes, sert depuis lors à désigner Giordano, et c'est avec d'autant plus de justesse, que,
tout en rappelant comment se firent ses études, il exprime
à la fois sa qualité principale et son principal défaut. Le
jeune homme ainsi stimulé travaillait avec une assiduité
si grande, et bientôt avec une telle facilité, qu'il copia,
dit-on, jusqu'à douze fois et plus les *Loges* de Raphaël, la
Victoire de Constantin, la *Galerie Farnèse* et d'autres
compositions non moins vastes.

Il n'entre pas dans notre sujet de raconter en détail les
études que fit Giordano en Italie. Bornons-nous à dire qu'il
passa plusieurs années, se partageant entre Venise, où il
cherchait à surprendre les secrets du coloris, Florence, où il
apprenait l'anatomie et le dessin devant Léonard de Vinci,
Michel-Ange, Andrea del Sarto, et Rome, où il rivalisait
avec les derniers maîtres italiens, mais toujours accom-
pagné de son père, qui continuait assidûment et fruc-

tueusement le commerce des copies. Enfin, Luca Giordano revint à Naples, s'y maria et s'y établit. Là, ses occupations furent de deux sortes. Comme il rapportait, disent les biographes, la connaissance toute fraîche du style et de la manière des maîtres qu'il avait tant de fois copiés, il se mit à les contrefaire, et peignant sur de vieilles toiles, à la façon de Titien, de Tintoret ou de Véronèse, il vendait ses imitations pour des originaux. Je ne sais si l'on veut, en rapportant ce fait, exalter son mérite, sa facilité merveilleuse ; mais, en vérité, je ne vois là qu'une accusation de déloyauté, disons le mot, de friponnerie, portée contre lui, en même temps qu'une accusation d'ignorance et de niaiserie contre ses contemporains. Quant à ses ouvrages originaux, et déclarés tels, Luca Giordano les expédiait avec la même prestesse que ses copies. L'on raconte, par exemple, qu'ayant été chargé, en 1685, de peindre le grand tableau de *saint François Xavier,* qui forme le maître-autel des Jésuites de Naples, il laissa venir, sans le commencer, la fête du patron, jour où l'on devait en faire l'inauguration publique. Les pères se plaignirent au vice-roi, qui passa chez le peintre pour lui reprocher sa négligence. Giordano répondit qu'il serait prêt ; et, en effet, dans le court intervalle d'*un jour et demi*, il acheva complétement ce tableau, qui aurait occupé six ou huit mois tout autre artiste ; encore ajoute-t-on que ce fut à la satisfaction de la communauté et aux applaudissements des connaisseurs. Après cet exemple, il faut convenir que les peintres modernes ont été vaincus sur tous les points par les anciens, même en célérité.

Les nombreux tableaux de Luca Giordano qu'envoyaient en Espagne les vice-rois et autres employés du royaume de Naples y portèrent son nom et sa renommée. L'on persuada à l'imbécille Charles II que ce peintre, le plus illustre du temps, devait être au service du plus grand des monarques, et, pour l'attirer à Madrid, on offrit à Giordano un présent de 1500 ducats, le transport et l'entrée franche de tout ce qu'il lui plairait d'apporter, l'emploi de *fourrier* de la chambre, sans obligation de le remplir, une maison montée, un carrosse, cent doublons par mois, toutes ses dépenses de peinture et le prix de ses œuvres. Giordano partit aussitôt, et arriva à Madrid au mois de mai 1692. Son arrivée, comme on l'a vu précédemment, coûta la vie au *pintor de cámara* Claudio Coello, lequel mourut de chagrin en voyant l'accueil royal fait au peintre étranger.

Ce fut au mois de février 1702 que Luca Giordano reprit le chemin de Naples, et les commandes d'ouvrages publics avaient été suspendues dès le mois de novembre 1700, à la mort de Charles II. On peut donc compter qu'il travailla un peu plus de huit années en Espagne. Il est curieux de mentionner, même très-sommairement, les principaux ouvrages qu'il y laissa.

Pour son début, il peignit deux grands tableaux : le *Triomphe de saint Michel sur le Diable*, et *saint Antoine de Padoue prêchant les poissons*; puis, il se rendit à l'Escorial, et commença les fresques du grand escalier de ce royal monastère. Sur l'une des faces de la frise, il repré-

senta la cérémonie qui eut lieu pour la *Pose de la pre-*
mière pierre de l'édifice; sur les trois autres, la *Bataille*
de Saint-Quentin, avec ses divers épisodes; sur la voûte
centrale, la *Sainte Trinité au milieu du Ciel*, où des anges introduisent Charles-Quint et Philippe II; dans les angles collatéraux et embrasures de fenêtres, les *Vertus car-*
dinales, avec d'autres figures allégoriques, et des prouesses
de l'empereur. Tout cela fut fait en sept mois, c'est-à-dire
dans le temps qu'un autre aurait pris pour tracer les esquisses. Aussitôt après, Giordano se mit à peindre les dix
voûtes latérales de l'église, restées en blanc depuis le temps
de Philippe II. Il représenta, dans les quatre voûtes latérales et leurs angles, la *Conception de Notre-Dame*,
l'*Incarnation*, la *Nativité*, l'*Epiphanie*, *saint Michel*
chassant les mauvais anges, les *quatre Sibylles*, les *qua-*
tre Docteurs, le *Triomphe de l'église militante*, le *Triom-*
phe de la pureté virginale, et des *groupes de bienheu-*
reux; dans les quatre voûtes de la nef principale, la *Mort*
de la Vierge, immense composition que Cean-Bermudez
appelle un poëme épique, le *Jugement dernier*, le *Voyage*
des Israélites dans le désert et le *Passage de la mer*
Rouge, enfin la *Victoire du peuple de Dieu sur les*
Amalécites, lorsque Moïse tient les bras élevés au
ciel, soutenu par Aaron et Hus; dans les angles, la *Manne*
au désert, *Samson arrachant le rayon de miel de*
la gueule du lion, *Élie sous le genévrier*, et *David*
recevant d'Achimelec les pains de proposition. L'ef-
frayant travail de ces dix voûtes et de leurs accessoires

était achevé en dix-sept mois; toutes les fresques de l'Escorial, en deux ans.

De l'Escorial, Luca Giordano passa au Buenretiro. Dans ce palais, se trouvait une vaste salle jusqu'alors inhabitée, qu'on appelait *el cason*; il y dressa ses échafauds, et peignit sur le plafond un autre poëme épique, l'*Histoire de l'Ordre de la Toison-d'Or*, œuvre colossale qui renferme un incroyable mélange d'histoire, de fable, d'astronomie et de figures allégoriques; puis, sur les murailles, depuis le sol jusqu'à la corniche, les *Travaux d'Hercule*, premier conquérant de la fabuleuse Toison. Les peintures de cette salle surpassent en invention, en dessin, en coloris, tout ce que Luca Giordano avait jusqu'alors exécuté, soit en Italie, soit en Espagne; il les appelait son *capo d'opera*. Dans l'antichambre, il peignit à l'huile, sur quatre grandes toiles, et à fresque, sur le plafond, les principales batailles de la *Guerre de Grenade*; dans les pendentifs, les *Quatre parties du Monde*; et, dans une pièce ovale, en face du salon, le *Lever du Soleil*, monté sur son char, précédé de l'Aurore, entouré d'une multitude de figures représentant diverses nations et des prêtres offrant des sacrifices.

A peine avait-il achevé ces différents ouvrages au Buenretiro, que Luca Giordano fut envoyé à la cathédrale de Tolède pour y peindre à fresque la voûte de la sacristie. Il représenta l'*Apparition de la Vierge à saint Ildephonse*, lorsqu'elle lui apporte du ciel sa chasuble d'archevêque. Près de là, Giordano mit son portrait à une fenêtre simu-

lée. Il revint ensuite, par ordre du roi, orner de peintures à fresque et de tableaux à l'huile la chapelle du vieux
palais de Madrid. Ces ouvrages, qui n'existent plus, représentaient divers passages du Vieux-Testament. Aussitôt
après, il fut chargé d'achever la coupole de *Nuestra-Señora de Atocha*, commencée par Herrera-le-Jeune; il
ajouta, dans les pendentifs, *saint Michel*, *saint Gabriel*,
saint Luc et saint Jean-l'Évangéliste. Dans trois voûtes
de la même chapelle, il représenta le *Péché d'Adam*, les
Songes de Nabuchodonosor et la *Sainte-Cité de Jéru-
salem*. Aux pendentifs de ces voûtes, il plaça les *Femmes
célèbres de l'Ancien-Testament*; aux embrâsures des fenêtres, les *Patriarches* et les *Prophètes*; enfin deux
grands tableaux à l'huile, suspendus aux murs de cette
chapelle, rappelaient la *Restauration de Madrid* par l'intercession de Notre-Dame d'Atocha.

Cette œuvre achevée, il retoucha et refit en grande
partie les fresques qu'avaient peintes Rizi et Carreño dans
l'église de *San-Antonio-de-los-Portugueses*, et qui
avaient beaucoup souffert de l'humidité. Il ajouta, du haut
de la corniche au sol, sur des tapisseries simulées, différents traits de la vie du saint titulaire, avec une foule
d'anges, de figures allégoriques et de bienheureux, espagnols, français, allemands, hongrois.

Il ne faut pas croire que tant de travaux considérables, im-
menses, occupassent exclusivement Luca Giordano. Il trouvait encore le temps de peindre une foule de tableaux pour
les églises, pour les princes, pour les riches particuliers. A la

vérité, les jours de fête n'étaient pour lui pas plus exempts
de travail que les autres ; et comme son ami Palomino lui
reprochait cet usage impie, Giordano lui répondit en riant
que ses pinceaux, lorsqu'il les laissait reposer, lui montaient
à la tête, et qu'il était obligé de les tenir toujours en respect. Pour donner une idée de la prodigieuse rapidité de
son exécution, il suffit de raconter qu'un jour la reine
étant venue, suivant sa constante habitude, visiter Giordano dans son atelier, elle lui demanda des nouvelles de
sa famille. Le peintre répondit avec ses pinceaux, en indi-
quant aussitôt sur la toile qu'il avait devant lui sa femme
et ses enfants. La reine, enchantée, lui jeta au cou son
collier de perles. Ensuite, pour faire comprendre ce que
peut produire une telle facilité, quand elle est secondée
par un travail assidu, il suffit de mentionner, seulement
par leur nombre, les tableaux que Giordano exécuta pendant son séjour de neuf à dix années en Espagne, outre les
grands travaux qui viennent d'être cités. On trouve, dans
le livre de Cean-Bermudez, lequel convient cependant
qu'il est loin de connaître tous les ouvrages de Luca
Giordano, une liste nominale qui comprend cent qua-
tre-vingt-seize tableaux, répartis entre les églises et palais de Madrid, l'Escorial, Saint-Ildephonse, le Pardo,
Cordoue, Grenade, Séville, Xerez, etc. Il faudrait y
joindre la liste impossible à faire des tableaux achetés par
les amateurs.

Au mois de février 1702, Giordano quitta Madrid pour
retourner à Naples, où il se rendit par terre, en traversant

Gênes, Florence et Rome. Il fut reçu avec la plus grande
distinction par le grand-duc de Toscane et par le pape Clé-
ment XI, qui lui permit d'entrer au Vatican *avec l'épée,
la cape et les lunettes*, faveur que Giordano paya par le
présent de deux grands tableaux, *le Passage de la Mer-
Rouge* et *Moïse frappant le rocher*. A Naples, un accueil
semblable l'attendait, avec tant de commandes, que Giordano, riche et vieux, ne put jouir un seul moment avant
sa mort de cet *otium cum dignitate*, dernier bonheur d'un
homme illustre pendant sa vie. Ce fut à cette époque
qu'un de ses amis, l'engageant à peindre avec réflexion et
loisir quelque grande œuvre pour la gloire de son nom
dans la postérité : « La gloire, répondit Giordano, la
» gloire, je la veux seulement dans le Paradis. » — « Où
» nous désirons, dit Cean-Bermudez, qu'il soit entré
» le 4 janvier 1705, jour où il mourut, à soixante-treize
» ans. »

On l'enterra, avec une pompe égale à celle qui avait ac-
compagné les restes mortels de Titien, dans l'église de Saint-
Nicolas de Bari. Par son testament, fait le 31 décembre 1704,
devant le notaire Micaele Gaetano Campanele, Giordano
avait institué un majorat, à la façon d'Espagne, pour son
fils aîné don Lorenzo, et fait des legs importants à ses deux
autres fils, don Pedro et don Francisco Antonio, à ses six
filles, Agueda, Angela, Rosa, Ana, Manuela et Teresa,
et à sa veuve, Margherita Ardi. Outre la grande fortune
qu'il avait acquise, Giordano laissait encore aux membres
de sa famille des emplois lucratifs que lui avait concédés

la niaise complaisance du pauvre Charles II. Ainsi, son fils aîné était président de la chambre des enquêtes (*cámara de la sumaria*) à Naples, et de plus inspecteur (*veedor*) des châteaux de ce royaume pour *trois vies*, avec faculté de les transmettre et de les substituer ; de ses trois gendres, l'un, le capitaine de vaisseau don Antonio Gonzalez Brito, était surintendant de l'arsenal de Naples, avec 1,200 écus d'appointements ; le second, Bartolomé de Angelis, conseiller extraordinaire de Sainte-Claire, en exercice, et le troisième, Bito del Cuore, *maestro portulano* des provinces de Citra et de Basilicata pour deux vies.

Les œuvres de Luca Giordano sont si nombreuses, il en a tellement inondé l'Italie, l'Espagne et toute l'Europe, qu'il n'est personne un peu au courant des choses de l'art qui n'en connaisse quelqu'une, et qui n'ait pu le juger. Semblable à Lope de Vega par le génie, ou du moins par une fécondité d'invention intarissable et par une prodigieuse facilité d'exécution, il faisait un tableau en un jour, comme le poëte une comédie, et comptait aussi ses œuvres par centaines. Mais tous deux ont mérité d'être mentionnés surtout comme d'éclatantes preuves de l'abus des facultés naturelles, comme des exemples fameux de toutes les fautes où il entraîne. Chez tous deux, ces facultés furent en quelque sorte étouffées par leur propre excès ; ils ont ressemblé l'un et l'autre à ces arbres vigoureux, plantés dans un gras terrain, que n'émonde point la main du jardinier, et qui usent leur sève en jets désordonnés et stériles. Chez tous

deux, on sent toujours l'absence du travail consciencieux,
du goût épuré; on sent toujours l'oubli de cette crainte sa-
lutaire du public, et de cette rigueur pour soi-même, sans
laquelle il n'est pas de perfection.

Quel fut, en définitive, pour l'un et pour l'autre, le résultat de si belles qualités et d'un si prodigieux labeur? Lope
de Vega, rassasié d'honneurs et de richesses, objet de gloire
pour sa patrie et d'envie pour les étrangers, dont la renommée enfin fut telle que son nom servait à personnifier l'excellence en toute chose, Lope de Vega dut sembler bien
sévère envers lui-même lorsqu'à la fin de sa vie, parmi plus
de deux mille pièces de théâtre, il n'en exceptait que six de
sa propre réprobation; et pourtant la postérité, plus sévère
encore, n'a pas même ratifié cet arrêt; aucun de ses innombrables ouvrages n'a mérité d'être donné pour modèle. Il
en est de même de Luca Giordano. S'il n'a jamais rien fait
d'absolument mauvais, il n'a jamais rien fait d'absolument
bon. S'il y a toujours dans ses œuvres quelque trait d'esprit,
d'originalité, quelquefois même de génie; si sa couleur est
fraîche et transparente, si l'on admire sa fécondité, son
audace, les ressources d'un pinceau puissant et exercé; en
revanche, il faut lui reprocher sans cesse un style commun,
dépourvu de majesté et de noblesse, non moins que de
naïveté, une composition compliquée, invraisemblable, un
mélange absurde d'histoire et de mythologie, l'abus des
allégories poussé jusqu'à la confusion et jusqu'à la puéri-
lité, des attitudes forcées et l'affectation des raccourcis, des
lumières inutiles, des ombres impropres, la discordance

des tons, et, pour produit de tout cela, des effets maniérés, faux, qui forment dans l'art une véritable mode, aussi passagère que celle des vêtements, sans l'excuse toutefois d'une variété que ne comporte pas la nature immuable. Lui aussi fut riche, honoré, célèbre; mais la postérité ne l'a pas traité moins sévèrement que Lope de Vega, et toute sa gloire contemporaine se résume aujourd'hui dans le sobriquet donné à son enfance : pour nous, c'est toujours *Luca fa presto*.

Une différence radicale sépare d'ailleurs le poëte du peintre. Lope de Vega créait, ou du moins fixait le théâtre en Espagne; il ouvrait devant lui une vaste carrière où le suivirent, en le dépassant, Calderon, Moreto, Rojas, Tirso de Molina, enfin les nombreux écrivains de la scène espagnole, et son influence s'étendit jusqu'à Molière. Au contraire, Luca Giordano fut le dernier de cette magnifique génération de peintres qui s'étaient succédé, en Italie, depuis les maîtres de Raphaël, en Espagne, depuis ses disciples. Il eut une foule d'élèves, éblouis par ses succès faciles; aucun ne put le suivre dans la voie périlleuse où il était lancé; tous restèrent en arrière, ou s'égarèrent sur ses traces, et les plus célèbres d'entre eux, les Matteis, les Simonelli, les Rossi, les Pacelli, et Solimenès même, ne furent que des médiocrités, imitant un imitateur. Luca Giordano avait détruit comme à plaisir, au profit d'une funeste agilité d'esprit et de main, les dernières règles protectrices du bont goût, les derniers retranchements de l'art; il laissa derrière lui le vide et le néant, et son nom restera comme la plus solennelle démonstration de cette vérité, déjà rappelée à propos de Francisco Rizi, qu'outre les dons naturels, il faut, pour faire un artiste, deux qualités de la tête et du cœur : la réflexion et la dignité.

RAPHAEL MENGS.

Nous disions, en commençant l'article précédent, qu'a-
près Luca Giordano, après la ruine des écoles, on ne trouve
plus, en Italie et en Espagne, ou plutôt partout, dans
tout le cours du XVIIIe siècle, que de rares individualités
qui semblent vouloir rattacher, comme des points inter-
médiaires, la chaîne rompue entre les grandes époques de
l'art et l'époque actuelle. Mengs est une de ces individualités, et, pour l'Espagne, la plus éclatante.

Il naquit en 1728 à Aussig, petite ville de la Bohême.
Son père, Ismaël Mengs, peintre sur émail, voulant, dès
sa naissance, le vouer à la peinture, lui donna les prénoms
de Corrége et du divin Sauzio ; il le nomma Antonio Ra-

phaël. Dans ce but, qu'il suivit avec constance et sévérité,
avec une sorte de monomanie, le père de Mengs ne lui
donna jamais d'autres jouets qu'un porte-crayon, de façon
que l'enfant dessinait avant de savoir lire, et n'ayant pas
encore six ans accomplis. A Dresde, où vint résider Ismaël
Mengs, son éducation continua d'après la même méthode
raisonnée, et sur des principes qui méritent d'être approu-
vés. Il dessina d'abord de simples lignes, des figures de
géométrie, mais à l'œil seul, sans règle ni compas. Ensuite
il passa aux contours des objets et aux parties du corps humain, en les traçant d'abord au simple trait, puis avec
les ombres. Il étudia la perspective, l'anatomie extérieure,
les effets de la lumière, soit naturelle, soit artificielle, et
enfin un peu de chimie, science où son père était réputé
l'un des meilleurs professeurs du pays et de l'époque. Celui-ci, après avoir donné à son fils quelques leçons de peinture sur émail, à la miniature et au pastel, reconnaissant
que le jeune élève ne pouvait trouver à Dresde de modèles
suffisants pour se perfectionner dans le dessin, dans le coloris et dans le style, résolut de le conduire à Rome. Raphaël Mengs avait alors douze ans. Son père, qui mettait
à l'instruire une rigidité maniaque, l'enfermait dans le Vatican, du matin au soir, comme un prisonnier, avec un
pain et une cruche d'eau, et ne venait le chercher qu'à l'entrée de la nuit, pour le faire souper et dormir. Trois années se passèrent ainsi; puis, après un court voyage à
Dresde, quatre autres années, pendant lesquelles Raphaël
Mengs, toujours escorté de son père, n'eut de communi-

cation qu'avec les statues antiques, les œuvres de Raphaël
et de Michel-Ange, et les cadavres sur lesquels il étudiait
l'anatomie dans l'hôpital de *Sancti-Spiritus.*

Après ces sept années d'études assidues, Mengs eut la
permission de composer un tableau original. Il choisit pour
sujet la *Sainte-Famille*, et, pour modèle de la Vierge,
une belle et modeste jeune fille de Rome, nommée Margherita Guazzi, qu'il épousa l'année suivante, 1749, étant
âgé de vingt-un ans. Ce premier ouvrage eut du succès, et
il pouvait ouvrir, dans Rome même, déjà veuve de tous
les grands artistes, une brillante carrière au jeune peintre
allemand. Mais son père le contraignit alors de revenir à
Dresde, et par les excès d'une sévérité trop longtemps pro-
longée, finit par le chasser de sa maison. Raphaël Mengs
trouva heureusement l'appui du roi de Saxe, Auguste III,
qui le nomma son premier peintre, avec logement, carrosse et appointements convenables. L'artiste peignit aussitôt des tableaux latéraux pour la chapelle qu'Auguste
venait d'élever dans son palais; mais, pour mieux s'acquitter de l'exécution du maître-autel, il demanda et obtint la permission d'aller le peindre à Rome. C'était
en 1752. La guerre de Saxe et la fuite du roi, chassé de sa
capitale par le grand Frédéric, ayant bientôt après arrêté
l'envoi de ses émoluments, Mengs se trouva pour la seconde fois réduit à l'indigence, et obligé de mettre à profit
son talent. Ce fut alors qu'il peignit à fresque, moyennant
200 piastres, la voûte du couvent des Pères-Célestins.
Poursuivi par les menées jalouses des professeurs de Rome,

il crut devoir aller à Naples pour présenter lui-même à Charles III, prêt à se rendre en Espagne, où le trône l'attendait, un tableau que ce prince lui avait commandé pour sa chapelle de Caserte. De retour à Rome, Mengs peignit Apollon et les Muses dans la galerie du cardinal Albani, d'après les études qu'il avait faites à Herculanum. Il était résolu à se fixer dans cette capitale, lorsque Charles III, qui ne l'avait point oublié, lui fit proposer de se mettre à son service, moyennant un salaire annuel de 2,000 doublons, outre une maison montée, un carrosse et tous ses frais de peinture. Mengs accepta, et s'étant embarqué à Naples sur une escadre de guerre qui faisait voile pour Alicante, il arriva en Espagne au mois de septembre 1761.

Son premier séjour à Madrid fut de courte durée. Un travail opiniâtre et la solitude où le réduisaient sa haine du monde, ainsi que l'absence de sa famille, qu'il avait laissée à Rome, le jetèrent dans une mélancolie qui mit ses jours en danger. Le roi lui permit d'aller se rétablir à Rome. Ce fut là qu'il peignit deux des plus célèbres tableaux qu'il ait laissés à l'Espagne, une *Nativité* et une *Apparition du Christ à la Madeleine* (*noli me tangere*). Il se rendit ensuite à Naples, où il fit, toujours pour Charles III, père du roi, les portraits de la famille royale, puis à Florence, où il fut quelque temps occupé par le grand-duc de Toscane et par l'ambassadeur espagnol don José Nicolas de Azara. Revenu à Madrid, Mengs y acheva plusieurs grands ouvrages qu'il avait commencés dans son premier

22

séjour, les fresques du palais neuf et le plafond de celui
d'Aranjuez. Avec ses habitudes, dont nous parlerons tout-
à-l'heure, il lui fallut un travail excessif et continuel pour
achever, en deux années, ces ouvrages considérables. Sa
santé s'altéra de nouveau, et comme il attribuait son mal
au climat de Madrid, il supplia instamment le roi de le
laisser retourner à Rome. Charles III y consentit, en portant à 3,000 doublons son salaire annuel, auquel il ajouta
une somme égale pour ses filles. Mengs ne jouit pas longtemps d'une position qu'il avait tant souhaitée. Presque en
arrivant à Rome, sa femme mourut. Cette perte frappa
son imagination maladive; un hiver rigoureux aug-
menta ses maux, et enfin il mourut lui-même, aux mains
d'un empirique de son pays, dans les derniers jours du
mois de juin 1779. Il fut enterré dans la paroisse de Saint-
Michel, et son protecteur Azara, devenu son ami, fit
placer son portrait au Panthéon, à côté de celui de Raphaël, avec l'inscription suivante :

Ant. Rafaeli Mengs.
Pictori philosopho ,
Jos. Nic. de Azara. amico suo. P.
M. DCC. LXXIX.
Vix. ann. LI menses III dies XVII.

Bien différent de son prédécesseur, le Napolitain Luca
Giordano, Mengs travaillait en Allemand, avec beaucoup
de lenteur et de réflexion. Il ne se contentait pas, comme
la plupart des peintres, de préparer ses compositions dans

une esquisse dessinée, ou même dans une ébauche peinte ;
s'aidant de l'antique et de la nature, et formant une laborieuse synthèse, il dessinait d'abord chaque membre, puis
chaque figure, puis chaque groupe, puis enfin la composition entière. Aussi, le nombre de ses études est immense, bien qu'il en ait brûlé plusieurs liasses, et celui de
ses tableaux fort restreint, car il passait des mois, des années, à compléter les travaux préparatoires. On cite principalement un carton au crayon noir représentant une
Descente de croix, qu'il fit à Rome dans les derniers
temps de sa vie, et qui passa pour un prodige digne d'être
mis à côté des plus merveilleux cartons de Raphaël.

Je crois qu'on pourrait dire, avec Cean-Bermudez, que
Raphaël Mengs fut le plus grand peintre du XVIII siècle,
sans rencontrer beaucoup de contradicteurs. Il est certain
que ses ouvrages ont été recherchés dans toute l'Europe,
de Saint-Pétersbourg à Séville ; il est certain que l'art des
grandes époques reparut un moment avec lui, qu'il re-
trouva la sévère correction du dessin, la noblesse du style,
la vigueur des expressions, la beauté idéale, l'exécution
châtiée et pleine de charmes ; enfin, toutes les plus exquises
qualités de la peinture. Seulement la délicatesse un peu
recherchée de son pinceau doux et timide rappelle les
premières leçons qu'il reçut pour peindre en miniature et
sur émail. Les tableaux de Mengs sont fort rares en France,
et je ne saurais dire en quelle galerie publique ou particulière on en pourrait trouver un seul échantillon. Parmi ceux
qu'il a laissés en Espagne, outre ses fresques, l'on compte

sa grande composition de la *Nativité*, qui est actuellement
au musée de Madrid avec plusieurs portraits de sa main, le
Noli me tangere, une *Descente de croix*, une *Annonciation*, une *Sainte Famille*, une *Prière au Jardin des
Olives*, un *saint Antoine de Padoue*, etc. Mengs affectionnait, dans ses toiles ou ses tables, car il a peint souvent sur bois, la forme plus haute que large, et plaçait, au
dessus de son sujet, un chœur d'anges, un Père Éternel, ou
quelque allégorie céleste. Il a adopté cet arrangement dans
sa *Nativité*, dans une *Gloire* qui est au dessus du retable
de *San-Isidro-el-Real*, à Madrid, dans une charmante
Annonciation qui est à la collégiate de Castroxeriz, et
dans plusieurs autres compositions. Je me rappelle avoir
vu chez un amateur éclairé de Séville, le chanoine don
Manuel Cepero, un tableau de chevalet fort remarquable,
présentant la même disposition. Au bas, dans un frais bo-
cage, Adam et Ève, beaux de leurs formes seules qu'aucun
vêtement ne voile, folâtrent avec toute l'innocence de
deux enfants nouveau-nés; au-dessus, le Créateur, entouré
d'un cortége d'esprits célestes, sourit à leurs jeux et semble
se complaire à voir son plus bel ouvrage. Sa tête est vraiment admirable; Mengs a placé sans disparate les attributs
de la vieillesse, des cheveux blancs, une longue barbe
éblouissante comme la neige, sur un visage brillant de jeunesse et de fraîcheur. C'est une vie déjà immense qui ne
doit point avoir de fin; c'est un vieillard éternel, c'est
Dieu.

Mengs a fait un grand nombre de dessins au crayon noir,

blanc et rouge, sur papier blanc, brun et bleuàtre, à
l'encre de Chine, au pastel, au lavé, et des portraits à
la miniature. Il a enfin laissé quelques écrits sur la peinture, publiés en espagnol, dans l'année 1780, par son ami
Azara, et qui forment, au dire de Cean-Bermudez, le
meilleur traité élémentaire que possède aucune langue sur
ce sujet.

Sa fille, Anne-Marie Mengs, née à Dresde en 1751,
et mariée à Rome, en 1777, au graveur don Manuel Sal-
vador Carmona, vint s'établir à Madrid, où elle peignit
avec succès la miniature et le pastel ; elle mourut dans cette
ville, en 1793, membre honoraire de l'Académie de
San-Fernando.

DE L'AGE

DES PEINTRES EN ESPAGNE.

Dans les travaux statistiques sur la durée de la vie humaine, on a toujours, si je ne me trompe, attribué aux artistes une vie moyenne plus courte qu'aux savants ou aux gens de lettres. En écrivant ces diverses notices, j'ai été, tout au contraire, frappé du grand âge qu'ont généralement atteint les peintres en Espagne (pays, cependant, où la vie moyenne est moins élevée que dans les régions du nord), à ce point, que j'aurais volontiers établi la règle contraire, et que j'aurais donné une plus longue durée à la vie des artistes qu'à celle des écrivains. Je vais rappeler ici, comme objet d'étude et de comparaison, les âges des principaux peintres, au nombre d'environ quatre-

vingts, que j'ai mentionnés dans les précédentes biographies.

Velazquez. . . . . a vécu 61 ans.
Murillo. . . . . 64.
Ribera. . . . . 69.
Alonzo Cano. . . . . 66.
Zurbaran. . . . . 64.
Joanès. . . . . 56.
Moralès. . . . . .près de 80.
Fray Nicolas Borras. . . . . 80.
El *Mudo*. . . . . 52.
El *Greco*. . . . . .environ 80.
Sanchez Coello. . . . . .environ 70.
Céspedès. . . . . 70.
Pacheco . . . . .plus de 80.
Toledo. . . . . 54.
Francisquito. . . . . mort très-jeune.
Francisco Ribalta. . . . . . .environ 70.
Juan Ribalta. . . . . 31.
Rodriguez Espinosa. . . . . 68.
Geronimo Espinosa. . . . . 80.
Nicolas Factor. . . . . 65.
Vicente Victoria. . . . . 54.
Sanchez Cotan. . . . . 66.
Mayno. . . . . .environ 80.
Orrente. . . . . environ 80.
Luis Tristan . . . . 54.
Luis de Vargas. . . . . 66.
Las Roelas . . . . environ 66.
Agustin del Castillo. . . . . 61.
Juan del Castillo. . . . . 56.
Antonio del Castillo. . . . . 64.
Herrera *el Viejo*. . . . . 80.

Herrera *el Mozo*. . . . . 65.

Moya. . . . . 56.

Juan de Sevilla. . . . . 75.

Valdès-Léal. . . . . 61.

Niño de Guevara. . . . . 66.

Antolinez. . . . . Âge inconnu.

Mazo-Martinez. . . . . plus de 67.

Pareja. . . . . 64.

Carreño. . . . . 72.

Menesès-Osorio. . . . . plus de 60.

Villavicencio. . . . . 65.

Sebastian Gomez. . . . . mort vieux, âge inconnu.

Tobar. . . . . 80.

Palomino. . . . . 75.

Berruguete. . . . . 81.

Becerra. . . . . 50.

Barroso. . . . . 52.

Granelo. . . . . environ 45.

Fabricio Castello. . . . . environ 65.

Felix Castello. . . . . 54.

Pantoja de la Cruz. . . . . 59.

Patricio Caxès. . . . . au moins 70.

Eugenio Caxès. . . . . 65.

Bartolomé Carducci . . . . 48.

Vincenzo Carducci. . . . . 60.

Pereda. . . . . 70.

Alonzo del Arco (el sordillo de Pereda). . 75.

Collantès. . . . . 57.

Juan Rizi. . . . . 80.

Francisco Rizi. . . . . 77.

Camilo. . . . . plus de 60.

Jusepe Martinez. . . . . 70.

Leonardo. . . . . 40.

Montero. . . . . 70.

Arias. . . . . mort vieux, âge inconnu.

Solis. . . . . 55.

Escalante. . . . . 40.

Cabezalero . . . . 49.

Cerezo. . . . . 40.

Garcia-Hidalgo. . . . . âge inconnu.

Claudio Coello . . . . moins de 80.

M. J. Menendez . . . . âge inconnu.

F. A. Menendez. . . . . .environ. 63.

Luis Menendez . . . . 64.

Goya. . . . . 86.

Pedro Campaña. . . . . 77.

Antonio Moro. . . . . 76.

Cornelio Schutt. . . . . mort vieux , âge inconnu.

Luca Giordano. . . . . 75.

Raphaël Mengs . . . . 51.

FIN.

TABLES.

TABLE DES MATIÈRES.

ÉTRANGERS PEINTRES EN ESPAGNE.

FIN DE LA TABLE DES MATIÈRES.

TABLE

PAR ORDRE ALPHABÉTIQUE.

———

FIN DE LA TABLE PAR ORDRE ALPHABÉTIQUE.

PARIS. — IMPRIMERIE DE FAIN ET THUNOT,

Rue Racine, 28, près de l'Odéon.

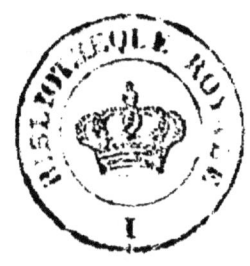

www.ingramcontent.com/pod-product-compliance
Lightning Source LLC
Chambersburg PA
CBHW071614220526
45469CB00002B/343